拉萨乡村旅游

旅游篇

开启拉萨村庄之旅
寻访西藏文明根脉

《幸福拉萨文库》编委会 编著

西藏人民出版社

图书在版编目（CIP）数据

拉萨乡村旅游 /《幸福拉萨文库》编委会编著. -- 拉萨：西藏人民出版社，2021.12

（幸福拉萨文库. 旅游篇）

ISBN 978-7-223-07038-6

Ⅰ.①拉… Ⅱ.①幸… Ⅲ.①乡村旅游－拉萨 Ⅳ.① F592.775.1

中国版本图书馆 CIP 数据核字（2021）第 261664 号

拉萨乡村旅游

编　　著	《幸福拉萨文库》编委会
责任编辑	拉　珍
策　　划	计美旺扎
封面设计	颜　森
出版发行	西藏人民出版社（拉萨市林廓北路20号）
印　　刷	三河市嘉科万达彩色印刷有限公司
开　　本	710×1040　1/16
印　　张	14.25
字　　数	226 千
版　　次	2022 年 5 月第 1 版
印　　次	2022 年 5 月第 1 次印刷
印　　数	01-10,000
书　　号	ISBN 978-7-223-07038-6
定　　价	65.00 元

版权所有　翻印必究

（如有印装质量问题，请与出版社发行部联系调换）

发行部联系电话（传真）：0891-6826115

《幸福拉萨文库》编委会

主　　　任	齐　扎　拉	西藏自治区党委副书记、自治区政府主席
	白玛旺堆	西藏自治区党委常委、拉萨市委书记
常务副主任	张　延　清	西藏自治区政府副主席、日喀则市委书记
	果　　果	拉萨市委副书记、市长、城关区委书记
	车　明　怀	西藏社科院原党委书记、副院长
副　主　任	马　新　明	拉萨市委原副书记
	达　　娃	拉萨市委原副书记、市人大常委会主任
	肖　志　刚	拉萨市委副书记
	庄　红　翔	拉萨市委副书记、组织部部长
	袁　训　旺	拉萨市政协主席、经开区党工委书记
	占　　堆	拉萨市委常委、常务副市长
	吴　亚　松	拉萨市委常委、宣传部部长
主　　　编	《幸福拉萨文库》编委会	
执 行 主 编	占　　堆	拉萨市委常委、常务副市长
	吴　亚　松	拉萨市委常委、宣传部部长
副　主　编	范　跃　平	拉萨市委宣传部常务副部长
	龚　大　成	拉萨市委宣传部副部长
	李　文　华	拉萨市委宣传部副部长
	许　佃　兵	拉萨市委宣传部副部长
	拉　　珍	拉萨市委宣传部副部长
	赵　有　鹏	拉萨市委宣传部副部长

委　　员	张春阳	拉萨市委常务副秘书长
	张志文	拉萨市人大常委会副秘书长
	杨年华	拉萨市政府副秘书长
	张　勤	拉萨市政协副主席
	何宗英	西藏社科院原副院长
	格桑益西	西藏社科院原研究员
	蓝国华	西藏社科院科研处处长
	陈　朴	西藏社科院副研究员
	王文令	西藏社科院助理研究员
	阴海燕	西藏社科院助理研究员
	杨　丽	拉萨市委宣传部理论科科长
	其美江才	拉萨市委宣传部宣教科科长
	刘艳苹	拉萨市委宣传部理论科主任科员

前言
QIANYAN

开启拉萨幸福之旅

乡村旅游是在乡村地区进行的，以乡村的自然和人文景观为主的旅游活动。乡村旅游作为连接城市和乡村的纽带，也是促进城乡一体化发展，缩小城乡差距，带动乡村贫困人口脱贫致富的重要途径。当前，乡村旅游在中国正当其时，如火如荼，红遍全国。

拉萨市作为高原和民族特色的国际旅游城市，市郊、乡野、农耕区、畜牧区等区域的村庄均处于良好的生态环境之中，具有极为丰富的自然人文资源，坐拥乡村旅游发展的得天独厚的条件，这些年来得到了国家和自治区党委、政府的高度重视和大力支持。

中央第五次西藏工作座谈会以来，全国"两会"多次提到西藏发展旅游业的重要性。习近平总书记在庆祝西藏和平解放60周年大会及一系列重要讲话中，做出了把"西藏建设成重要的世界旅游目的地"的重要指示，将西藏旅游发展提升到一个空前的高度；第六次西藏工作座谈会，从国家层面提出"支持拉萨国际旅游文化城市、林芝国际生态旅游区和冈底斯国际旅游合作区建设"，将西藏旅游发展推到了建设重要世界旅游目的地的实质阶段。

"十二五"以来，西藏自治区党委、政府高度重视旅游业发展，提出了"将西藏旅游业培育成为全区主导的战略性支撑产业"和"大旅游、大产业、大发

展"的工作思路，自治区主要领导亲自部署，分管领导全力以赴，狠抓落实；各地市、各部门统一认识，围绕旅游谋发展、做文章，不断优化发展模式，为加快旅游业发展提升助力，形成了政府主导、部门齐心协力发展大旅游的强大合力。

在国家和西藏自治区党委、政府的重视和支持下，拉萨市乡村旅游主动融入国家和自治区的战略体系，硕果累累，成绩斐然。

拉萨市乡村旅游亮点纷呈，出现了一系列颇具人气的旅游精品。特色村落、观光农牧林业、休闲林卡、高原山地户外体验、温泉养生等五大类乡村旅游精品发展迅速，形成了主题鲜明、特色突出、结构合理、互为支撑、较为完善的多元旅游产品体系。特色村落方面，"中国最美村镇"达东村、"中国唯一的'天上渔村'"俊巴渔村、"中国地热城"羊八井等一系列特色小镇古村如同雨后春笋，发展喜人。观光农牧林业方面，有羌塘草原最肥美的牧场——当雄草原的草原风光，纳木湖畔的虫草文化旅游节，"热振国家森林公园"中的绿色原始森林，美丽的"桃花村"茶巴拉乡色麦村，曲水镇哈日萨村的曲水草莓基地等精品观光农牧林业旅游项目。休闲林卡方面，有达东林卡、白纳沟林卡、夺底沟林卡等各具特色的精品项目。高原山地户外体验方面，有夺底乡的徒步和攀岩项目，堆龙德庆楚布沟的山地自行车竞速赛等等。温泉养生方面，有羊八井温泉、德仲温泉、日多温泉、邱桑温泉等发展较好的温泉景区，围绕这些温泉建立了配套设施完善的旅游度假区，成为"冬游西藏"的重要吸引因素之一。

拉萨市乡村旅游向深度旅游方向发展，出现了一系列高端优质的乡村文化旅游精品，为拉萨市乡村旅游的发展注入了生生不息的文化力量。中国西藏文化旅游创意园区中的藏文化大型史诗剧《文成公主》已经成为当地旅游重要的文化名片，与游布达拉宫、转大昭寺并列，成为每位进藏游客的三大必选项目。以"拉萨人家""好客藏家"为代表的民宿精品游声名鹊起，能让游客体验到原汁原味的藏族民俗风情和文化，当一回地地道道的"藏族人"。以"藏历新

年游"为代表的节庆旅游异常火爆，游客与当地藏族人一同欢度新年，深入感受西藏文化和民俗的魅力，也增进了各族人民之间的情感，开启了"冬游西藏"新风尚。这些年来，来拉萨市旅游的游客的文化品位越来越高，他们不再打听星级酒店和知名餐厅的位置，而是寻找当地的精品民宿，亲身感受当地人的生活。

拉萨市乡村旅游营造文明乡风，促进乡村振兴大业。2015年6月，次仁切阿雪山博物馆正式开馆，成为爱国主义教育和弘扬登山精神的重要场所。"五有五好"文明村镇建设工作结出累累硕果，填满村民的"精神粮仓"，倡导健康文明的生活方式，丰富百姓的精神生活，营造整洁美丽的乡村环境，实现了景美、人美、乡风美。以林周农场为代表的红色旅游逐渐兴起，为生活在今天的人们注入了强有力的"红色能量"，弘扬红色文化，促进红色小镇建设，唤醒周边地区的"沉睡资源"，共同建设物质富足、精神充实、百姓幸福的新乡村。

拉萨市乡村旅游基础设施建设成效显著。作为西藏自治区旅游集散中心地，近年来，拉萨市大力开展乡村示范点旅游基础设施建设，对城关区夺底乡和娘热乡、墨竹工卡县甲玛乡、曲水县俊巴渔村、尼木县吞巴乡、堆龙德庆区桑木村等旅游示范点进行环境整治，完善旅游服务设施，并积极扶持了一批农牧民家庭旅馆，带动周边县乡村旅游的发展。

拉萨市乡村旅游富民惠民效应明显。这些年，拉萨市通过大力发展以农家乐、藏家乐、休闲度假休闲点和家访点为代表的乡村旅游项目，积极实施与乡村旅游相关的精准脱贫工作计划，大大拓宽了当地群众的致富门路。许多村民在家门口就实现了就业，充分享受到了乡村旅游大发展的成果，盖起了新楼，买上了小汽车，过上了富裕生活。

未来，随着国家"一带一路"倡议的实施，拉萨市乡村旅游必将迎来全新的发展机遇，依托于当地的旅游资源禀赋和优势，加大基础设施建设力度，发动社会各界力量共同参与，一定可以把美丽乡村建设成为宜居宜游的美丽景区，成为人们"诗意栖息"的美好家园。

目录
MU LU

壹

第一篇　拉萨乡村旅游：美丽乡村，幸福拉萨

第一章　到拉萨乡村去——美丽乡村变身最美旅游目的地

拉萨乡村旅游——国际旅游城市建设中的
　"绿色动脉" | 002

拉萨北环线：雪域高原的"精品"之旅 | 005

文化旅游：拉萨乡村旅游的深度打开方式 | 008

离尘不离城——打造综合型乡村旅游目的地 | 012

第二章　乡村旅游，振兴乡村——共建美丽乡村、幸福家园

旅游富民：雪域高原绽放幸福美景 | 016

绿色发展：把美丽乡村变成美丽景区 | 021

和谐共生：共建宜居宜游美丽家园 | 023

贰

第二篇　蓝天碧水，悠悠乡韵：拉萨乡村风貌之旅

第一章　一场山与水的邂逅——神山圣湖之旅

宁中乡：云起雨来雾散时，满目念青皆神奇 | 030

纳木湖乡：蓝色天湖映衬下的乡村风情 | 035

日多乡：神湖灵气天成，洗尽岁月铅华 | 039

普松乡：水天一色的乳巴湖美景 | 042

米拉山：拉林旅游线上的休憩之地 | 043

第二章　草色青青，牧歌声声——草原牧场之旅

当雄草原：羌塘草原最肥美的牧场 | 046

纳木湖畔，寻觅虫草之旅 | 052

朗堆村：丽日晴空下，放牧你的心情 | 054

第三章　与大自然亲密接触——高原生态之旅

唐古乡：千年古柏，原始森林的源头 | 058

卡孜水库、虎头山水库：高原神鸟的越冬天堂 | 062

金色池塘：美不胜收的金色画卷 | 065

第四章　一村一林卡，绿色欢乐日——户外林卡之旅

达东林卡：拉萨最美乡村的迷人风光 | 069

白纳沟林卡：高山绿水，放松身心的度假好去处 | 071

夺底沟林卡：高原风情，体验徒步探险的乐趣 | 074

第五章　古村小镇，散发独特魅力——特色村镇之旅

达东村：西藏保护最完整的古村落之一 | 076

甲玛沟：松赞干布出生地，令人向往的"世外净地" | 079

色玛村：雄巴拉曲神水——隐秘在林间的神泉 | 085

羊八井：西藏北部草原的现代生态小镇 | 087

第三篇　繁华都市的忘忧草——拉萨乡村休闲农业之旅

第一章　人间仙境，世外桃源——田园风光之旅
　　茶巴拉乡：桃花盛开的地方 | 095
　　楚布沟：神奇泉水，青山翠谷 | 097
　　"三园""五沟"：生态城关，藏式田园风光 | 100

第二章　创意农业，藏家生活——农业体验之旅
　　维巴村"拉萨人家"：零距离体验藏家生活 | 103
　　哈日萨村：曲水草莓基地，捡拾采摘乐趣 | 107
　　卡如村："核乡寻忆"，雅鲁藏布江峡谷静谧之美 | 110

第三章　雪域净土，滋润身心——净土健康之旅
　　尼木村：千亩雪菊竞相开放 | 115
　　白定村："吉祥台地"的生态之旅 | 117
　　宇妥沟：药王故里，"藏医药养生"深度体验游 | 121
　　"秀色才纳"净土健康产业园：健康养生观光带 | 124

第四章　高原温泉，养生福地——温泉养生之旅
　　羊八井温泉：世界屋脊上的天然奇观 | 127
　　德仲温泉：药理神水，世界第一热泉 | 130
　　日多温泉：能洗掉罪孽的"圣泉" | 133
　　邱桑温泉：有故事的温泉 | 135

肆 第四篇 隐藏在雪域深处的藏家风情——拉萨乡村文化之旅

第一章 拉萨文明的"根"和"魂"——乡土文脉之旅

香雄美朵：走近西藏文化的源头 | 140

连巴村：历史记忆，西藏陶艺四千年的见证 | 144

吞达村：藏文鼻祖之乡，水磨藏香之源 | 147

赤康村：西藏庄园文化的遗存地 | 152

慈觉林村：拉萨文化旅游的闪亮"名片" | 155

扎叶巴寺：在拉萨"灵地"感受心灵的宁静 | 159

第二章 民俗风情，多姿多彩——民俗风情之旅

桑木村：歌舞摇篮，最美特色民俗村 | 165

娘热乡民俗风情园：体验纯正的藏式生活 | 168

望果节：载歌载舞，祈祝丰年 | 173

藏历新年：开启"冬游西藏"新风尚 | 177

第三章 文化之源，精神家园——"非遗"文化之旅

觉木隆村：走进藏戏民间艺术之乡 | 182

措麦藏戏：创新传承，留住悠悠乡愁 | 186

俊巴渔村：中国唯一的天上渔村 | 189

第四章 文化注魂，润物无声——乡风文明之旅

夺底乡：登山文化之乡，爱国教育之地 | 197

措麦村："五有五好"，文明新气象 | 201

江村：山美水美，人美心美 | 205

林周农场：唤醒红色记忆，打造红色景区 | 207

主要参考文献 | 213

第一篇

DI YI PIAN

壹

拉萨乡村旅游：美丽乡村，幸福拉萨

拉萨市乡村旅游的发展，是建设拉萨国际旅游城市、西藏地区世界旅游目的地大目标的重要组成部分。其以拉萨市中心城区为核心，向外延伸至两条城郊旅游休闲带、三大旅游骨干廊道和四大旅游集中发展片区，成为驱动拉萨国际旅游城市建设生机的绿色动脉。以拉萨北环线为代表的精品旅游线路，将拉萨市乡村最精华的景区如珍珠一般串联起来，为游客开启了一场精彩纷呈的黄金景区之旅。文化旅游的蓬勃开展，丰富了拉萨市乡村旅游的文化内涵，推动了拉萨市乡村旅游向深度发展。拉萨市乡村旅游实现了绿色、生态、和谐发展，"美丽乡村"和"美丽景区"建设完美同步，旅游富民、绿色发展、和谐共生相得益彰，带领当地村民走上了富裕之路，把美丽乡村变成了美丽景区，共建宜居宜游的美丽家园。

第一章
到拉萨乡村去——美丽乡村变身最美旅游目的地

2015年4月制订的《拉萨市创建国际旅游城市规划》提出了"一个都市旅游中心区""两条城郊旅游休闲带""三大旅游骨干廊道""四大旅游集中发展片区"的"1234"的空间发展布局，确立了城乡旅游一体化设计、开发与发展的大格局，引领拉萨市乡村旅游向精品游和深度游发展。"拉萨北环线"涵盖了拉萨城区—堆龙德庆区—楚布沟—达东村—净土产业园区—俊巴渔村—尼木吞巴景区琼穆岗日—羊八井—纳木错—热振森林公园直贡梯寺—德仲温泉—日多温泉—思金拉措—甲玛沟景区—甘丹寺—扎叶巴寺—蔡公堂—藏文化大型史诗剧《文成公主》等拉萨市最知名、最具特色的乡村旅游景点，而且环线附近的海拔相对较低，是普通游客旅游参观的首选黄金线路。文化旅游与乡村旅游深度结合，推动乡村旅游向纵深发展，引领游客旅游"品位"不断提升。中国西藏文化旅游创意园区的创建，《文成公主》的成功演出，以"拉萨人家"为代表的精品民宿旅游迅速兴起，以"藏历新年游"为代表的节庆旅游红红火火……为来到乡村的游客带来了更深刻、更真实、更温情、更生活化的旅游体验，让拉萨乡村旅游绽放出更加迷人的魅力。

● 拉萨乡村旅游——国际旅游城市建设中的"绿色动脉" ●

拉萨市乡村旅游的发展，融合在拉萨国际旅游城市发展的整体规划之中。

2015年4月，由西藏自治区旅游局牵头，拉萨市政府和拉萨市旅游局配合制订的《拉萨市创建国际旅游城市规划》（以下简称"规划"）通过评审，确立了"1234"的空间发展布局，为把拉萨市创建成为具有高原和民族特色的国际旅游城市指明了方向，确立了框架。

"规划"所确立的"1234"的空间发展布局由内而外，逐步扩展，共同规划了拥有世界独特的历史文化旅游资源、综合丰富的生态旅游资源的世界著名藏族文化中心城市——拉萨。

　　在"规划"所确立的发展布局中，乡村旅游作为一条主要的"绿色脉络"，起到了特别重要的作用。

　　"1"指的是"一个都市旅游中心区"，这是拉萨市作为国际旅游城市的核心部分——要把拉萨市打造成为一个具有高原和民族特色的国际旅游城市。虽然是城市规划，这个"1"却和乡村旅游有着十分密切的联系。

　　这个"1"不只是我们通常所理解的"城市"的概念，而是一个"生活圈"——一个以"全域旅游"的发展理念为出发点，"宜居、宜游、宜业"的城市优质"生活圈"。除了拉萨市中心城区的世界文化遗产、具有城市特色风貌的街区，还向城市郊区，周边各县、乡、村进一步延展，和拉萨市乡村旅游事业一体化设计、一体化发展，从而构成一个"大旅游"的格局。

　　"2"指的是"两条城郊旅游休闲带"，即通过318国道、109国道、202省道等骨干交通向拉萨市中心城区外围延伸，建设沿山亲水的生态景观

和民族风情长廊。主要包括"蓝色滨水休闲带""绿色山地休闲带"两条城郊旅游休闲带，打造拉萨市2小时都市旅游圈。

"蓝色滨水休闲带"以318国道为骨干，以拉萨河为轴线，系统建设汽车旅游、骑行徒步皆宜的休闲绿道服务体系。"绿色山地休闲带"以202省道、109国道为骨干，重点发展娘热沟、夺底沟、扎叶巴洞窟、楚布河等旅游景区项目，打造集生态科考、户外运动、养生休闲于一体的山地生态旅游项目集群。

"3"指的是"三大旅游骨干廊道"，包括拉那旅游北廊道、拉林旅游东廊道、拉日旅游西廊道，旨在推进全区旅游发展一体化。"拉那旅游北廊道"以堆龙德庆区、当雄县为主体，对接那曲，联动青海，打造拉萨市旅游大环线。"拉林旅游东廊道"将支持沿318国道开发绿色环保的特色精品区、小型生态度假村、自驾自助游营地。"拉日旅游西廊道"重点打造拉萨市中心城区至曲水县的自驾与骑行旅游示范路段，打造原生态的民族旅游精品。

"4"指的是"四大旅游集中发展片区"，包括湖山羌塘旅游片区、田园农业旅游片区、湿地温泉旅游片区、民俗文化旅游片区。"湖山羌塘旅游片区"以纳木错（也写作"纳木措"）、羊八井地热温泉、念青唐古拉主峰为核心景区，推进拉萨市北部山水观光旅游与高原休闲旅游融合发展。"田园农业旅游片区"重点开发堆龙德庆区南部、曲水县北部、林周县南部、达孜区西部的农业旅游和田园乡村旅游项目。"湿地温泉旅游片区"把拉萨河谷湿地、思金拉措等高原湖泊湿地和德仲温泉、日多温泉等温泉景区，与峡谷森林、民族文化等旅游资源相结合，建设拉林旅游线上的节点型旅游目的地景区项目集群。"民俗文化旅游片区"重点开发尼木生态旅游区，加快提升吞巴景区、俊巴渔村等特色民俗村落的建设管理水平，打造国际知名的藏文化民俗旅游胜地。

"规划"确立了城乡旅游一体化设计、开发与发展的大格局，"总体范围包括城关区、堆龙德庆区、达孜区、墨竹工卡县、曲水县、尼木县、当雄县、林周县，总面积约29162平方公里，预计到2025年最终完成拉萨国际旅游城市的建设。

从规划中，可以清晰地看到拉萨市乡村旅游的发展，也包含在建设拉萨国际旅游城市、西藏地区"世界旅游目的地"的大目标中,并在其中起到了十分重要的作用。

拉萨市乡村旅游的框架也是以拉萨市中心城区为核心,向外延伸至"两条城郊旅游休闲带""三大旅游骨干廊道"和"四大旅游集中发展片区"。

拉萨市乡村旅游中有很多的精品景区和精品旅游线路即位于这"1234"的空间发展布局之中,并且和"规划"所体现的脉络互相吻合,成为驱动拉萨国际旅游城市建设的一条生机勃勃的"绿色动脉"。

●拉萨北环线:雪域高原的"精品"之旅●

"春风得意马蹄疾,一日看尽长安花。"

对于很多游客来说,他们很希望能够在较短的时间内,尽览拉萨市最精华的景观。而从拉萨市旅游部门的角度来说,他们也希望能够推出一条精品的旅游路线,将拉萨市最美好的风采集中展示出来,让越来越多的人看到幸福拉萨的面貌。

"拉萨北环线"——这条囊括了绝大部分拉萨市乡村旅游精品景点的"黄金线路"正是在这样的背景下应运而生的。

2018年4月,"拉北环线暨达孜扎叶巴景区"专题旅游推介会在拉萨市举行。本次推介会旨在深度挖掘拉萨丰富的乡村旅游资源和文化内涵,打造拉北环线旅游精品线路。

线路将拉萨周边最精彩的旅游景点全部囊括其中,汇集了拉萨市最丰富的人文景观和自然景观。首推拉萨城区—堆龙德庆区—楚布沟—达东村—净土产业园区—俊巴渔村—尼木吞巴景区琼穆岗日—羊八井—纳木错—热振森林公园直贡梯寺—德仲温泉—日多温泉—思金拉措—甲玛沟景区—甘丹寺—扎叶巴寺—蔡公堂—《文成公主》实景剧场旅游线路。

拉北环线是热爱西藏的旅行者最不能错过的一条旅游线路,被专家誉为"青藏高原景观最丰富、线路很紧凑的黄金旅游线路"。同时这条旅游线路还有一个很明显的特点,那就是环线附近的海拔相对较低,非常适合普通游客旅游参观。

"拉萨北环线"以乡村旅游为重点和主线。如果说《拉萨市创建国际旅游城市规划》中确立的"1234"的空间发展布局是从整个拉萨市"大旅游"的角度出发对拉萨旅游全局的"鸟瞰",那么"拉萨北环线"则主要是从乡村旅游的维度,将最精彩的旅游景区逐一梳理,让游客能够以最便捷的方式领略到拉萨市乡村旅游的精华。

隐秘在拉萨市西南山谷之中的达东村，被誉为西藏保护最完整的古村落之一，这里有六世达赖喇嘛仓央嘉措曾经修行过的藏式庄园，有藏传佛教格鲁派的创立者宗喀巴大师到此云游的"遗迹"，有传承近千年的古老寺庙，历史文化积淀深厚；同时，这里也有原生态的林田、村落、溪水、湖泊等自然风景，是过林卡的理想之地。达东村曾获得"中国美丽休闲乡村·历史古村""第七批中国历史文化名镇名村""中国最美村镇生态奖""全国生态文化村"等诸多荣誉，是市民和游客郊游的首选地。

位于拉萨河下游与雅鲁藏布江交汇之地的俊巴渔村，是中国唯一的"天上渔村"，这个世外桃源般的渔村，拥有一处国家级非物质文化遗产，两处西藏自治区非物质文化遗产。由于特殊的地理环境，俊巴渔村的村民世代捕鱼为生，他们乘坐用当地手工艺制作的牛皮船过江打鱼，为了排解长年漂流的艰辛，唱牛皮船歌、跳牛皮船舞，逐渐发展成为一种当地极具特色的文化景观。如今俊巴渔村的"郭孜"（牛皮船舞）已被收入"国家级非物质文化遗产"名录，成为来到这里的国内外游客必选的"文化大餐"。俊巴渔村还有当地最原始的烹制鱼的技艺，为游客烹制大快朵颐的"全鱼宴"。俊巴皮具制作技艺由牛皮船制作技艺演变而来，用该技艺制作的赛盘、小型牛皮船、小糌粑袋、小茶叶袋等皮具令国内外游客爱不释手。

拉萨市当雄县境内的羊八井，地火的能量奔涌不息，形成了火热的地热温泉，也打造了有名的中国特色小镇、现代生态小镇——"中国地热城"。游客可以一边泡温泉，一边欣赏远处林立的雪山。羊八井有许多"第一"，它是世界上海拔最高的地热发电站，是中国大陆上开发的第一个湿蒸汽田，是当今世界上唯一利用中浅层热储资源进行工业性发电的地热电站。羊八井地热发电技术在国际上享有较高荣誉，电站规模在世界地热电站中排名第12，太阳能、宇宙射线观测、高原电网试验等绿色能源的开发均走在前列，被誉为"世界屋脊上的一颗明珠"。

拉萨市墨竹工卡县城以西15公里处的甲玛沟，是吐蕃政权的第33任赞普松赞干布的出生地。甲玛沟是藏传佛教噶当派的重要弘法区域，是元代西藏地区"十三万户"之"甲玛万户"的治所，清代蒙古后裔与"藏王"颇罗鼎家族结合的"霍尔康家族"的领地，近代西藏现代史上的著名人物阿沛·阿旺晋美的出生地。围绕这些历史人文资源，甲玛沟开发出了许多深受游客欢迎的旅游景点。松赞干布纪念馆中，游客可以看到完全根据历史文献和曾经的遗址复原的"强巴敏久林宫"。在霍尔康贵族遗址中，游客可以感受过去西藏贵族的生活场景，体验藏戏、唐卡、藏香、擦擦等充满西藏民俗风情的文艺演出和手工艺品制作。

拉萨崩巴日（宝瓶山）下西侧的慈觉林村，随着中国西藏文化旅游创意园的建设，以及气势恢宏、体现汉藏和美主题的藏文化大型史诗剧《文成公主》的成功演出，正成为拉萨市乃至整个西藏地区的一张闪亮的文化名片。慈觉林村还有拉萨"四大林"之一的慈觉林寺，宝瓶山半山腰的宗赞神庙，供奉的是文成公主进藏时的护卫官——宗赞，至今仍深受当地藏族群众的热爱，记载着一段藏汉和美的佳话。

除了这些知名的景点，"拉萨北环线"上还包括"天湖"纳木错，念青唐古拉山脉西南端的最高峰琼穆岗日，青藏高原上的绿色氧吧——美丽的热振国家森林公园，号称"世界第一热泉"的德仲温泉，被誉为"圣泉"的日多温泉，被誉为"财神湖"的思金拉措，由藏传佛教格鲁派创始人宗喀巴于1409年亲自筹建的格鲁教派祖寺——甘丹寺，宁玛派寺院、西藏四大隐修地之一的扎叶巴寺等等，将这些著名的自然景观和人文景观如同珍珠一般串联起来，让游客可以在最短的时间，开启一场拉萨市乡村旅游的精品之旅。

"拉萨北环线"的推出，在将最具人气的拉萨市乡村人文景观和民风民俗介绍给广大游客的同时，也结合了精准扶贫工作，让各县的农牧民参与到家乡的旅游事业中来，赚上旅游钱，促进了旅游线路上乡村旅游景区（点）的建设和经济发展，将拉萨市乡村建设得越来越美丽，越来越富饶。

● 文化旅游：拉萨乡村旅游的深度打开方式 ●

如果说"打卡游"满足了大部分人初级的旅游需求，"深度游"则满足了人们更深入的旅游需求，是乡村旅游的高级阶段。

与观光游、打卡游相比，深度旅游的特点是选择更少的景点，对其做更为深入的了解。除了停留的时间更长，游客在对当地文化有更加全面深入了

解的基础上，通过旅游去感受当地的文化底蕴，体验当地的民俗风情，并与当地人有深入的接触和交流。

知名学者冯骥才曾专门撰文谈到"深度旅游"的概念。深度旅游，顾名思义，就是从表面观光走向深层了解。这是因为当今的人们，已经不满足走马观花的旅行，希望从异地或异国多得到一些认识与知识，包括历史、生活、文化、生产、民俗、艺术等方面，感受不同地域独特迷人的文化底蕴。深度旅游是在文化层面上的旅游。它依靠文化，反过来对文化又是一种开掘、展示和弘扬。如果我们大力开展深度旅游，想想看——上下数千年，纵横几万里，地域不同，文化相并，将会有多么灿烂多姿的文化被开采和表现出来。古老中国将呈现多么瑰丽的文化景观！

这段话揭示了深度旅游的本质在于发掘当地景观的文化内涵，使文化与旅游相互促进、相得益彰、共同发展。如果说旅游产业是"朝阳产业"，那么深度旅游则是"朝阳中的朝阳"。

近年来，拉萨市通过大力发展文化旅游、藏家生活体验旅游、节庆旅游等方式，充分挖掘拉萨市丰富的历史文化资源，打造出了一系列高端优质的乡村文化旅游精品，大大提升了拉萨市乡村旅游的文化格调。

2012年3月21日，拉萨市委做出了建设中国西藏文化旅游创意园区的重大决定，力争将其打造成"藏文化的世界总部基地、藏文化旅游产品标准输出地、藏文化创意发祥地、高端休闲度假地、市民休闲理想地"。同年7月8日，投资逾300亿元的中国西藏文化旅游创意园区在拉萨市城关区蔡公堂乡的慈觉林村举行了开工奠基仪式，标志着拉萨市"文化兴市"战略拉开了重要序幕，同时也极大地促进了拉萨市旅游业的发展。

中国西藏文化旅游创意园区自建设以来，已经打造了很多有分量的精品旅游项目和地标性人文景区。园区的核心项目藏文化大型史诗剧《文成公主》已经成为当地旅游重要的文化名片。

《文成公主》综合运用了大唐歌舞与西藏地区流传久远的藏舞、藏戏等艺术形式，并以周围自然山水为背景，集中展示了藏舞、藏戏、佛号念唱等数十种藏族非物质文化遗产。该剧深入藏汉文化源远流长、藏汉民族团结一心的历史主题，并将其升华到人间大爱的高度，为展现西藏文化和藏汉团结的精品之作。

通过一部《文成公主》大型实景剧，游客可以"全景式"地了解西藏文化，把握西藏文化的精髓，大大丰富旅程的文化内涵，加深旅游的文化深度。随着《文成公主》大型实景剧的成功，园区借势开发了慈觉林藏院风情街，详尽展示了拉萨市的民俗风情，也展示了包括山南市、林芝市、日喀则市等地民俗文化，让旅游者全方位感受西藏各个地方的风土人情，走进西藏文化的深处去旅游。

2018年5月18日，正值第42个世界博物馆日之际，园区的地标性建筑——西藏非物质文化遗产博物馆正式竣工交付，博物馆收集了格萨尔说唱艺术、藏戏、唐卡等数百个西藏非遗项目展品，为广大市民和游客提供了一个集中观赏和近距离接触西藏非遗文化的平台；并为游客提供了一个互动的园区，游客可以亲身参与到藏戏表演、藏香制作等互动活动中，更深入感受非物质文化遗产的魅力。

在中国西藏文化旅游创意园区的引领和示范效应下，拉萨市文化旅游方兴未艾，并通过与乡村旅游的深度结合，提升游客旅游"品位"。而与这些旅游观念变化相应的是藏家生活体验旅游、节庆旅游等旅游项目的异常火爆。

以"拉萨人家""好客藏家"为代表的精品民宿旅游迅速兴起，在为游客提供更加深度的旅游体验的同时，也提升了当地农牧民的收入，促进了当地经济的发展。

游客通过入住藏族人家，和当地人同吃同住，像拉萨当地人一样体验西藏的民俗文化，从而获得更加深入的旅游体验。这些精品民宿，在保持原汁原味的藏族民俗风情和文化的同时，也有各自的特色。

以夺底乡维巴村的"拉萨人家"为例，除了藏式特色的客厅、藏家小院、自家酿制的藏族美食、藏家歌舞这些"标配"，每个"拉萨人家"还有各自的特色。格桑林卡"拉萨人家"利用当地依山傍水、绿树成荫的天然优势，为游客提供林卡旅游；斯东仓"拉萨人家"建成了面积达 600 平方米的苹果采摘园，为游客提供以苹果采摘为特色的民俗体验；康卓仓"拉萨人家"利用木雕等藏族手工艺，让游客体验藏式木雕的魅力……

而在桑木村，可以接待游客进户体验的十几个"家访户"，都采用了传统藏式的老房子、老院落，使用纯藏式家具，生活用品也是西藏风格的，甚至还有原生态的牛皮碗。

充满藏族风情又各具特色的"拉萨人家"不仅备受国内游客青睐，也得到了外国游客的好评。通过这些精品民宿旅游，游客触摸到了真实的西藏，获得了对西藏更深层次的了解。

与精品民宿同时发展起来的，是以"藏历新年游"为代表的节庆旅游。为了让游客深入了解和体验藏族文化风俗，拉萨市城关区旅游局从 2014 年就推出了邀请游客到拉萨市老城区、乡村居民家过藏历新年的活动。在这些活动中，游客走进藏族群众家中，和他们一起做"古突"、吃"古突"，共庆新年，深入感受西藏文化民俗的魅力，共同期盼新的一年幸福吉祥。

总之，基于藏族传统文化的拉萨市乡村深度旅游，这些年来在拉萨市方兴未艾、前景大好，为游客带来了更深刻、更真实、更生活化、更温情的旅游体验。同时，深度游也促进了西藏传统文化的保护、传承和发扬，让更多古老的西藏文化获得新的生命力。

● 离尘不离城——打造综合型乡村旅游目的地 ●

"旅游目的地"建设是发展旅游事业的终极目标,是提升旅游竞争力,为游客带来更好旅游体验的必然要求。

习近平总书记做出了把"西藏建设成重要的世界旅游目的地"的重要指示,这些年,拉萨市大力发展乡村旅游事业,打造乡村休闲旅游城市品牌。充分挖掘各地自然人文资源,加强乡村基础设施建设,依托各地品牌知识产权,开发出包括田园度假庄园、果蔬采摘、劳作体验、乡村美食、摄影婚庆等一体化的旅游产品体系,为游客营造了"离尘不离城"的一站式休闲度假环境,逐步把拉萨市打造成为集观光、休闲、娱乐、度假为一体的综合型乡村旅游目的地。

城关区夺底乡立足于发展高原特色农牧业及乡村旅游的先天优势,开发出了天然运动攀岩区、乡村驿站、田园风光游览区、帐篷林卡、洛桑苹果采摘园等乡村旅游项目,为游客提供了全方位的旅游体验。

在夺底乡,游客可以参观西藏首家"智慧型"山岳博物馆——西藏"次仁切阿雪山博物馆"。该博物馆由西藏登山界领军人物、西藏登山学校创始人尼玛次仁发起,馆内有著名的"中国梯",承载着中国人对珠峰的辉煌探险史。博物馆中还设立了体验区,游客可以体验攀岩、索道式攀登以及模拟攀登珠峰的感受。

依托高原山地优势,夺底乡也是徒步登高的理想之地。在徒步的过程中,可以欣赏路边的优美风景,走得累的时候,还可以在河边过林卡,河边有村民们搭建的帐篷可以租用。

夺底乡的精品民宿项目"拉萨人家""好客藏家"十分有名,是拉萨市体验"好客藏家"游客最多的一个乡。在这里游客可以体验包括藏家特色佳肴在内的真实藏家生活,也可以和当地村民一起欢度藏历新年。

此外,夺底乡还是曾经的藏币印刷厂所在地、八大藏戏之一《顿月顿珠》的取景地、藏药取材圣地;宗教文化方面,有包括乃古东日、吉仓日追、普布觉寺等在内的景点;民俗文化方面,有西藏擦擦博物文化展览馆、趣真藏香厂、曲色民族风景庄园等景点。

"旅游目的地"的建设，离不开基础设施建设。这些年来，夺底乡一直积极争取资金，用于当地景区的基础设施建设，改善当地的旅游环境。以夺底沟洛欧村洛欧组的"洛欧度假村"为例，仅2017年，城关区在洛欧度假村就投资了100万元用于基础设施建设，设立了游客服务中心，新建了小型停车场、绿化带、2个公共厕所等多个基础设施。

　　这些有力举措在方便游客的同时，也带动了当地老百姓吃上了旅游饭，提升了当地人的生活条件，美化了当地的乡村环境，而这些反过来又会提升游客的旅游体验，让他们看到更美丽的乡村，促进乡村旅游目的地的建设。

　　随着夺底乡旅游基础设施的日趋完善，每年接待游客的数量以及所提供的服务质量也在不断提高。目前，游客无论是在春夏秋冬任何一个季节，都可以前往该乡体验纯正的民俗节庆活动，感受别样的休闲生活、品尝地道的藏家美食。在未来的发展中，夺底乡将继续以当地的高原特色农牧业及乡村旅游资源为依托，通过整合资源把夺底乡建成一个集观光、休闲、娱乐、度假为一体的综合型乡村旅游目的地。同时，也将其建设成为拉萨市社会主义新农村建设的示范点、城关区旅游经济新的增长点。

　　和夺底乡一样，拉萨市各地区都立足于当地的特色优势，建设一体化的综合型乡村旅游目的地。当雄县以"极净当雄"为主题，以"当雄处处皆景点"为理念，依托羊八井"蓝色天国"、唐滨湖、姆蓝雪山、廓琼岗日冰川、康玛温泉度假村、纳木错环岛等旅游环线，打造了"全域旅游"的格局。

　　在旅游创新上，当雄县坚持从创新观念入手，培育牧家乐品牌；充分挖掘草原游牧文化，全面建设黑帐篷行者系列牧家乐，现已建好宁中乡、纳木湖乡黑帐篷牧家乐、"拉萨乃藏"等独具特色的牧家乐旅游品牌。开启高端私人定制旅游模式，从路线、方式和服务着手，为游客量身打造具有浓郁个人风格的旅行项目，提供"一对一"式的高品质服务，打造舒心、深度的旅游体验。

　　在旅游产品上，结合当地旅游事业的发展，当雄县积极推出新产品，不断延长旅游产业链。依托当雄"有身份证"牦牛肉品牌，高起点推出"新、优、奇、美"的特色土特产品和手工艺品，全面打开旅游商品市场，繁荣旅游经济。

在旅游项目的特色上，当雄县以"行天路游圣湖、寻虫草品佳肴、听牧歌泡温泉"为亮点，打造精品文化生态旅游，努力在旅游产品供给、精品景区集群建设、旅游惠民富民、旅游辐射带动等方面下功夫，推动当雄县旅游转型升级。

在品牌宣传上，坚持新闻媒体宣传和游客口碑宣传相结合，充分利用宣传片《高原明珠当雄》、电影《天缘·纳木错》等媒体力量，并结合各类公众平台的资源，全力塑造当雄的旅游品牌形象。

在政府的规划和大力支持下，拉萨市各地区立足当地特色，以核心景区建设为抓手，以加强基础设施建设为基础，通过不断整合当地乃至周边地区的旅游资源，打造集旅游度假区、特色小镇、精品旅游等多位于一体的乡村旅游目的地。

第二章
乡村旅游，振兴乡村——共建美丽乡村、幸福家园

近年来，拉萨市利用得天独厚的旅游资源和自身的区位优势，大力发展乡村旅游事业，并将乡村旅游发展与精准扶贫有机结合，实现了"以业扶贫、旅游富民"，让拉萨人民走上了致富路。以农家乐、藏家乐、休闲度假休闲点和家访点为代表的乡村旅游产品，以及和旅游相关的精准脱贫工作计划，大大拓宽了当地群众的致富门路，让他们过上了城里人的富裕生活。通过拉萨市近年来的不断努力，除了布达拉宫、纳木错景区、藏文化大型史诗剧《文成公主》等知名旅游项目，楚布沟、达东村、俊巴渔村、扎叶巴寺、热振森林公园等一大批"拉萨北环线"乡村旅游项目也重磅亮相，为拉萨市乡村旅游的发展和当

地群众脱贫致富奔小康注入了强劲的动力。拉萨乡村旅游在发展的过程中保持了"绿色发展"的主色调,富裕了农民和乡村,更促进了农村产业结构的优化,引导村民大力发展观光农业、生态农业、净土农业,建设绿色农业示范园,营造迷人的田园风光,把绿色乡村建成美丽乡村,变成美丽景区。从人与自然和谐发展的生态文明建设的高度,不断加强乡村基础设施建设,改善村容村貌,构建人与自然和谐共生的美好环境,为游客和生活在这里的人们创建了一个可以"诗意栖居"的精神家园。

● 旅游富民:雪域高原绽放幸福美景 ●

说起拉萨市乡村旅游的发展,除了景区越来越美、服务越来越好,最明显的变化就是村民们的生活越来越富裕。

近十多年来,拉萨市将乡村旅游发展与精准扶贫有机结合,通过"以业扶贫、旅游富民",很好地改变了贫困地区的落后面貌,也让村民们过上了红红火火的好日子。

从风起时漫天沙尘,到如今的青山绿水、游人如织;从户户都靠上山砍伐灌木维持生计,到如今全村发展生态旅游民富村美,被誉为"中国最美乡村"的达东村用十余年的巨变,实现了将"美丽环境"变成"美丽经济",做到了将绿水青山变成金山银山。

十几年前的达东村,曾是一个土地沙化严重的地方。2004年,达东村发生了一场旱灾,村民赖以生存的土地失去了灌溉的水源,颗粒无收。这是因为当地村民为了增加经济收入,常年砍伐当地一种叫作小叶杜鹃的灌木,山上的植被因此被严重破坏。"那时经常刮风沙,一天下来桌上就是一层沙。"村民查斯说。

为了渡过难关,拉萨市组织干部群众从拉萨河为达东村引来一条"生命源"。可是由于土地沙化过于严重,一边引一边漏,到了达东村,水就所剩无几了。"这场干旱给我、给我们村的所有群众一次很沉痛的教训,不能再砍了。"村党支部书记多吉自那场旱灾之后,就下定决心要改变这种局面,寻找新路。

而村委会所寻找的新路，就是大力发展旅游事业。"发生旱灾就是因为我们破坏植被，我们必须要保护环境了。以后咱们村发展旅游，收入比这个多、比这个踏实、比这个稳定。"

发展旅游事业就要保护环境，"制止村民砍伐、贩卖小叶杜鹃"——达东村开始"大整治"，这也意味着旧的发展模式结束，新的发展模式开始。但是这个决策在当时却遇到了激烈的反对和重重压力。达东村村民世代务农，很少外出打工，也没有其他营生。对于很多人来说，卖小叶杜鹃的收入就是家庭的全部资金来源。

经过半年的思想工作，村民的观念和态度逐渐有了转变，2006年，达东村委会正式把禁止砍伐小叶杜鹃写进了村规民约。

经过十多年的保护，如今的达东村树林茂密，风沙小了，水源清了。在全村上下的共同努力下，达东村已经从过去的贫困村，变成了今天的"中国最美乡村"，成为拉萨乡村旅游的新名片。来到达东村旅游的游客越来越多，当地积极发动群众参与进来，共同建设美丽乡村，共同发展乡村旅游事业，共同走上富裕之路。

2016年4月，柳梧新区管委会正式启动了"柳梧新区达东村村容村貌整治暨扶贫综合（旅游）开发项目"，在改善村民生产生活条件的同时，促进达东村集体经济发展，拓宽群众增收渠道，增加群众的就业岗位和现金收入，带动达东村全面脱贫致富。

项目启动以来，村里先后建成了庄园遗韵、幸福林卡、"拉萨人家"藏家乐、千亩花海等多个文旅项目，村民们不仅有收入，还有集体分红，致富的甘泉流向了各家各户。

走进村民格桑罗布家的小院，一阵浓郁的酸奶香扑鼻而来，他正在与妻子忙着为游客做酸奶。来达东村的游客越来越多，他们的生意也越来越好。每天从挤牛奶到制作酸奶，老两口要花费几个小时。在格桑罗布家的冰柜里，随时准备着几十碗酸奶，游客来了，随时都能够买到新鲜的酸奶。

"这几年村庄变美了，来旅游的人越来越多，游客都说这里山清水秀，空气清新，可羡慕我们了。"格桑罗布笑着说，过去全家的生活仅靠务农和儿子的手艺活所得的收入来维持，日子过得清贫。现在他们家里养了8头奶牛，通过卖酸奶、牛奶等产品，一年能有5万多元的收入。

村民次珍桑姆一家5口人，上有老下有小，爱人常年身体欠佳，原本是守着仅有的两亩地，靠种植农作物的微薄收入度日。达东村发展乡村旅游事业之后，村委会给她和丈夫安排了合适的工作，两个人每月的收入达到5000多元，极大地增加了家庭收入，让他们一家人可以幸福快乐地生活。

如今，每天清晨，次珍桑姆都会在果树林开始一天的看护工作，对于她而言，浇水、施肥、锄草等工作充满幸福和快乐。翠绿的果树、清凉的山风、充满希望的果子，一切都是那么的和谐与惬意。

"以前，一家人守着两亩地和打零工过日子，生活非常清苦。"次珍桑姆说，这几年，村里大力发展乡村休闲旅游，种植了这片桃林，在这里工作的10名群众，都是村里的建档立卡贫困户，大家在家门口就实现了稳定就业。

"看着这些桃树茁壮成长、开花结果，我打心眼儿里高兴，今年好多游客都来这里采摘，大家都说我们这儿的桃子好吃。"说起自己的劳动成果，次珍桑姆的笑容格外灿烂。

随着达东村的旅游事业蒸蒸日上，需要的人手越来越多，许多外出打工的村民都回来了，他们或从事保安、保洁等工作，或自己做点儿小生意，每个人都朝着自己的小目标努力，日子越过越好。

村民拉姆次仁从事保洁工作。"以前，家里日子过得艰难，我在外面打了14年零工。前两年，村里发展乡村旅游，我和几个打工的姐妹就回来了，村里还给我们安排了工作。"这份工作给她带来了3000多元的月收入，还能让她照顾家里，她感到特别满意。

家住达东村4组的次仁旺堆老人家里的老房子，之前长期处于闲置状态，项目启动后，老人家的房子被选做了"拉萨人家"藏家乐用地。在政府的帮助下，他家的房间被粉刷一新，卫生间和浴室为了迎接游客也重新进行了维修，重新焕发光彩。"老房子被打造成了藏家乐，并入选了拉萨市'拉萨人家'特色民宿，这是之前从未想到过的变化。这几年，每逢旺季都会有游客拼租整套房子，他们感受着藏式民居生活，我们家也多增加了一份收入！"

以往耕种1亩地年收入1000多元的次仁旺堆老人从未想过，家中破旧不堪的土地证、最初做酥油茶的传统打茶桶、存储饮用水的蓄水桶竟然成了具有历史文化气息的"宝贝"，这样别具年代气息的庭院，去年仅接待4批游客就收获了3000元。

"我在这里已经住了50多年了，之前房屋残旧、屋顶漏水、土墙还有裂缝，现在屋顶被修补好了，裂缝被填补了，老房子修葺一新。不仅如此，60多岁的我还能得到赚钱的机会，做起老板经营着属于自己的小生意，我很满足，很开心。"收入之外，还有分红，在村里分红的时候，次仁旺堆老人手捧分红款，脸上溢出幸福慈祥的笑容。

村民索朗顿珠依托达东村如火如荼的旅游发展机会，在"达东·幸福林卡"附近开了一家茶馆，通过"达东众创空间"的指导和自己的用心经营，旺季时每月有3000多元的稳定收入，此外，还有村里的分红收入。有了这些资金来源，他决定把生意做大。"我准备用分红收益改造一下茶馆，再添置一些桌椅，让茶馆可以容纳更多的客人，相信今年的茶馆生意还会更好。"索朗顿珠充满信心地说。

从外出打工，到在家门口就业，达东村在当地村民的建设和守护下，阔步迈向天更蓝、山更绿、水更清、村更美的未来，全村人都通过乡村旅游事业过上了富足幸福的好日子。

如今的达东村，贫困户的年人均纯收入达1.2万多元，2018年达东村全年共计接待游客达40多万人次，实现旅游收入697万元，旅游成效再创历史新高。全年支付村民各项工资共182万元，加上分红，共为当地老百姓创收240多万元，有效促进了当地百姓增收致富。贫困群众实现了脱贫目标，富裕起来的达东村村民更加守护着这里的绿水青山。

据柳梧和美乡村民俗文化旅游有限公司李兆介绍，达东村精准扶贫综合（旅游）开发项目是由域上和美集团旗下和美布达拉公司、柳梧城投及达东村村委会三方共同组建，柳梧和美乡村民俗文化旅游有限公司负责全程打造和运营管理。这些年"域上和美"坚持实施文旅扶贫战略，打造优质扶贫项目，仅2018年在藏的三个乡村文旅项目——达东村精准扶贫综合（旅游）开发项目、"德吉藏家"旅游扶贫可持续发展项目、尼木县卡如村"核乡寻忆"民俗体验村项目，就为当地老百姓分红超过100万元。

在拉萨，像达东村一样"旅游富民"的例子还有很多。这些年，以农家乐、藏家乐、休闲度假点和家访点为代表的乡村旅游产品如同雨后春笋，成为促进当地村民致富的重要途径，拉萨市夺底乡的精品民宿旅游"拉萨人家""好客藏家"即是其中的佼佼者。

从2011年以来，拉萨市旅游局已经下派六批驻村工作队，充分利用夺底乡维巴村的旅游资源，着手打造"拉萨人家"。拉萨市城关区夺底乡维巴村三村村民德吉从2014年开始，加入拉萨市旅游局重点打造的西藏民宿品牌——"拉萨人家"项目。从经营的第二年，客人就开始慢慢多了起来，现在年接待国内外游客700多人次，收入6万多元。

民宿旅游的发展让维巴村的村民尝到了致富的甜头，夺底乡维巴村为游客提供家庭旅馆、采摘体验、林卡、手工木雕刻体验等旅游服务的老百姓，年收入在6万至10万元。

"乡村旅游已经成为村民脱贫致富的重要途径。"维巴村的扶贫专干尼玛说，乡村旅游火了，也让当地村民的日子更旺了。

这样火红的局面，与拉萨市长期以来的大力支持是分不开的。特别是从2016年以来，拉萨市旅游局根据全市精准扶贫精准脱贫工作会议的安排部署，充分发挥旅游产业强大的带动优势，扎实开展"以业扶贫"工作，让贫困群众切实感受到了党和政府的温暖。

拉萨市先后启动了尼木县赤朗沟乡村旅游示范项目、白纳沟乡村旅游示范项目、夺底沟乡村旅游基础设施建设等项目，带动周边农牧民参与旅游经营，解决就业问题，将绿水青山变成金山银山；举办"最美乡村"专题推介会，邀请全市五县三区和300家旅游企业参加推介会。草莓采摘节、树莓采摘节、油桃采摘节等活动吸引了大量市民和游客的参与。拉萨市在全市范围内扶持60户"拉萨人家"改造升级，每户帮扶8万元，全面推动"拉萨人家"建设工作，提升接待水平。

2018年，拉萨市启动了乡村旅游"富民增收工程"，并成功举办了"拉北环线暨达孜扎叶巴景区"专题旅游推介会、楚布沟山地自行车越野竞速赛、糌粑旅游文化节等活动，不断提升乡村旅游吸引力，帮助农牧民吃上"旅游饭"。

在此过程中，拉萨市旅游局还借助江苏省援藏平台，举办旅游专业培训班5期，其中"送教上门"培训班2期，重点对基层服务人员和农牧民进行培训，讲授旅游服务礼仪、旅游接待服务等内容，累计培训1010人，经培训实现就业的农牧民达到82人。

通过拉萨市这些年来上上下下共同的努力，拉萨市的乡村旅游事业蓬勃发展，环境更美了，百姓更富了，也为国内外的游客带来了更多、更好的乡村旅游服务，一个个精品旅游项目重磅亮相，雪域高原绽放出了更加幸福美好的景象！

●绿色发展：把美丽乡村变成美丽景区●

拉萨市乡村旅游在发展过程中很好地保持了"绿色发展"的主色调，不仅富裕了农民和乡村，也把绿色乡村变成了美丽乡村，进而变成美丽景区。

曲水县的茶巴拉乡是西藏有名的"桃花村"，这里地处深山峡谷之间，得益于温暖湿润的山谷"小气候"，十分适宜桃树生长，因此长成了大片的桃花林，到2017年，"桃花村"的原始桃树林已经达到了150多亩。

为了将"桃花村"做成一种特色的旅游品牌，当地政府带领群众逐步加大桃树种植力度，将"桃林产业"做大做强，努力打造一张具有人气的地域名片。随着游客越来越多，当地建成了集旅游休闲、商务会议为一体的旅游度假村，商店、餐厅、客房等服务设施齐全，为游客提供了舒适的旅行服务。

当地村民也积极参与到"桃花村"的建设中来，在方便游客的同时，也让自己走上了致富的道路。村民扎西欧珠开了小卖部，为游客提供当地土生土长的原生态的桃子和其他食品。村民普布卓嘎开了一个有名的"桃花村"凉粉店，食材取自拉萨河畔才纳乡才纳村引进种植的绿豆制成的淀粉，深受游客欢迎，并带动村里的桃子、核桃、土豆、风干毛桃等土特产的畅销。如今，"桃花村"已经在游客的心目中获得了较好的美誉度，"桃花村"的美名也不胫而走。

农业是乡村的根基，也是乡村旅游发展的根本。曲水县才纳乡依托于当地的净土健康产业，走出了一条生态农业的绿色发展之路。如今的才纳乡，成了西藏名副其实的绿色"菜源"、鲜花盛开的"花园"、瓜果飘香的"果园"、净土特色产业的"示范园"；获得了"中国农业科学院拉萨曲水净土健康产业示范基地""拉萨市净土健康产业示范基地""曲水县科普示范基地"等诸多荣誉。2018年9月27日，才纳乡国家农业示范园区里还诞生了一项令人振奋的吉尼斯世界纪录——"最高海拔的葡萄园"。

这是走生态发展之路结出的硕果，富起来的才纳乡人在特色产业这条道路上越走越宽，迈出了追求小康的坚实步伐。先是种植经济效益高的花卉和水果，2014年成功举办了首届郁金花节，打造拉贡高速公路两侧最美的景观带。"秀色才纳"净土健康产业园内的蓝莓等果蔬采摘活动，也成为备受游客青睐的乡村旅游项目。

除了花卉和水果，才纳乡还以现代农业科技园为平台，试种了各类药材并获得成功，逐渐形成了以玛咖育苗为主，藏红花、藏边大黄等藏药共同发展的可喜格局，在解决周边群众就业问题的同时，也将中国的藏药文化快速推向国际。

蔡公堂乡在市委、市政府的领导下，搭乘净土健康产业发展的快车，建成了目前世界上海拔最高、全国生产工艺流程最环保、西南地区温室集成设备最先进、西藏地区规模最大的集设施农业一体化、奶产业全链条和初具规模的现代物流业三大主导产业为一体的现代化植物工厂——智昭产业园。

智昭产业园主打奶产业、水产业、菜篮子工程等三大产业，着力打造以

游玩、美食、购物、娱乐为一体的综合性休闲娱乐区。它将净土产业、生态农业、现代农业和健康生活有效结合起来，在打造生态绿色的美丽农村的同时，也让当地农牧民群众实实在在地享受到了生态产业所带来的源源不断的"红利"。

拉萨市城关区从2014年开始，总投资3.1亿元实施13个净土健康产业项目，打造"三园"（白定村无公害蔬菜科技示范园、设施农业科技示范园、洛欧休闲观光生态风情园）、"五沟"（支沟油桃示范沟，协沟樱桃示范沟，夺底葡萄示范沟，娘热梨、核桃等示范沟，嘎巴QQ家庭农场示范沟）项目，实现"生态城关"的目标。这让市民和更多游客享受到了绿色、健康、原生态的田园生活，从而将其打造成"最美乡村生态休闲体验基地"。

乡村旅游不仅要让当地的百姓富裕起来，更重要的是优化农村的产业结构，促进农村的高质量发展。这些年来，拉萨市在发展乡村旅游的同时，抓住了生态发展的主线，以发展农业田园为本，促进乡村实现"景区化"，将乡村的果蔬等农业资源转化成为旅游资源，将乡村的田园风光变成旅游景点。拉萨市还引导农民逐步放弃过去低收入、破坏环境的生产方式，采用具有更高经济效益、更加绿色生态环保的发展方式。

为了营造更好的生态环境，在政府的带动下，不少乡村和村民还自愿退耕还林还草，治荒治污，共同营造美丽的田园风光，呈现拉萨乡村最美的面貌，增强对各地游客的吸引力。

拉萨市从乡村旅游事业中获得收益之后，又回馈到当地群众的身上，帮助他们脱贫致富，带领他们共同建设美丽的乡村，从而形成了乡村旅游与新农村建设互相促进、互相助益、正向循环发展的良好局面。

●和谐共生：共建宜居宜游美丽家园●

人与自然的和谐发展是生态文明建设的根本要义，也是建设美丽乡村，发展乡村旅游事业的宗旨所在。拉萨市乡村旅游在发展的过程中，始终坚持以生态文明为根本，实行最严格的生态环境保护制度，构建人与自然和谐共生的美好环境，不仅为游客提供了美丽的旅游景观，更为他们提供了一个可以"诗意栖居"的精神家园。

　　林周县在藏语中的意思是"天然形成的地方",在拉萨河支流热振河的滋养下,这里孕育了拉萨市境内面积最大、生态保护最好的原始森林——"热振国家森林公园"。热振国家森林公园中有28万株千年古刺柏,满山的古树让游客充分体会到了原始山林的静谧。

　　美丽的生态环境不仅令人心向往之,也是野生动植物的天堂和乐园。獐子、岩羊、狼、山羊、白唇鹿等野生动物在公园和周围繁衍生息,冬虫夏草、贝母、红景天、雪莲花等珍贵的藏药材也在这里自然生长。

　　林周县还是"高原神鸟"黑颈鹤的越冬之地,冬季到拉萨市林周县观"鹤舞",也是西藏冬季旅游的一大特色。

　　这些年,为了贯彻落实"绿水青山就是金山银山"的环保理念,林周县树立了"保护环境就是保护生产力,抓环境保护就是抓发展"的思想,不断加大生态环境的保护力度,积极推进美丽林周建设。

　　2019年,林周县加快完成了《林周县湿地专项规划》《雅江河流域中游林周县黑颈鹤自然保护区专项规划》《林周县山水林田湖草专项规划》等三个规划设计,继续加大对湿地和自然保护区的保护力度,严守生态保护红线。

　　林周县是高原精灵——黑颈鹤越冬的天堂,每年的10月中旬至11月初,黑颈鹤等野生动物会陆续迁徙到林周县越冬。为了保护黑颈鹤的栖息地,林周县于1993年正式建立了黑颈鹤自然保护区,2003年升级为国家级的自然保护区。

　　保护区主要位于林周县南部的五乡一镇,区内除了黑颈鹤,还栖息着斑头雁、赤麻鸭等鸟类,以及白唇鹿、褐马鸡、雪豹等国家一级保护动物。

　　为了保护黑颈鹤等野生动物,林周县每年都储备大量的青稞和小麦,在冬季组织群众不定期地在黑颈鹤的觅食点进行定点投撒,确保越冬的黑颈鹤数量稳步增长、种群健康发展。林周县还成立了黑颈鹤自然保护区巡护队,及时发现并收养救治患病或受伤的黑颈鹤等野生动物,确保野生动物安全越冬。

　　为了发动群众的力量,努力营造人人参与、人人保护的良好舆论氛围,林周县林业局还积极组织各乡开展野生动物保护宣传专项工作,并联合各乡

镇派出所加大对《野生动物保护法》的宣讲和执法力度；深入宣传贯彻国家、自治区及拉萨市有关自然保护的法律、法规和政策；将"使用农药、秋季翻地"等不利于野生动物生存的行为写入保护区范围内的各乡规民约和村规民约，最大限度地减少对野生动物食源的影响。

通过这些长期不懈的努力，林周县的野生动物数量持续增加，为野生动物营造了一个越冬的天堂。县城南部区域的卡孜水库和虎头山水库，已经成为黑颈鹤的重要栖息地。

《中国国家地理》杂志的摄影师陈志文表示："我一共进藏39次，光是林周县就去了20次，我很喜欢林周县，虽然林周县还是一个国家级贫困县，但我愿意为林周县的扶贫工作做一点事，让林周县的美好能够家喻户晓，成为拉萨旅游的胜景。林周县有很多非常好的资源，并把生态环境保护得十分好，而且对下一步旅游带动扶贫发展有了许多新的思路，把精准扶贫做到了一个新的高度，真正做到了'绿水青山就是金山银山'。我们会通过媒体平台，让广大读者知道冬季林周是鸟儿的天堂、是摄影人拍摄黑颈鹤的最佳地，同时，也是科普乐园，希望通过媒体把林周县独特的旅游资源宣传出去，为林周县的旅游发展做出贡献。"

林周县将继续立足优质的生态环境，以"黑颈鹤"为主题品牌，将周边的人文、宗教、风光、历史、产业等旅游资源整合起来，把农牧民由单纯的农业生产引领到旅游服务业的轨道上来，实现真正意义上的"旅游扶贫"，同时也将林周县建设成为人与自然和谐共生的"天堂"，成为拉萨市乡村旅游的一块"诗意栖息之地"。

　　拉萨市墨竹工卡县日多乡的思金拉措是藏族百姓心目中的"财神湖"，近年来在游客中的人气陡增，成为推动日多乡经济发展的重要力量。

　　随着游客的日益增加，也带来了巨大的环保压力。在日多乡党委政府的高度重视和帮助下，日多乡积极配合上级各部门，对思金拉措景区的环境卫生和基础设施等方面，进行全面的改造升级。组织乡党员干部群众、志愿者、双联户代表等在思金拉措景区捡拾垃圾，唤起公众的环保意识；在景区设置"保护环境人人有责""地球是我家，环保靠大家"等公益广告牌，传递环保理念，营造人人保护环境的良好氛围。通过种种措施，保护景区的环境，切实做到了"绿水青山就是金山银山"的发展理念，把思金拉措建设成为环境优美、景色宜人的旅游景区。

　　据县环保局局长普布次仁介绍，墨竹工卡县委、县政府高度重视环保工作，2018年预算安排生态环境保护各项经费共计823万元：在尼玛江热乡新建垃圾堆放点1个、维修3个垃圾池项目，投入资金55万元；安排75万元用于购买环保专家团队社会服务，借助专业技术手段弥补职能部门监管执法力量薄弱问题，及时发现问题，强化整改工作推进力度；不断推进思金拉措旅游景区的基础设施建设，建设服务中心、大门、厕所、停车场，以及总体电气、给排水、绿化等工程，提高景区的现代化水平，为游客创造更加舒心的环境。

　　近年来，拉萨市不断加强乡村基础设施建设。在政府的规划和引导下，富起来的村民也纷纷加入了乡村建设的行列。许多村容整洁、特色鲜明、旅游接待设施完善的旅游村镇如同雨后春笋一般拔地而起，村容村貌得到显著改善，宜居指数得到大幅提升。

　　此外，拉萨市还不断增加资金，招商引资，引入社会资源和力量，强化A级景区基础设施建设和公共服务设施建设，加强重点景区游客服务中心、自驾车营地、生态停车场、观光步道、旅游厕所、垃圾污水处理等设施建设，提升景区的现代化和智能化水平。针对"拉萨—堆龙德庆—曲水—尼木—当雄—林周—墨竹工卡—达孜—拉萨"的传统旅游环线，开发建设自驾车房车营地、汽车旅馆、特色驿站等基础设施。这些有力的举措，让游客看到了越来越宜居宜游的美丽拉萨。

党的十九大从人与自然、人与自然和谐共生与现代化的"两个关系"维度，做出了"我们要建设的现代化是人与自然和谐共生的现代化"的科学论断，提出了构筑尊崇自然、绿色发展的生态体系和构建清洁美丽世界的目标。

这些年来，拉萨市在政府的统一领导下，统筹各方力量，以尊重自然、保护自然为前提，积极借助现代文明的力量，加强各乡村的基础设施建设，把乡村旅游的发展融入美丽乡村的建设中，共同打造人与自然和谐共生、宜居宜游的美好家园。在建设美丽乡村的同时，也为游客提供了一个可以"诗意栖居"的精神家园。

第二篇

DI ER PIAN

蓝天碧水，悠悠乡韵：拉萨乡村风貌之旅

高原自然风光是拉萨市乡村旅游的美丽风景线。在美好的时节，相约雪域高原，来一场山与水的邂逅，赴一次神山圣湖之约，不仅能够看到迷人的自然风景，也可以收获内在灵魂与精神的净化和提升。徜徉于牧草青青的西藏北部高原明珠——当雄草原，看马背上英姿飒爽的藏族青年纵情驰骋；在美丽的纳木湖畔的"虫草山"上，寻找"虫草"的神秘身影。在一望无际的草场放牧心情，感受淳朴的牧区文化，探访"智慧女神"——琼穆岗嘎峰，体会摄人心魄的美。走进青藏高原的绿色"氧吧"——热振国家森林公园，感受原始山林的静谧；漫步黑颈鹤自然保护区，一睹"高原神鸟"的盛世美颜……选一个风和日丽的日子，和亲朋好友一起来到郊外或林间，体验各具特色的西藏"林卡"，度过一段快乐难忘的时光。更有独具特色的古村小镇，等待着远方的客人欣赏它们美丽的风姿。看蓝天碧水，品悠悠乡韵，拉萨乡村风貌之旅一定令你大开眼界，不虚此行。

第一章
一场山与水的邂逅——神山圣湖之旅

拉萨高原风光之旅是山与水的邂逅，也是自然与人文的相约。当雄县宁中乡境内的念青唐古拉山，在藏族百姓的心目中是年轻、英俊、威严的"灵应草原神"，也是西藏的四大守护神之一。而位于其主峰西北山麓，与其形影相伴的纳木错神湖，在藏族传说中，是帝释天的女儿，为掌管西藏北部草原财富的女神。纳木错为西藏"三大圣湖"之一，古代象雄雍仲苯教的第一神湖，古代象雄文明的发祥地。神山念青唐古拉山与圣湖纳木错是一对恩爱的夫妻，千百年来，在西藏人民的心中留下了许多浪漫悱恻的爱情故事，也为神山圣湖之旅增添了迷人的文化魅力。墨竹工卡县日多乡东南的思金拉措是藏族百姓心目中的"财神湖"，相传为墨竹思金龙王的居所。当地人相信，只要到思金拉措朝拜思金龙王，就能得到龙王的祝福，获得无尽的财运。在思金拉措边上总是可以看到堆得整整齐齐，挂着哈达与彩色经幡的玛尼堆，承载着许多虔诚的人们对未来生活的美好祈愿，守护着神湖，成为一道独特的景观。位于普松乡的乳巴湖，是尼木国家森林公园的一部分，是多种珍稀鸟类的"天堂"，风景资源质量达到了国家一级标准。被称为"神人山"的米拉山，以其神圣的宗教文化气息，和昔日进藏第一站的地理位置，成为许多游客内心宝贵的记忆。

● 宁中乡：云起雨来雾散时，满目念青皆神奇 ●

念青唐古拉神山，
你这藏北草原的守护神，
屹立在辽阔的当雄草原，
你缔造出一个民族的传奇，

汩汩清泉，为众生沐浴。
　　　　——《逐梦当雄》

"云起雨来雾散时，满目念青皆神奇"，拉萨的神山圣湖之旅是一场山与水的邂逅，也是一场自然与人文的相约。

每年从 5 月开始，来西藏旅游的游客就越来越多，因为从这个时候开始，便到了西藏旅游的黄金季节。来西藏的游客不仅喜欢看西藏的蓝天白云，还喜欢转西藏的神山圣湖。

宁中乡为当雄县辖乡，"宁中"为藏语译音，意为"中间平坝"。海拔 7111 米的念青唐古拉主峰位于宁中乡境内，第十一届亚运会的圣火就取自这里。

西藏的自然风光有一种特殊的魅力，这种特殊的魅力来自藏族先人的原始信仰——苯教。苯教属于原始自然宗教，相信万物有灵，因此西藏的山水树木都被赋予了神性，如念青唐古拉、纳木错等本身既是神的名字，也是山和湖的名字。

念青唐古拉为西藏著名神山，在藏族百姓的心目中是年轻、英俊、威严的"灵应草原神"。西藏人认为，念青唐古拉山是西藏的四大守护神之一。牧人们的《赞山词》说："东方的玛加崩热山、西方的冈嘎底斯山、南部的卡瓦嘎布山、北部的念青唐古拉山，这四座山是全藏的守护神。"

念青唐古拉山主峰陡峭挺拔，顶部形似鹰嘴，白天云雾缭绕，银装素裹，常年为冰雪覆盖。山顶结冰峰，山腰积岩石，山脚为草坡。西藏的"生命线"——著名的青藏公路、青藏铁路从神山南坡脚下蜿蜒而过。

在当地人的传说中，念青唐古拉山神年轻英俊，高贵威严，面带微笑，三只眼睛熠熠发光，雪白的长绸缠绕着他的顶髻。他的右手高举装饰着五股金刚杵的藤鞭，左手拿着水晶念珠，身披白、红、蓝三色缎面的披风，以各样宝物作为装饰。他穿白衣、戴白巾、骑白马，带着三百六十名随从（也就是念青唐古拉山脉的三百六十座山峰）匆匆行走于世界八方，免除对于教法的威胁。在他的另外一种化身中，他的表情严厉深沉，佩铁剑，挽弓箭，穿玉铠甲，缠黑熊皮。

和古希腊神话故事中的神祇一样，念青唐古拉山神并非只是"高大上"

的形象，他具有无穷的神力，同时也具有人情人欲，充满了人情味儿，让人感到可亲可爱。

念青唐古拉山神在藏族人的心目中具有崇高的地位。根据传说，念青唐古拉山统领横贯西藏北部的数以百计的唐古拉山脉，是世间护法神中最重要的一位。它本是西藏土著神灵，后来被莲花生大师收服为佛教护法神。因此，在念青唐古拉山的山岭之间，有两处和莲花生大师相关的修炼洞，据说是大师当年坐禅的禅洞，有不少香客前来朝圣。

西藏古代的统治阶级往往和神话传说有着千丝万缕的联系，在这个过程中被神圣化。传说，念青唐古拉山是吐蕃著名赞普赤德松赞的体神，也有传说它是布达拉宫所在地——红山的保护神等等。

正如前面所说，西藏的神山和圣湖也具有人性化的一面，也具有人类的美好情感，寄托了藏族同胞对于美好幸福生活的向往。比如，神山念青唐古拉山与圣湖纳木错就是一对恩爱的夫妻。

根据传说，念青唐古拉山神和纳木错湖神生活在美丽的西藏北部高原，整日相伴，形影不离。有一天，念青唐古拉山神为了寻找走失的牛羊，来到了另外一片牧场，和另外一名美丽的少女坠入了爱河，忘记了回家。

而纳木错见丈夫久久未归，便认为自己的丈夫念青唐古拉在外面遇到了意外，整日以泪洗面，她的泪水变成了清澈的湖水，也就是今天美丽的纳木错。日子一天天过去，念青唐古拉终于想到了家里的妻子，他急忙赶回家，却发现妻子已经变成了一片湖水。念青唐古拉山十分悔恨自责，就变成了英俊挺拔的雪山，时刻守护在妻子的身边。从此，念青唐古拉山因为纳木错而更加英俊挺拔，纳木错也因为念青唐古拉山而愈发美艳动人。

在一些传说中，念青唐古拉山神和纳木错湖神的爱情故事也被融入了宗教色彩，纳木错被称为念青唐古拉山神的"明妃"。

念青唐古拉山神和纳木错湖神的爱情故事吸引了世界各地成千上万的信徒和游客来此朝拜观瞻，此地由此成了西藏最著名的旅游胜景和宗教圣地之一。

念青唐古拉山，"青藏高原的阿尔卑斯"，也是攀登爱好者的"圣地"，以其神奇雄浑的魅力吸引着来自世界各地的不畏艰险的攀登者。

根据相关资料记载，念青唐古拉山脉地区是中国登山运动的摇篮之一。1959年冬，中国登山队就曾经在其东峰附近进行冰雪攀登训练；1986年，日本东北大学从南坡攀登上了海拔7163米的念青唐古拉山主峰，并有三人登顶；1990年，一支奥地利登山队登上了海拔7117米的中央峰；1992年，北京大学登山队拉加才仁、李锐、吴海军成功登上了海拔7117米的中央峰；1999年、2001年、2005年，清华大学登山队先后三次攀登念青唐古拉山。

对于登山爱好者来说，这里也是一个十分理想的起步之地，念青唐古拉山的山势险中见缓，为"入门级"的攀登雪山。行走在念青唐古拉山，一边是景色美不胜收的"天湖"纳木错，一边是有"地热博物馆"美誉的羊八井谷地，完全不同风貌的自然景观，更加凸显了念青唐古拉山的神奇魅力，舒缓了攀登跋涉的辛苦。

对于年轻的朋友和情侣来说，念青唐古拉山的日出也是一个见证感情，留下美好记忆的浪漫之地。据驴友分享，观看念青唐古拉山日出的最佳地点，在纳木错湖扎西半岛的山顶上。从这个角度看去，仿佛深情的湖神凝望自己心爱的山神，令日出的画面更加浪漫美丽。

念青唐古拉山群很早就被外国人称为"中国的阿尔卑斯"或"青藏高原的阿尔卑斯"，早在20世纪20年代，世界地质学家就提出了"中国的阿尔卑斯"这样的学术观点。这里的山峰地质年龄很年轻，许多海拔6000多米的金字塔形的雪峰高耸入云端。据地质考察，念青唐古峰和纳木错彼此相伴已经有7000年。

念青唐古拉峰英俊挺拔的"男神"形象，以及他和纳木错美丽的爱情故事不仅是动人的传说，也和周围自然环境、地质环境的实际情况巧妙地融为一体，令人不禁感叹造化的神奇，人与自然的合一。

●纳木湖乡：蓝色天湖映衬下的乡村风情●

纳木湖乡属西藏当雄县辖乡，境内有中国第三大咸水湖——被称为"天湖"的纳木错，因此而广为人知。

纳木错为藏语的音译，蒙古语称之为"腾格里海"，都是"天湖"的意思。纳木错海拔4718米，为世界上最高的大型湖泊。纳木错是西藏三大神湖之一，也是藏传佛教的著名圣地。

纳木错在世界范围内都享有盛誉，2006年被《环球时报》评为"最值得外国人去的地方金奖"，2007年被评为"东亚旅游十大知名景区"，同时，它还被拉萨市政府、旅游局评为"拉萨市最佳生态旅游景区"等。

西藏北部草原的天湖女神——纳木错位于终年积雪的念青唐古拉山主峰西北山麓，湖面海拔4718米，总面积为1920多平方千米，湖水最深处超过129米。纳木错的湖水由念青唐古拉山上的冰雪融化补给，沿湖有不少大小溪流注入，湖水清澈透明，湖面呈深蓝色，水天一色。每一个看过纳木错湖水的人，灵魂都仿佛被纯净的湖水洗涤了。

在藏族传说中，纳木错是帝释天的女儿，她骑着飞龙，右手持龙头禅杖，左手拿佛镜，是一位掌管草原财富的女神，因此当商人们外出做生意的时候，也会来到这里祈福，祈求生意兴隆。

纳木错依偎在念青唐古拉山的北面，彼此互相映衬，湖中的扎西多半岛有一处天然的合掌巨石，象征着神山圣湖忠贞不渝的爱情。这一合掌巨石，也象征着佛教的合掌礼，被视为是对神山圣湖的永恒的朝拜。

作为西藏"三大圣湖"之一，在雍仲苯教的经典中有这样的记载——"纳木错有七十二个圣地"，因此，纳木错也是古代象雄文明的发祥地，西藏文明的重要源流之一。

纳木错也是著名的佛教圣地，相传这里是密宗本尊胜乐金刚的道场。纳木错湖心的扎西多半岛上,有一座著名的寺庙叫扎西寺,这里香火旺盛,有很多信徒前来朝圣。

在藏族群众的心目中,神山圣湖都是有神灵的,因此就有了转山、转湖的民族宗教习俗。在藏区流传着"羊年转湖,马年转山,猴年转森林"的说法。所谓的转山、转湖,就是围着山和湖徒步行走,以这样的方式向神灵表达虔诚的敬意,祈求健康、吉祥等各种美好的事。纳木错作为西藏"圣湖",每年都会吸引很多信徒来到这里朝圣,求得灵魂的超越。特别是每到藏历羊年,虔诚的佛教徒会纷纷来到纳木错转湖,这里因此显得更加热闹非凡。

信仰和爱情，是西藏文化中永不褪色的主题，美丽的纳木错和挺拔的念青唐古拉山，不仅被虔诚的藏族群众视为信仰的圣地，也被许多青年男女视为爱情的象征，因此每年有许多年轻的善男信女来到这里，感受那份跨越时空的浪漫爱情故事。

　　立足于优质的自然人文资源，纳木错乡十分重视乡村旅游的发展，着眼于大纳木错旅游区的概念，以"服务于纳木错景区"为宗旨，提出了"一道两区"的空间布局和"一线多点"的内外空间联动的发展观。

　　"一道"是依托纳木错旅游公路的纳木错乡村风景道，"两区"是依托纳木湖村的纳木错旅游综合服务区和依托纳木错夏季牧场区域的天湖营地生

态休闲区。

全长约 20 公里的"纳木错乡村风景道",为游客提供了马匹租赁业务,游客可以骑在马背上,观赏沿道美轮美奂的生态景观,体验独特的草原文化风情。沿道的基础设施完善,为游客解除了旅游的各种后顾之忧。

纳木湖乡围绕纳木错为世界各地的"驴友"设计了"天湖牧场生态营地",包括"游牧营地、驴友营地、静修营地"三大营地。每个营地都各有特色:游牧营地以游牧文化体验为特色;"驴友"营地针对青年"驴友"和户外探险群体,配套徒步、探险等户外运动项目;静修营地针对高端游客设计了心灵瑜伽、天体水疗等心灵静修项目,让游客尽享奢华的露营体验。

"一线多点"是指以 109 国道"拉萨—当雄"段以及纳木错旅游公路为交通主轴,把纳木错作为交通主轴上的一个节点,与旅游区内外的各个旅游服务基地和服务节点互补互动,联动发展。

以纳木错景区国家公园直通车为例。每天早上 7 时 30 分,第一辆纳木错景区国家公园直通车准时从布达拉宫西门白塔停车场发车,下午 2 时许,可将首批游客安全送达纳木错景区扎西半岛。

为了提高旅游效率,避免体力过度消耗,让游客能够快速游览纳木错景区,在较短的时间游览更多的景点,获得对纳木错圣湖自然人文景观更为全面深入的体验,拉萨布达拉旅游文化集团及其旗下的拉萨纳木错景区保护开发有限公司、布达拉智慧旅游有限公司等单位联合开通了纳木错景区国家公园直通车线路,为游客提供纳木错景区环扎西半岛的深度体验游服务。服务内容包括门票、车费、讲解、人身意外保险等常规内容,并为游客准备了藏装、氧气和矿泉水,以及免费藏装拍照等许多贴心的服务,使游客获得更高品质的旅游体验。

来自山东青岛的李女士在体验过纳木错景区国家公园直通车后说:"今天是我第一次来纳木错,比起我的朋友,我要幸运很多。因为之前我朋友游纳木错时,游客只能步行去湖边及各景点游玩,由于体力等条件的限制,大多数游客无法将全部景点看完。今天坐直通车游玩,乘车到了景区,我们上了扎西半岛,之后又乘直通车绕纳木错参观游览。"

通过纳木错景区国家公园直通车,游客可以深度体验扎西半岛环线的各个自然人文景点,包括迎宾石、纳木错石碑、合掌石、善恶洞、纳木错湾等

景点，不必担心因为体力不支、时间不够、对景区不熟悉而造成的旅游不充分、旅途太辛苦等问题，从而把更多的时间和精力放在重要景点的游览之上，获得更深度的旅游体验。

纳木湖乡通过大力发展"大纳木错旅游区"，不仅为到访游客提供了丰富多彩的西藏北部风情体验活动，同时也带动更多农牧民吃上了"旅游饭"，促进了纳木湖乡的转型和高质量发展。

●日多乡：神湖灵气天成，洗尽岁月铅华●

桑日思金拉措湖畔，
格桑梅朵盛开的时候，
湖面荡起一圈圈水波，
那是我俩心海缠绵的情思，
……

一首深情动听的歌曲《爱在思金拉措》，让我们记住了"思金拉措"这个充满美丽诗意的名字。

思金拉措是藏族百姓心目中的"财神湖"，在藏语中的意思为"具有威力的湖"，位于墨竹工卡县日多乡东南。思金拉措这些年来在游客的心目中人气陡增，已经成为拉动日多乡经济发展的重要景区。

思金拉措成为西藏著名的财神湖，是因其在桑耶寺的传说。传说当时在建设桑耶寺的时候，当时的吐蕃赞普赤松德赞因没有金子给众佛上金粉而忧虑，就向莲花生大师请教。莲花生大师说："请你找世间财主墨竹思金龙王，可以得到金子。"赤松德赞于是前往思金拉措神湖。祈祷之后，湖面顷刻起了波浪，狂风之后，赞普的宝座前面布满了金砂。至此，历代的赞普、达赖喇嘛、班禅都会到思金拉措神湖祭拜，求财求福，思金拉措渐渐就成了西藏著名的财神湖。至今已经有千年历史的桑耶寺，仍然延续着每年烧香祭拜墨竹思金龙王的习俗。

除了求财运，人们还会到思金拉措求雨。据说从前全藏区和墨竹地方干旱少雨时，日多寺和直贡寺都会到神湖求雨，特别是直贡活佛到神湖求雨之后，求雨之地定会日夜雨水不停。

每年5月之后，思金拉措开始进入最美丽的季节。湖边群山高耸、草木茵茵，蓝天白云倒映在湖光山色之中，犹如一座天然的聚宝盆。

在思金拉措总是可以看到很多玛尼堆。那么，这些玛尼堆有什么来历呢？玛尼堆也被称为"神堆"，是藏族的传统民间艺术。经常到西藏旅游的人，会在西藏各地的山间、路口、湖边等地方看到一座座以石块和石板垒成的祭坛，上面大都刻上了六字真言、慧眼、神像造像以及各种吉祥的图案。原来在藏族人的眼中，石头同样是有生命、有灵性的东西，通过刻上这些文字、造像和图案，就能够表达对信仰的虔诚，寄托对美好生活的向往和追求。

思金拉措四周的景观也各有特色，北面的山峰形状如同龟王，上面有莲花生大师修行的"仲巴"岩洞以及许多历史悠久的修禅净地；东面的山峰好像十六尊罗汉，供世人膜拜，东南有雪域高原著名的"摸顶山"；南面的山峰犹如善男信女供奉的曼陀罗；西面山峰则像大象背上的宝座。

神湖四面的湖泊星罗棋布，每一个湖泊都有自己的历史渊源、象征意义和显灵的传说。东面有五个小湖象征着五飞天，南面有六个湖象征着六趣，西面有八个小湖象征着八尊古如（莲花生大师八大变化身），北面有三个小湖象征着藏传佛教密宗的"三怙主"（佛部文殊菩萨、莲花部观音菩萨、金刚部金刚手三尊菩萨）。

漫步思金拉措湖畔，所看到的许多景观也都有动人的传说。神湖的中央有一个形状如同毒蛇舌头的绿茵草坪，叫作蛇舌草坪。这是因为传说当年向思金龙王求金子的吐蕃赞普赤松德赞走到神湖南面的哲丰山旁边的一个名叫郭迪朗的黑湖边时，湖中冲出一条凶猛的毒蛇，挡住了赤松德赞的去路。危急时刻，莲花生大师从仲巴山洞中施法降伏了毒蛇，并割下它的舌头扔进湖中，变成了这块蛇舌草坪。思金拉措神湖的旁边，还有许多历史上遗留下来的迎宾宝座和修行遗迹。

每个季节的思金拉措都各有千秋，有自己独特的风貌。据说，深秋前往思金拉措，在下午的某个时刻，如果遇到特殊的机缘，能够听到湖底传来万马奔腾、战鼓喧天的奇异"灵音"。

日多乡不仅有神山圣湖的美景，还有独具特色的西藏美食招待远道而来

的游客。当地有新鲜美味的"日多肉丁",之所以这么叫是因为牛肉汤里有半碗牛肉丁,这是当地人非常喜欢的一种牛肉做法。日多肉丁是采用传统工艺,慢火熬炖而成。由于用高汤慢炖,味道非常鲜美醇厚,通常与酸奶和面饼同食。因此感受过神湖的魅力之后,人们还可以一饱口福。

日多乡的北面耸立着一座藏传佛教寺院——日多寺,藏语里称"日多贡巴",相传是由高僧多尔丹·德瓦勋努(别名日多巴·德瓦勋努)创建,因此被称为日多寺,该寺周边的区域则被称为日多,这就是日多乡名字的由来。

正如在不同的季节可以看到不同的风景,每个人的眼中都有自己的思金拉措,不管什么时节,美丽的财神之湖都在等待着四面八方的人们,来这里解脱人生的羁绊,洗尽心灵的铅华,祈愿美好丰盛的人生。

作为米拉山下的休闲之地,日多乡还有十分著名的"圣泉"——日多温泉,相传为当年莲花生大师的修炼沐浴之地,如今慕名而来的游人依然络绎不绝。游客可以在这里享受泡温泉的惬意,洗去旅途的征尘和身心的疲劳。

由于米拉山是拉萨市独具特色的自然生态保护区,游客可以在这里看到十分丰富的野生动植物资源。包括虫草、雪莲、贝母、当归、红景天、龙胆花等名贵药材，以及獐、鹿、熊、野羊、温泉蛇、黑颈鹤等野生动物，让每一个来到这里的人不虚此行。

● 普松乡：水天一色的乳巴湖美景 ●

"普松"是藏语的译音，意思为"山谷"。普松乡1960年建乡，下辖普松、乳巴、曲水、日岗、白面5个村委会，著名的乳巴湖旅游景区即坐落在乳巴村。

乳巴湖景区包括乳巴湖和乳巴寺两个部分。之所以取名为乳巴湖，有"湖水犹如乳白色的牛奶一般"的含义。乳巴湖的周围没有水源，但是湖水却能常年保持不枯竭。据当地的村民们说，这是因为乳巴湖的湖底与纳木错相通。

乳巴湖海拔3850米，是尼木县最大的咸水湖，这里的生态环境保护良好，是鸟禽等野生动物栖息的天堂。虽然面积不大，却别有韵味，四周水草丰美，景色宜人。清澈的湖水倒映着蓝天白云，水天一色；一阵微风吹来，湖面上波光粼粼，不时可以看到"飞行高手"斑头雁的身影，在湖面上轻轻地飘荡着。

湖畔盛开着各种颜色的野花，每到油菜花盛开的时节，这里就会变成花的海洋。金灿灿的油菜花、郁郁葱葱的杨林、绿油油的青稞、成群的牛羊悠闲地吃着青草……如此美丽的乡村画面，让人如同置身仙境。

夏季的乳巴湖畔树影婆娑，绿草茵茵，是当地人过林卡的地方。

乳巴湖的旁边就是乳巴寺，两者相依相伴，乳巴寺因为乳巴湖而得名。乳巴寺为藏传佛教寺院，始建于松赞干布时期，寺内主供释迦牟尼佛像；其中供奉着的一尊强巴佛8岁等身金像，为国家一级文物，同时还供奉着包括五世达赖喇嘛塑像在内的诸多其他历史文物，拥有丰厚的历史文化底蕴。

关于乳巴寺里供奉的强巴佛等身纯金像，有一个有趣的传说。据说是一位村里的老奶奶在刨地的时候，突然听到一声"疼啊"的喊声，仔细一看，原来是一座佛像，而锄头刨在了佛像的膝盖上。后来这座佛像就被一直供奉在寺庙里。

乳巴湖是尼木国家森林公园的组成部分，和尼木日措湿地、吞巴乡林区、尼木县吞巴乡藏文创始人吞弥·桑布扎故居和水磨长廊一起构成了完整的自然生态系统和人文景观。

尼木的森林、灌木、湿地、河湖、珍鸟……不仅共同构成了如诗的自然画卷，更形成了绝佳的生态链条。特别是日措湿地和乳巴湖湿地，更是黑颈鹤、斑头雁、赤麻鸭等多种珍稀鸟类的天堂，其风景资源的质量等级达到了国家一级标准。

虽然乳巴湖在以前只是一个默默无闻的小湖泊，但是在全域旅游的发展思路下，这里和周边丰富的自然人文景观融合在一起，必将成为一个新兴的旅游景区，让人们领略到这里人间仙境一般的魅力。

尼木县旅游局表示，尼木县旅游部门计划把这里建设成为乳巴湖景区，景区内厕所、游步道、停车场、餐厅等基础设施一应俱全，能够为游客提供优质舒适的旅游体验。

除了优质的自然生态环境资源，普松乡还是尼木县著名的"雕刻之乡"。在未来的发展中，普松乡将全力做好乳巴湖周边的绿化生态建设，发展以乳巴湖为中心的旅游度假村，与普松雕刻、经幡、藏鸡养殖等产业资源相融合，发展集观光旅游、文化体验、消费购物为一体的净土健康产业区，打造特色鲜明的乡村旅游精品，为更多的游客提供更好的乡村旅游服务，带领当地群众吃"旅游饭"，发"旅游财"，共同致富奔小康。

● 米拉山：拉林旅游线上的休憩之地 ●

身体在地狱，眼睛在天堂，心灵归故乡。

每个进藏旅游的人，都会体验到这种痛并快乐的感受（高原反应）。而海拔5000多米的米拉山，则是很多进藏旅游的人初次体会这种感觉的地方。

米拉山，也被称为"甲格江宗"，意思是"神人山"，海拔5013米，山口常年积雪，有远古时期冰川活动的遗迹。这里曾经是川藏线上最高的一个山口，是川藏线318国道上的最后一道天然屏障。对于很多人来说，这是他们第一次到达海拔这么高的地方。过了这个山口，便可以一路下坡，前往拉萨市或者林芝市了，因此这个地方在许多进藏旅游的人们的心中，有着特别重要的意义。

米拉山因其高大雄奇而成为藏族百姓心目中的神山，由于海拔高，这里终年白雪，气温很低，风很大，低矮的云层仿佛就在头顶。站在这里四下环顾，眼前是一片晶莹剔透的冰雪世界，远处是茫茫的雪山，共同构成一幅十分壮美辽阔的画卷。

米拉山是西藏人民心目中很神圣的地方，所以在这里可以很醒目地看到很多随风飘舞的、五彩的经幡，接地连天，将人们虔诚的愿望传达给上苍神灵。

作为进藏的第一站，米拉山口的最高处还矗立着一座标有"雪域之舟"的西藏牦牛石雕像。巍峨壮观的牦牛雕像雄壮地挺立着，成为景区的"标志性建筑"，也是来到这里的游客打卡拍照的首选景观。

为什么要在这里树立牦牛的雕塑呢？这要从牦牛对于藏族人的重要意义来谈起。牦牛被誉为"高原之舟""高原之魂"，藏族的衣、食、住、行、用各个方面，处处离不开牦牛，可以说牦牛伴随着藏族的出现和繁衍。对藏族人来说，"牦牛是永远的祖先，是祖父母，是父母，是兄弟姐妹，是子女，

是朋友伙伴，是邻家亲戚朋友……"同时，牦牛也是藏汉民族情谊的象征，在援藏工作中，牦牛以及它所代表的牦牛精神做出了非常重要的贡献。在这座石雕的底座上，一行红色的大字"福建泉州市援建"显得格外醒目，这也正是藏汉两族同胞精诚团结和深厚情谊的象征。

米拉山也是拉萨市与林芝市的分界山口，东面距离林芝市的政治经济文化中心八一镇248公里，西面距离自治区首府拉萨市158公里。它也是拉萨市与林芝市的气候分界线，米拉山的西北边是拉萨河水系，东南面是尼洋河水系，拉萨市这一边属于气候干燥寒冷的内陆性气候，林芝市这一边则属于气候温暖潮湿的海洋性气候，植被茂盛。高大的米拉山，把雅鲁藏布江河谷东西两侧的地貌、植被和气候彻底改变了。

长期以来，米拉山口都是拉萨——林芝旅游线上的一个有着特殊意义的休憩之地。无论是徒步、骑自行车、骑摩托车、开车或者搭车……通过各种方式来到西藏旅游的人，都会把这里视作进藏的一个标志性地方，在这里合影留念，纪念一路的艰辛。经过了之前的跋涉和考验，拉萨市终于近在眼前了。许多人甚至会在这里激动万分地大声喊道："拉萨，我来了！"

2019年4月26日，西藏拉萨至林芝段高等级公路米拉山隧道正式双向通车，这标志着拉萨至林芝高等级公路实现全线通车。从此，拉萨和林芝两地之间的单向车程时间从8小时缩短至5小时。

随着这条风景如画、西藏目前"颜值最高"的公路的开通，米拉山口的景观和体验，不仅仅是外地游客进藏必经的观景点，更是许多游客内心宝贵的记忆。

第二章
草色青青，牧歌声声——草原牧场之旅

草色青青、牧歌声声的草原文化之旅，是拉萨市乡村旅游的一抹亮丽色彩。位于西藏自治区中部的当雄草原素有"拉萨北大门"之称，是西藏最肥沃的草原。这里牧草肥美，牛羊成群，动植物中药材资源十分丰富。徜徉于此，你可以看到被列入国家级"非物质文化遗产"的、西藏著名的"当吉仁"赛马节。这里不仅有精彩的马术比赛，还有看不完的表演、逛不完的集市、吃不尽的西藏美食……真实而完整地再现了草原农牧民的生活场景，让游客切身感受和体验了一场游牧文化的盛宴。结合当地草原得天独厚的中药材资源和生态旅游资源所开发的"虫草文化旅游节"，以虫草文化为核心，让游客充分体会了在野外采挖"虫草"的美妙体验，逐渐延伸发展成为一个集观赏草原歌舞剧、体验雪山温泉、露营姆蓝雪山、夜话神山圣湖、登山寻觅虫草、品味牧区多彩生活为一体的特色文化之旅。坐落在美丽的"智慧女神"——琼穆岗嘎雪山下尼木县麻江乡的朗堆村，至今仍保留着较为传统的牧民生活方式和风俗习惯，是一个世外桃源般淳朴的村子。在这里欣赏如同仙境的雪山草原风光，感受传统的草原牧区文化，一定能在旅程中留下一段隽永难忘的记忆。

● 当雄草原：羌塘草原最肥美的牧场 ●

"天苍苍，野茫茫，风吹草低见牛羊。"

这句南北朝时期的民歌描绘了我国北方草原壮丽富饶的景色，寄托了人们对草原景色和游牧生活的热爱之情。在青藏高原上，也有这么一片引人入胜的辽阔草原，它就是被誉为西藏北部高原明珠的——当雄草原。

当雄草原位于西藏自治区的中部，西藏南部与北部的交界地带，距离拉萨 160 公里，素有"拉萨北大门"之称，平均海拔在 4000 米以上，为羌塘草原的缩影。

当雄草原在藏语里的意思是"挑选的草场"，当属西藏最肥沃的草原。也有一种说法认为，当雄是藏语"达木"的转音，意思是"肥沃的大草滩"。

之所以成为肥美的牧场，是因为当雄草原拥有着得天独厚的条件。这里的海拔虽然和其他的西藏北部牧场相当，但是巍峨的念青唐古拉山，形成了一道天然的屏障，挡住了来自西伯利亚的寒流，而这里又位于印度洋暖流的末梢，因此这里的气候与其他的西藏北部牧区相比，气温较高，风沙较小，降水量多，空气湿润，牧草生长期长，种类更加丰富。

在牧草的滋养下，这里的牛羊不仅数量众多，而且体型大、毛色纯，膘肥体壮，肉、皮、毛、奶等畜牧品产量高，品质优良。

当雄草原还是一个天然的中药材宝库，冬虫夏草、贝母、党参、大黄、黄连等植物性药材很丰富，每到收获的季节，牧民们就会结伴出去挖药材。

依托于这里得天独厚的草原资源优势，当雄县开发出了许多富有当地特色、深受各地游客欢迎的乡村旅游项目，如"当吉仁"赛马节、虫草之旅。这些旅游项目让人们在领略草原壮美风景的同时，也能够深度体验当地的游牧生活，获得更深度的旅游体验。

"当吉仁"赛马节是当雄县民间传统的藏族节日，距今已经有300多年的历史，现在它已经入选国家级"非物质文化遗产"名单，发展成为一个集赛马、商贸、文艺、竞技为一体的民间体育文化盛会。它是当雄县首批国家级非物质文化遗产项目，也是拉萨市传统的大型节日——雪顿节的重要品牌活动之一。

"当吉仁"赛马节有着很久远的文化渊源。与蒙古族一样，藏族自古以来也是一个"马背上的民族"。藏族的谚语有云："赛马要在平坦的草原上，英雄要在烈马的脊背上。"藏族赛马之风由来已久。

那么，"当吉仁"是什么意思呢？在藏语里"当"是指当雄，"吉仁"意思是祈愿法会，"当吉仁"的意思就是当雄的祈愿法会。这也从侧面体现了固始汗政权与以五世达赖喇嘛阿旺罗桑嘉措为首的藏传佛教格鲁派上层集团的密切关系。

传统的"当吉仁"赛马会主要是以马长跑、马中跑、马短跑、走马、跑马射箭、马上捡哈达等作为主要竞技内容。随着时代和社会的发展，"当吉仁"赛马会近几年还增加了锅庄舞会、抱石头、拔河、赛牦牛、服饰表演等多项文艺活动，涵盖了藏族文化风俗的方方面面。通过"当吉仁"赛马节，人们可以全方位地体验当地牧民的游牧生活。

8月的当雄草原，天高云淡，草长马肥，正是一年中最好的时节，"当吉仁"赛马节也在这个时期举行。

在赛马节上，作为核心的大会项目，来自当雄8个乡镇的几百名骑手和他们的赛马将在走马、长距离速度赛、速度赛、19公里纳木错环湖耐力赛等项目中展开角逐，游客可以观看到精彩激烈的比赛场面。

在正式比赛之前，虔诚的骑手们都要围绕着白色的桑烟塔转圈以表示敬意，这是英姿勃发的骑手们和披红挂彩装扮一新的参赛马匹的精彩亮相。随着裁判的一声令下，选手们身骑骏马如同离弦之箭一般冲出，赛道两侧观众的呐喊与喝彩声响彻天地，这是粗犷豪放的牧民与草原最热烈的情感交流。

藏族少年洛桑念扎·晋美在他13岁那年，曾获得了"当吉仁"赛马节中的马长跑项目的冠军。获奖匹马是他9岁那年父亲送给他的礼物，他和这匹马一起生活一起玩耍，有着长期和谐的情感交流，达到了人马合一的境界，这也许是他能够获得冠军的原因吧。

"我们藏族和马的感情一直很深，马是我们最善良、勇敢、机智、忠诚的朋友，相传马还是天上的神鸟与地上的猴子结合而生的……"藏族人中流传着"猕猴变人"的族源传说，猴子被藏族人视为"祖先"，在他们的心目中拥有至高的地位。从藏族老人索朗的话中，也传递出藏族人对马的深深热爱。参加赛马比赛的藏族选手，哪个不是和马有着深厚的感情和默契呢？

"当吉仁"赛马节为游客们准备了跑马、格萨尔说唱、藏族传统舞蹈和牧区生活场景等马术和文艺表演节目，近年来还增加了赛牦牛、晚会、山歌对唱等项目，可以说是精彩纷呈，令人应接不暇。

以2018年的"当吉仁"赛马节为例，首先是精彩的开幕式。在开幕式的文艺演出中，捡牛粪、打酥油、熬茶、洗羊毛、捻线、织布、祈愿……这些农牧民草原上的日常生活场景，被艺术化处理后搬上了舞台。草原人热爱的马匹和他们在生产生活中离不开的牦牛也纷纷登台，真实地再现了草原农牧民的生活场景，让现场的观众切身感受和体验了一场游牧文化的盛宴。

开幕式当天，当地牧民组成了808人的舞蹈队伍，用舒缓优美的藏族舞蹈欢迎来自四面八方的游客。

开幕式上还举办了一场别开生面的"藏族时装秀"。藏族服装的种类多达200多种，在我国的民族服饰中居于首位。在开幕式上，方圆几百公里的牧民们，身着各色艳丽的藏族服饰，为大家上演了一场高原时装秀。各式各样的服装和饰品让人眼花缭乱，充分展示了藏装丰富多彩的魅力。

民以食为天，"当吉仁"赛马节也是体验草原风味美食的好机会。作为最受大家欢迎的物资交流会，在"当吉仁"赛马节的前几天，人们就会提前带好行李和食物，在赛马场旁边的草原上搭起帐篷及灶台。因此在赛马节期间，草原上大小的帐篷星罗棋布，构成了当雄草原上最大的集市。人们品尝着酸奶，吃着手抓肉，十分惬意地欣赏着激烈的赛马比赛和精彩的文化节目。

049

当雄县宁中乡的小伙子丹增拉来了一车水果，才两天就卖掉了一半，他说"早知道就多拉些来了"。从日喀则市萨迦县远道而来的玉珍，在交流会上卖起了炸土豆、凉皮和凉面。"纳木错牌牦牛肉干"因为高原净土品牌的加持，引发了各地游客的争相购买。夜晚，美味佳肴的香气从帐篷内散发出来，各种具有草原风味的美食，可以让你充分体验牧民的生活。因此虽然说是赛马节，其实也是一个草原上的饮食文化节。

如今，当雄草原的"当吉仁"赛马节已经逐渐发展成为集民间文化传播、体育竞技、休闲旅游、物资展销交流为一体的文化旅游产业的主打品牌，成

为当雄县的一张闪亮的"文化名片",让更多的人了解当雄,认识当雄,来到当雄。

此外,当雄县还和中国马文化运动旅游规划研究院合作,策划打造"当雄藏文化马术小镇",用马蹄连接周边的阿热湿地、纳木错等知名景区,将赛马场打造成为以藏族特色的马文化体育娱乐为核心的风景区。

牧草丰盛、环境优美、民风淳朴的当雄草原,正在以其独特而又浓郁的草原文化,融合周边的优质旅游资源,成为拉萨乃至西藏旅游的一块充满希望的丰美之地。

● 纳木湖畔，寻觅虫草之旅 ●

"快看，我挖到了虫草！"

在当雄县第二届"相约纳木湖畔·寻觅虫草之旅"活动的首日，一位来自四川省的游客在挖出虫草之后，惊喜地叫出声来。

每年的5月至6月，随着草原积雪融化、牧草返青，纳木湖畔就又到了冬虫夏草采集的黄金时刻。届时在拉萨市当雄县乌玛塘乡巴嘎村境内的"虫草山"上，这样的欢呼声总是此起彼伏。

"我是第一次参加虫草文化旅游节，在当地向导的帮助下，我很幸运地挖到了一根新鲜的虫草，这真是一次难忘的体验。"来自广州市的游客江女士高兴地说道。

冬虫夏草又被称为"虫草"，是非常知名的中药材，但是大多数人都是只闻其名而未见其身，更别提亲手挖虫草了。

当雄县积极利用当地草原的中药材资源，结合周边的生态旅游资源，开发了"虫草文化旅游节"特色旅游项目，将其打造为乡村旅游的高端品牌，深受各地游客的喜爱。

当雄草原是天然的中药材宝库，因为是高原净土，这里的中药材更是优质上乘。当地牧民素有上山挖冬虫夏草或贝母的传统，"有的人一天能采到两三斤冬虫夏草或贝母"。这种体验对于生活在钢筋水泥丛林里的都市人来说有着很强的吸引力。

2019年5月20日，"极净当雄·2019年虫草文化旅游节"在拉萨市当雄县乌玛塘乡巴嘎村姆蓝雪山脚下开幕，本次虫草文化旅游节从5月20日开始，一直持续到6月10日结束。

本次"虫草文化旅游节"以虫草文化为核心，结合周围丰富的人文资源和自然资源，突出三大亮点：展演草原歌舞剧，体验雪山温泉；露营姆蓝雪山，夜话神山圣湖；登山寻觅虫草，品味牧区多彩生活。

开幕式当天，当雄县干部群众身着节日的盛装，与来自各地的游客欢聚在圣洁的姆蓝雪山脚下，欣赏了当地的原生态歌舞表演和牧区服装走秀表演。空灵、优美的歌声萦绕在雪山之间，融合传统文化与现代设计的服装表演让

大家领略到了西藏服饰在新时代焕发出来的无穷魅力，次仁桑珠等知名歌手的参与更是为活动增色了不少。

开幕式结束之后，游客们品尝了由当地牦牛肉制作的凉拌牦牛肉、碳烤牦牛肉、牦牛排、牦牛肉汉堡包，以及酸奶、"拉拉"（西藏北部地区的一种传统乳制品）等特色食品。此外，游客还可以体验在草原上骑马飞驰的乐趣，参观当地牧民的黑帐篷，与牧民手拉手跳起欢乐的锅庄舞……各种丰富多彩的活动，让游客流连忘返，感到不虚此行。

"这次来到姆蓝雪山脚下欢度节日，壮美的雪山、热情的牧民朋友和当雄县旅游公司工作人员周全的服务给我们留下了十分美好的印象，让人感到不虚此行。"一对来自广东省的年近80岁的夫妇开心地说道。

当然，此次虫草文化旅游节的重头戏还是"虫草采挖"。为了让游客有更好的旅游体验，当雄县也做了全面细致的安排。

首先是为游客提供专业贴心的向导服务。据当雄县委宣传部的负责人介绍，为了能让游客近距离地感受牧家文化，当雄县专门培训了100名当地向导，并发放了向导证，游客可以在当地向导的帮助下进行虫草采挖的体验活动。而作为向导，除了一天可以获得200元的向导费，带游客体验一次挖虫草还有35元的收入。通过这些互惠互利的措施，在提升游客体验的同时，也增加了当地牧民的收入。

另外对于游客的住宿方面，也是体贴入微。本次文化旅游节集中了当地牧民的10顶黑帐篷，供游客参观和住宿。

经过几年的发展，当雄县的"虫草文化旅游节"已经成为一个具有一定知名度的品牌。每年5月前后，都会有大量的游客从全国各地慕名而来。同时，"虫草文化旅游节"也积极融入全域旅游的格局，通过与周边旅游景区的整合，推动当雄县旅游的转型升级。

"我们坚持以'极净当雄'为主题，以当雄县处处皆景点为理念，依托羊八井蓝色天国、唐滨湖、姆蓝雪山、廓琼岗日冰川、康玛温泉度假村、纳木错环岛等旅游环线，打造全域旅游；以行天路游圣湖、寻虫草品佳肴、听牧歌泡温泉为亮点，打造精品文化生态旅游，努力在旅游产品供给、精品景区集群建设、旅游惠民富民、旅游辐射带动等方面下功夫、求突破，推动当雄县旅游转型升级。"说起"极净当雄·2019年虫草文化旅游节"，当雄县委副书记、县长其美次仁信心满满。

当雄县的"虫草文化旅游节"也得到了当地牧民的大力支持。在旅游富民的理念下，广大牧民尝到了甜头，他们纷纷参与到文化旅游产业的发展中。在当雄县龙仁乡郭庆村，牧民向导与游客结成了互助互益的伙伴关系。而当雄县旅游公司也将拿出姆蓝雪山旅游项目盈利的20%，用于助力乌玛塘乡的经济社会发展，进一步整合资金，打造舒适干净的牧家乐、家庭宾馆等基础设施，做大做强原生态旅游业。

虫草文化旅游，正在当雄县如火如荼地开展着，将成为引导乡村旅游标准化建设发展的大型旅游产业，在为游客提供集文化旅游和特色体验于一体的旅游服务的同时，也与"精准扶贫"深度融合，践行着"绿水青山、冰天雪地都是金山银山"的重要发展理念。

● 朗堆村：丽日晴空下，放牧你的心情 ●

从尼木县城沿304省道一路向北，逐渐进入尼木县境内唯一纯牧业乡——麻江乡境内，拉萨市乡村常见的农田就逐渐消失了，映入眼帘的是群山怀抱中的一望无际的草场。

尼木县麻江乡的朗堆村是一个海拔5000多米的纯牧业村，坐落在美丽的琼穆岗嘎雪山下，境内有着一望无垠、柔软如毯的草原。这里的村民以放牧为生，保留了较为传统的牧民生活方式和风俗习惯，是体验拉萨牧区文化的好去处。

朗堆村所处的地方属于纯牧业区与农区相结合的山地浅草牧区，草场面积达到30万亩，目前已经建成网围栏草场面积6000多亩。

由于这里平均海拔4500米，5月时草场才刚刚泛出绿意。一片青黄色的草原上，随处可见一群群的牛羊，使人不由得想起"我想做草原上的牧人，在丽日晴空下，放牧我的心情"的美好诗句来。

千百年来，朗堆村的人们唱着悠扬的牧歌，逐水草而居，至今仍保留着淳朴的观念。这些年来，现代文明虽然对这个古老的村落有所影响，但是千百年来所形成的传统观念仍然占据着大多数人的思想。村里家家户户都会编织牛毛氆氇，制作酸奶等乳制品，但是仅限于自家使用，很少有人想到过拿到市场上去出售，村里的人到现在好像还没有市场意识。

这种淳朴的民风和陶渊明笔下"黄发垂髫，并怡然自乐"的桃花源颇有一些异曲同工之处。唯一不同的是，这里的人们并不排斥现代文明的介入，他们对远道而来的客人保持友好的态度，并告诉你什么时候是这里最美的季节。

除了一望无际的草场和淳朴的牧区文化，这里还有高耸入云、雄伟壮丽、银装素裹的琼姆岗嘎雪山。

琼姆岗嘎雪山海拔 7048 米，为念青唐古拉山脉南端最高峰。琼姆岗嘎在藏语里是智慧女神的意思，传说是其雪域高原的十二度母守护神之一。在这里有藏传佛教宁玛派创始人莲花生大师的修炼洞、噶举派噶玛巴的"神湖"等 108 个神圣的景点。

琼姆岗嘎雪山滋养了尼木县第一大河——尼木河。拉萨河、尼木玛曲、香曲和纳木错等四大水系在这里交汇，形成了独特的"蓝冰仙境"。游客如果想一睹琼姆岗嘎雪山的风采，可以先到朗堆村体验当地的牧区生活，同时也让身体休息一下，适应高原的环境。

据当地人说，不同季节的琼穆岗嘎雪山景色各不相同，如同穿了不同颜色服装的美女，各有摄人心魄的美。

走近琼姆岗嘎雪山，如同逐渐走入仙境。雪山下细流涓涓、青草依依，一派迷人的风光。首先映入眼帘的是卓嘎山，山上植被繁茂、郁郁葱葱，有专供僧侣打坐修行的自然山洞。还没有翻过卓嘎山，就能够看到一片广阔无垠的"绿毯"，那就是德姆草原，每年的藏历五月十五日，这里都会举行赛马节。穿过德姆草原，就可以看到琼姆神湖，湖水清澈见底，据当地群众说，此湖就是天上明镜散落人间的遗物，疾病缠身的妇女来此转经便可以得到神明的庇佑和保护。

沿着蜿蜒的山路徒步，2 个多小时便可以抵达 5400 米的山腰。沿途可以欣赏大大小小的季节性冰川湖泊，有的似女神裙上闪耀的蓝宝石，有的湖面上结着薄冰，有的湖面上覆盖着莹莹白雪，在阳光的照耀下熠熠生辉……此情此景，使人宛若置身仙境。

如果和当地的向导一起结伴而行，在路上就能够听到无数动人的传说。

据朗堆村的旦曲书记介绍说，麻江乡党委、政府和朗堆村协同组织工作人员开发琼姆岗嘎雪山的旅游资源，已经吸引了不少国内外的"驴友"来此赏雪景、爬雪山，这里还被列为自治区登山队的一个训练点。

"不过好像从来也没有人登上过山顶。"朗堆村前支部书记格张解释说，"山太险了，就像一个戴着宽边帽子的人，你怎么能从他的肩膀爬上头顶呢？"这个形象的比喻，让人不由得会心一笑。

朗堆村共有3个村民小组：唐堆组、拉鲁组和朗堆组，"朗堆"就是把这几个组拢在一起的意思。目前，自然条件的限制和传统的生产方式仍然在一定程度上阻碍着村里经济的发展，村民的主要收入仍然基本来自放牧所得，养牲畜多的家庭，收入就相对高一些。村里也有不少年轻人在外打工，村民也希望孩子将来可以到国内其他地区上大学，见见外面的世界，获得更大的发展。

这是一个世外桃源般淳朴的村子，也是一个对未来充满美好憧憬的村子。

第三章
与大自然亲密接触——高原生态之旅

高原生态之旅是拉萨乡村旅游的点睛之笔。西藏自治区林周县北部唐古乡境内的"热振国家森林公园",是青藏高原上的绿色"氧吧",是拉萨市境内面积最大、生态保护最好的原始森林。在这里你能呼吸千年古刺柏的清香和泥土的芬芳,深刻感受原始山林的静谧,令人心旷神怡,忘却"高海拔""缺氧"这样的词语。这里也是野生动植物的天堂,黑颈鹤、白唇鹿、獐子、岩羊等野生动物在这里繁衍生息,珍贵的藏药材,如冬虫夏草、贝母、红景天、雪莲花等也在这里安家落户。丰富的野生动植物与这里的人们和谐共处,构成一幅生态和谐的美好画卷。林周县的卡孜水库和虎头山水库,是黑颈鹤在西藏的著名越冬地,每年冬季都有很多黑颈鹤来此越冬,冬季到拉萨市林周县观"鹤舞",

成为西藏冬季旅游的一大特色。达孜区塔吉乡巴嘎雪村的"金色池塘"生态景区，为人们带来了拉萨最美丽的"秋色"。每值秋季，杨树林被染成了金色，伴着藏族姑娘动听的歌声，令人心醉。一年四季，拉萨市高原生态之旅亮点不断，开启了与大自然不间断的亲密接触。

●唐古乡：千年古柏，原始森林的源头●

白雪轻抚沙滩 / 激流相拥江岸 / 热振藏布 / 我的情人 / 你为何在黎明 / 才在我的影子里出现；

鸟儿鸣叫柏尖 / 牦牛舔舐盐碱 / 热振藏布 / 我的母亲 / 在您丰满厚实的胸膛里 / 我孑立地留下脚印一串一串……

——《热振藏布》

久在喧闹的城市中生活，人们会渴望能够投入大自然的怀抱，来一场绿色生态之旅，如同鸟儿回到森林，鱼儿畅游海洋一般自在，大自然才是人类可以诗意栖息的家园。

在拉萨，生态旅游的景点很多，林周县北部的唐古乡就是其中的典型代表。"林周"在藏语中的意思是"天然形成的地方"，这里山水毓秀，自然生态资源十分丰富。

著名的自然旅游风景区"热振国家森林公园"即位于林周县北部的唐古乡境内，这里距林周县城95千米，距拉萨市160千米，海拔4200米，占地面积74.63平方千米。在保护区内，连绵30千米的热振河谷形成了独特的河谷风光，山清水秀、古柏环绕、环境优雅，是西藏不可多得的自然旅游风景区。

这里不仅自然风景秀丽，同时还有大量的珍稀动植物资源和丰富的人文景观。

游客进入林周县唐古乡境内，就可以看到一座刻有"热振国家森林公园"的石碑，周围是一片生长着油菜花和"壤巴"的花田，紫色和黄色相间，与周围山清水秀、古柏环绕的美景融合在一起，令人浮想联翩，如临仙境。

拉萨河的支流热振河从这里流过，因此山间总是泉水淙淙。丰沛的、源源不断的河水滋养了大量的植被，因此这里的原始森林密布，成了青藏高原上的绿色"氧吧"，是拉萨市境内面积最大、生态保护最好的原始森林。苍劲的松树恣意地生长着，枝条向四面八方伸展，留下浓密的树荫。笔直、高耸入云的云杉仿佛要把天空捅破，鸟儿清脆悠长的鸣叫声在耳边萦绕，阳光透过密密匝匝的树叶投下斑驳的碎影，青草发出阵阵清香，野花以自己的色彩装点着大地，清新无比的空气让你情不自禁地闭上眼睛深呼吸，此刻，静静的森林仿佛只属于你一个人。

在热振国家森林公园内共有 20 多万株千年古刺柏，部分古柏高达 5～12 米，树龄 300～500 年，胸径 30～50 厘米，单株材积可达 3～5 立方米，尤为引人注目。这些千年古刺柏，仿佛带着悠长的故事，从岁月的深处走来，等候着远道而来的人们。尤其是在雨后，森林里的空气格外清新，置身其中，可以嗅到松柏的清香和泥土的芬芳，深刻感受那原始山林的静谧。

如果在夏季前往热振，路上的美景可能会使你忘却"高海拔""缺氧"这样的词语，对西藏产生新的认识。

这里也是野生动物的天堂。充足的水源不仅滋养了植被，也养育了山间的动物，公园内有大量的珍稀野生动物，黑颈鹤、白唇鹿等野生动物都在森林公园里和周围繁衍生息，俨然是一片野生动物的天堂。这里可以一睹"高原神鸟"黑颈鹤的风采，如果想看"高原神鸟"黑颈鹤的优美舞姿，可以选择冬季前往。在路上，远远地就能看到黑颈鹤在田野间觅食，天黑时它们会集体飞回夜宿地，场面非常壮观。

"由于这里毗邻热振河，降水量丰富、气候湿润，除了滋养一大批植被，还有许多的野生动物如獐子、岩羊、狼、山羊、白唇鹿，以及一些珍贵的藏药材，如冬虫夏草、贝母、红景天、雪莲花。"唐古乡乡长洛桑桑丹说道。

和西藏的许多自然景观一样，这里也被赋予了浓厚的人文色彩。公园内有一股泉水被称为"热振圣水"，久负盛名，很多虔诚的藏族同胞都以能够饮用这股圣泉水为荣。

始建于 1057 年的千年古刹——热振寺也坐落于此。热振寺位于半山腰，附近古柏满坡，溪水潺潺，有盘山小道与山下蜿蜒相通，为藏传佛教的著名古刹，也是风景秀丽、环境清幽的游览胜地。热振寺在每年的藏历四月十五日，都要举行苦尤曲巴（布谷鸟供佛）法会。

在热振寺自然保护区内，3万株古柏林与连绵30千米的热振寺河谷融为一体，景色宜人。满山的古树，会让你觉得这里就是原始森林的源头。游人在参观完寺庙之后，还可以带上食物和卡垫，来到草场树林下过林卡，十分惬意。

热振寺始创于1057年，是由进藏传法的印度名僧阿底峡的亲传弟子仲敦巴建立的，从时间上比拉萨市著名的三大寺甘丹寺、哲蚌寺、色拉寺都早了350年以上，是西藏噶当派的第一座寺庙。寺内供奉"觉阿疑降白多吉"（是阿底峡所依之本尊），有赛林巴（金洲大师，曾为阿底峡之师）、觉阿尊者（即阿底峡）和仲敦巴等大师的灵骨宝塔。经堂后面建有森康，是达赖喇嘛和摄政王巡游时的驻锡处。寺内还供有偏头的觉阿像，为极为稀有的文物。

热振寺环绕在古柏之中，隶属于林周县唐古乡格巴村。热振寺和热振国家森林公园因其独特的人文景观和自然景观，已经被列为自治区文物保护区，成为林周县的一张旅游"名片"。

如果想领略西藏乡村的迷人魅力，唐古乡无疑是一个好去处。唐古乡下辖的藏雄村、唐古村、恰扎村和江多村等4个村庄，每一个都风景如画，呈现出人与自然和谐相处的画面。

藏雄村，意思是"江边的村落"，这是因为它毗邻热振河。拉萨河的支流进入林周县境内的唐古乡藏雄村，就被称为热振藏布，"藏布"是江河的意思，"热振"则是因坐落在附近的热振寺而得名。热振河流经藏雄村32公里。5月的热振河，沿岸牧草茂盛，野鸡、白唇鹿等野生动物随处可见，强壮彪悍的牦牛漫山遍野，悠闲地吃着草。牧民的帐篷随意地洒落在星星点点的柏树林中，一缕缕的炊烟自帐篷顶上袅袅升起，一幅宁静、和谐而美丽的画卷。在热振河的滋养下，藏雄村常年都是青山绿水，有"人间天堂"的美誉。

进入藏雄村，首先引起人注意的是一座名叫"嘎瓦曲登"的白塔。之所以要建造这座白塔，是因为传说藏雄村的东面有一座山，山的形状像魔鬼的獠牙，让人觉得不吉祥，为震住这个魔鬼，村民就自发捐资修建了这座白塔。

藏雄村以净土健康产业为特色，具有开发"舌尖旅游"的潜力。据村党支部书记尼玛介绍，藏雄村以优质牦牛肉而闻名，因为当地出产虫草，地处热振藏布流域，水源丰富，水质优良，牦牛喝的是纯净的水，吃的是无污染的草，当地人戏称牦牛"吃的是虫草、喝的是矿泉水"。得天独厚的自然环境造就了优质的净土产品，藏雄村出产的牦牛肉在市场上供不应求，前来旅游的游客可以一饱口福。

藏雄村也是有名的"长寿村"，根据2013年的数据，全村80岁以上的寿星老人有29位，年龄最大的91岁。同时，60~80岁之间的老人就有130人。游客可以来到这里探索"长寿"的秘密，寻求自然健康的生活方式。

在热振河旁边生活的人们，每天都能听到热振河在山间流淌，世世代代生活在这里的他们早已习惯了热振河的声音，十分敬重养育他们的河流，如同爱惜自己的生命一般爱护着这里的环境。

唐古村村支书罗布占堆说："热振河在我们乡的总长有50多公里，我们这里的人紧挨着它生活，世世代代都是这样，所以对它的感情特别深厚，我们不能让这条河受到任何的污染，因为有了它，才能给这里的草场提供丰富的水源，牧草才能长得更好，牧民也就能生活得更好。"

这里的村民会不定期组织起来去河边捡垃圾，对山上的野生动物也关怀备至。每年夏季，这里的村民几乎每天都能看到白唇鹿在傍晚时分下山饮水，但是从来不会去伤害它们。

因为这里的人们敬畏并保护大自然的一切，所以才营造了人间的天堂。

●卡孜水库、虎头山水库：高原神鸟的越冬天堂●

拉萨市林周县是著名的黑颈鹤自然保护区，从每年 10 月中旬开始，就有大批黑颈鹤迁徙到此越冬，逐渐成为此地一处非常有名的旅游景观。黑颈鹤是国家一级保护动物，也是世界上唯一生长繁殖在高原的鹤。藏族人信奉佛教，对黑颈鹤十分喜爱，称之为"仙鹤""神鸟""吉祥鸟"，据说它是藏族传说中格萨尔的牧马者，犹如号角的鸣叫声能使百里外的神马听到出征的召唤。

黑颈鹤的体羽大多为灰白色，除了眼后或者眼的下方有一小块儿白色或灰白色斑，头的其余部分和颈的上部约 2/3 为黑色，所以被称为黑颈鹤。

到了冬天，黑颈鹤会迁徙聚集到水草丰美的地方越冬，开心的时候，就会翩翩起舞，如同在隆重的舞会中央表演的"盛装舞步"。这个季节，总会有许多游客来到林周县一睹黑颈鹤的"盛世美颜"。其中也有许多摄影爱好者，他们会带上专业的摄影装备，希望能够记录下黑颈鹤起舞时的曼妙舞姿。

黑颈鹤在西藏的越冬地有两个地方：拉萨市和日喀则市。其中位于拉萨市的越冬地主要分为东、西两个区域，西区的越冬地分布在曲水县、堆龙德庆区和尼木县；东区的越冬地分布在林周县、达孜区和墨竹工卡县。其中东区是黑颈鹤的主要越冬地之一，拉萨河及其支流河谷地带的江热乡（林周县）、唐嘎乡（达孜区）和塘加乡（墨竹工卡县）聚集了大量的黑颈鹤。

游客们如果想零距离感受这些全球最珍贵的鸟类，可以参考旅游爱好者们所设计的专业的"拉萨观鸟一日游"线路。早上从拉萨市区出发，途经纳

金山口、甘丹曲果乡、边交林乡、江热林乡等黑颈鹤越冬地，行至林周县城，然后从林周县城原路返回至边交林乡，从丁字路口向左行驶，沿途经过唐嘎乡、唐加乡等黑颈鹤越冬地，行驶至尼玛江热乡，从尼玛江热乡返回至唐加乡，从唐加乡驶入墨竹工卡县，然后进入318国道，途经达孜区，下午便可返回市区，全程约262公里。

卡孜水库旁的沼泽地是候鸟越冬最理想的栖息地，也是黑颈鹤冬季栖息聚集的主要"乐园"之一。从拉萨市区到卡孜水库，沿途可以看到许多鸟类在田间地头悠闲地觅食、栖息。比如，通体灰褐色的斑头雁、全身赤黄褐色的赤麻鸭，它们四处都是，与家畜和谐地相处着，成为一道独特的景观。

在卡孜水库，能够看到许多赤麻鸭、灰鸭、斑头雁等动物在水中嬉戏，占满了水面。据野保员顿珠介绍："这里的斑头雁和赤麻鸭特别多，数都数不清。它们白天会飞出去寻找食物，下午6点左右再陆续飞回来，水库一下子就热闹起来了，附近村子里的人每天都是听着它们的声音入睡。"

游客也可以看到黑颈鹤在附近的湿地觅食。冬日的早晨，几百只黑颈鹤迎着纷纷扬扬的雪花从田野上飞过，用快乐的歌声，给卡孜乡的冬天增添了无穷的生趣。

来自成都市的游客梁女士说："我是来春堆乡看朋友的，途经卡孜水库，看到很多水鸟在里面嬉戏，就忍不住下来拍几张照片。"与梁女士同行的张先生说："我是一位摄影爱好者，国内部分杂志社也用过我的照片。林周县的冬季不仅是鸟儿的天堂，也是摄影的天堂，下次我一定带上装备好好在这里拍上几天。"

除了卡孜水库，林周县强嘎乡的虎头山水库，也是黑颈鹤的天堂。这里有一座不太高的石头山，看上去很像一个虎头，因此，人们将之称为虎头山。紧邻着虎头山的水库也因此而得名"虎头山水库"。虎头山水库两面夹山，背风向阳，沼泽里水生植物丰富，因而成为鸟儿们的主要夜栖地。附近的人们世代以农耕为主，成片的农田相连，收割后，部分青稞、小麦等粮食作物撒落在田间地头，就成了鸟儿们越冬时的主要食物。每年冬季，都会有大量的候鸟从遥远的羌塘草原飞来这里越冬，让原本肃杀的冬季变得生机无限，也因此吸引了很多冬季来拉萨旅游的游客。

为了保护野生动物，林周县设置了野保员，他们每天早上会按时到候鸟栖息地观察情况，并且汇报每天的情况，一旦发现有受伤的鸟儿，就会及时进行救助。

野保员顿珠从2007年开始接手这份工作，在林业局工作人员列出的清单上，他第一次知道每年飞到自己家乡的这种美丽的候鸟叫作黑颈鹤。由于黑颈鹤非常怕人，因此一开始他只能远远地观察它们，当鸟儿飞出去觅食的时候，顿珠会把自家的青稞悄悄地撒在水库附近，第二天再去看的时候发现食物都被鸟儿吃光了，这让他感到很开心。每年严冬，许多黑颈鹤会从北山那边飞到卡孜乡越冬，一旦鸟儿越冬的食物告急，顿珠就会把青稞撒在田野里，让鸟儿们不再为食物而担忧。

在从事野保工作8年多的时间里，顿珠共救助过3只受伤的黑颈鹤。经过20多天的悉心照料，黑颈鹤痊愈了，将它们放归大自然的时候，它们都对顿珠和他的家人依依不舍。

每天晚上，出去觅食的黑颈鹤都会排着整齐的队形飞回虎头山水库。这些鸟儿非常怕人，所以在人们的眼里显得特别的"冷艳"，一旦有人靠近就会使它们受到惊扰。这些年，越来越多的黑颈鹤飞到虎头山水库越冬，在卡孜水库的越来越少。顿珠认为，这是因为黑颈鹤不喜欢被打扰，它们更喜欢在安静的地方自由自在地生活。这几年，村里的道路通了，来卡孜水库观鸟的人也多了，来来往往的车辆和观鸟者打扰了黑颈鹤的生活，所以这些鸟儿才会越来越多地飞到虎头山水库。他希望人们在观鸟的时候，也能够尽量做到不要去打扰这些候鸟。

这些年，林周县在推出乡村休闲观鸟游的同时，十分强调以生态环境保护为前提，1993年正式建立林周县黑颈鹤自然保护区，2003年成为国家级自然保护区。目前飞来林周县越冬的黑颈鹤主要栖息在县城南部区域的卡孜水库和虎头山水库，白天则主要在两个水库周围的澎波河河谷区域及春堆沟一带觅食。

考虑到冬季受到冬耕冬翻的影响，黑颈鹤的食源会有所减少，林周县拿出专项资金用于购买黑颈鹤的食物，安排专人对投撒的青稞、小麦等食物进行严格的安全检查，并在冬季尽量减少冬耕冬翻，减轻对黑颈鹤食源的影响，确保黑颈鹤在保护区越冬期间有充足的食物来源。

同时林周县设置了野生动物巡护员，严格实行零报告和24小时巡护制度，及时发现并收养救治患病或受伤的黑颈鹤等野生动物；发动更多的人参与到野生动物的保护中来，增强对黑颈鹤有关知识的宣讲力度，提高广大农牧民对于黑颈鹤的保护意识，并使其知晓基本的保护措施。

随着对野生动物保护的力度不断加大，迁来拉萨越冬的候鸟数量每年都在增加。林周县域内有湿地面积14.312平方千米，各处鸟类觅食地34.435平方千米，达到保护条件的野生动物已达3万多只，黑颈鹤的数量更是达到2100多只，最大的黑颈鹤群落有400～500只。

通过全面详细的保护措施，林周县不仅为野生动物开辟了一个越冬的天堂，同时也成为拉萨市冬季旅游的一个天堂般的景点。

● 金色池塘：美不胜收的金色画卷 ●

金色池塘生态景区位于达孜区塔吉乡的巴嘎雪村，距离拉萨市区28公里。基地位于达孜区黑颈鹤自然保护区内，生态资源良好，整体规划面积暂定约4平方千米，规划区内有林地、河滩地、湿地和耕地。

"金色池塘"的名字，来自这里美丽的秋天景色。每到秋季，金黄色的秋叶倒映于池水中，就构成了一幅"金色池塘"的美丽画卷。当然，除了秋天，其他季节的"金色池塘"也是景色宜人，美不胜收。特别是到了春天和夏天，满池的碧水，倒映着远处的山脉与白云，几顶藏式帐篷搭建在半岛上，木屋在树丛间若隐若现，大自然仿佛用丹青妙笔，画出了一幅迷人的藏族风情画卷。

由于这里位于黑颈鹤自然保护区，良好的自然生态环境不仅吸引着黑颈鹤，同时也吸引着斑头雁、赤麻鸭等多种国家级保护鸟类在这里栖息，当然也吸引了众多的游客在这里驻足停留，领略大自然和谐美好的画面。

夏季的金色池塘，树影婆娑，绿树成荫，水草丰美，水面波光粼粼，鱼儿在水草间自在游动，水鸟在池塘边嬉戏。金色池塘的旁边有一大片苇草丛生的湿地，一阵风吹来，随风飘动的芦苇摇曳生姿，让人不由得想起《诗经》中"蒹葭苍苍"的美好句子，平添几分浪漫的遐想。金色池塘的南岸被大片浓密的树林包围着，树林下是绿油油的草地，仿佛一块大自然的地毯铺展开来。

炎炎夏日，美丽的金色池塘成为都市人亲近大自然，远离城市喧嚣，暂别忙碌的工作生活节奏的理想消暑之地。夏季的金色池塘有许多"玩法"：或者徜徉在山水之间，呼吸大自然最纯净的空气；或者拿出相机，将眼前的美景尽数装进相机；或者在雨季来临之后，到树林里去寻找新鲜的野蘑菇，在河边煮一锅味道鲜美的蘑菇汤；或者和家人和朋友围坐在池塘边的树林里，搭起帐幕，铺上坐垫，野餐叙谈，歌舞游乐，体验过林卡的快乐。不管采用什么样的方式，你都可以尽享这份山野间的恬淡舒适。

秋季的"金色池塘"迎来了最美丽的时节。金色的阳光下，杨树林被深秋染成了金色，一片金色灿烂。随着天气渐凉，这里的金色会随着时节的推进而变化出不同的层次，令人感叹大自然的神奇。10月的第一周，这里的杨树林还是一片金灿耀眼，到了第二周，就变成了橙红色。喜欢这里秋景的人，多半会被这变幻的金色吸引，虽然多次来访，但是每一次来都能看到一个不一样的秋天。

每到秋季，来自各地的游客和摄影爱好者都会慕名前来，希望能够拍出拉萨最美的秋景，那是一种令人惊艳的美，也是许多摄影师心中最美的秋天。然后，树叶一片片落尽，当接近冬天的时候，金色池塘慢慢褪去了温暖的金色，却迎来了一抹可爱的黑色——这里是黑颈鹤冬季的福地和乐土，它们从远方飞来，将要在这块富足的湿地上，度过寒冷的冬天。

距离"金色池塘"景区最近的巴嘎雪村，总共有十几户人家，房屋一律砌成白色墙体，顶部装饰有藏式的花纹，色彩鲜艳，外观整洁而美观。如果想体验真实地道的藏家生活，可以到这里的藏族家庭做客。

"金色池塘"景区有美丽的拉萨河谷风光、杨树林、湿地、生态鱼塘等自然生态景观，也有特色鲜明的乡村人文景观。这里在2003年6月建成了度假村，内设有茶园、餐厅、鱼塘、停车场等，各种娱乐设施齐全，附近还建设有肉鸽、肉兔综合养殖基地，是都市人享受野营、林卡、农家乐的好地方。

金色池塘生态景区是达孜区旅游开发的重点项目，它以人与自然的和谐发展为原则，以健康、教育、生态、文化、绿色、环保为核心，通过综合服务区、休闲运动区、歌舞互动区、垂钓休闲区、夜景观赏区、林卡采摘区、藏族农耕体验区、生态保护宣传区、野生动物观赏区等十多个功能区，为游客提供自助式的绿色旅游服务。达孜金色池塘生态景区也是拉萨市精准扶贫工作的一部分，"金色池塘"开发的时候，在乡政府的照顾下，为景区附近的许多村民提供了工作岗位，让他们在家门口就实现了就业。

景区旁边巴嘎雪村的平措在"金色池塘"做一名保安，之前他去那里只是为了休闲散步，而现在他要好好地保护这里，为的是让这里变得更美、更舒适！

前几年，平措的身体不太好，动过一次手术，这些年他的任务就是安心养病，自从在"金色池塘"做了保安之后，平措的生活依旧，却多出了一份责任，多出了一份收入，也多出了对生活的美好向往。

像平措一样，巴嘎雪村所有的村民们，都非常热爱"金色鱼塘"，愿意为它的美丽贡献出自己的一份力量；同时，他们也愿意将家乡的美丽分享给全世界的人们，让每一位来到这里的游客，都能够领略到"金色鱼塘"的迷人魅力。

第四章
一村一林卡，绿色欢乐日——户外林卡之旅

拉萨市有许许多多各具特色的林卡"胜地"。在诸多林卡之中，达东村的林卡首屈一指。夏日的达东村，仍然有着春天般的风韵，周边的山体泛出翠绿，溪水欢腾，野花遍野，山谷中、小溪畔、花海里，都是过林卡的绝佳去处。达东村还有着十分悠久深厚的文化底韵，更增强了它的迷人魅力。达孜区德庆镇东南方的白纳村，是西藏"阿凡提"——阿古顿巴的诞生地，也是远近闻名的"草莓之乡"。美丽清澈的河水、绿油油的草地以及各种各样的植被，组成了具有高原特色的"乡村植物园"，这里的林卡以高山绿水为主题和特色。拉萨市城关区夺底乡境内的夺底沟，也是过林卡的热门之选。夺底沟林卡有着鲜明的高原特色风情，巍峨的青山，碧绿的青稞地，金黄的油菜花海，红彤彤的树莓果子，郁郁葱葱的树林……为夺底沟林卡平添一份高原风光。游客在欣赏优美风景、体验户外野餐乐趣的同时，也能感受一下徒步和探险的魅力。

●达东林卡：拉萨最美乡村的迷人风光●

藏族是一个十分热爱大自然的民族，过林卡是藏族人一个很有特色的休闲生活方式。"林卡"在藏语中的意思是"园林"，"过林卡"就是到户外的大自然中开展形式丰富的各种活动。

在西藏，每到夏天，人们总是喜欢挑选一个风和日丽的日子，和亲朋好友一起到市区周边的空旷地方或者树林里"过林卡"。过林卡源于"林卡节"，"林卡节"在藏语中被称为"藏木林吉桑"，意思是"世界焚香日""世界快乐日"，为的是纪念莲花生大师曾于藏历猴年五月十五日降伏了一切妖魔。为了表示庆祝，在这一天，热爱大自然又能歌善舞的藏族人民会身着盛装，带着青稞酒、酥油茶以及各种美味食品，扶老携幼地来到林荫密布处，载歌载舞，度过节日。渐渐地，这个庆祝的节日就从藏历十五这一天延续到整个夏天。

拉萨市民过林卡最初的地点主要是在哲蚌寺和色拉寺附近的林地里，现在慢慢扩展到了达东村、支沟、斜沟、夺底沟等地，内容也比之前丰富了许多。西藏地区的林卡在形式上如同其他地区的野炊，同样有烧烤和野餐，但是与其他地区的野炊相比，更加空旷、闲适、随性，多了一份天高云淡的韵味。

在拉萨市的诸多林卡之中，达东村的林卡首屈一指。达东村坐落于拉萨市西南的隐秘山谷中，文化底蕴深厚，自然环境优美，是西藏保护得最完整的藏族古村落之一，曾获得"中国美丽休闲乡村""中国最美村镇""中国乡村旅游创客示范基地"等国家级荣誉称号。

这里古道犹存，清泉汩汩，草木葱茏。有着近两千年历史的尼玛塘寺和白色寺、仓央嘉措曾经居住过的古老庄园、原生态的藏宅、淳朴的民风与古老的传说……种种人文遗迹，让这座千年古村落散发出独特的魅力。

由于独特的地理位置和环境，达东村形成了独特的"小气候"，这里的夏日仍然有着春天般的风韵，气候宜人，有"拉萨小江南"的美誉。这里的油菜花到了夏季才开。当这里的油菜花集体盛开的时候，遍野的金黄色显得热烈而安静，在远山、蓝天和白云的映衬之下，格外美丽。

夏日的达东村是过林卡的绝佳去处。在林间找一片空地，用捡来的石头堆起灶台，用捡来的枯枝做柴火，烧烤自带的牛羊肉，边烤边吃，其乐融融。从雪山上融化而来的清泉水，沿着溪流潺潺而下，刚好方便过林卡时的各种洗涤。对于大多游客来说，过一次藏族人的林卡，是一种体验藏族生活最快乐的方式。

除了深度体验藏族生活，林卡也被赋予了很多新的内涵。随着城市生活与乡村旅游的深度融合，有越来越多的城市人来到拉萨市过林卡，他们也将城市的文化带到了林卡旅游中，赋予林卡文化新的含义。比如，城市企业中常见的"团建"文化。不少企业会把团建融入旅游之中，让旅游过得更有意义。

达东林卡也慢慢成为许多企业旅游团建的理想"打卡"之地，大多数在达东村林卡举办过团建活动的人，对这里的评价都比较好。主要原因集中体现在以下方面：这里的人相对较少，空气好，有远山，有溪流，环境很好；可以在现场租借烧烤架，十分方便；溪流里的水清澈、冰凉，可以用来洗菜，冰啤酒和西瓜；吃完烧烤，酒足饭饱之后，还可以在附近爬山，体会一下"一览众山小"的感觉。

由于达东林卡受到各地游客的青睐，因此成为当地旅游发展的重点，得到了当地政府和企业的多方支持。在达东村村容村貌整治暨扶贫综合（旅游）开发项目中，达东林卡成为首批建设的项目并试运营，成为达东村的首张名片。

2018年7月，正值过林卡的高峰期，由拉萨市柳梧新区管理委员会、柳梧和美乡村民俗文化旅游有限公司举办的"拉萨达东温泉房车音乐嘉年华"活动在拉萨市达东村的林卡营地举行，有不少拉萨市民和游客驱车前往达东村度周末或节假日。

为了更好地服务群众和游客，达东村为前来过林卡的人们搭建好了帐篷。远远望去，一座座洁白的帐篷沿着溪流而建，上面绣着具有藏族特色的图案，看起来既整洁美丽又富于藏族风情。

据柳梧和美乡村民俗文化旅游有限公司董事长廖强说，经过两年的运营，达东村目前已经成为拉萨市近郊过林卡的热门地点。达东村已经形成了"达东·幸福林卡""达东·桃花会""达东·音乐嘉年华"等旅游品牌。达东

村还结合自身的特色，分季节推出"采摘节""摄影季""温泉季"等特色旅游活动，进一步提升达东村乡村旅游价值。

达东村这座拉萨千年古村落已经成为过林卡的"胜地"，节假日前来到达东村过林卡、转山转水的游客络绎不绝，更有专家团队赴达东村进行"乡村旅游带动精准扶贫"的专题考察。每年的林卡季，达东村在给游客带来美好享受的同时，也带动了当地群众脱贫致富，为拉萨经济的发展注入了新鲜的活力。

● 白纳沟林卡：高山绿水，放松身心的度假好去处 ●

白纳村位于达孜区德庆镇的东南方，沿着318国道穿过达孜区城区，从德庆镇政府东边驱车向南行驶约5公里，便能到达白纳村。

从都市来到拉萨市的人们，如果想找一个真正能够远离市区、宁静美丽的地方过林卡，白纳沟无疑是一个理想的地方。

说到白纳村，不能不说这里的灵魂人物——阿古顿巴。白纳村之所以在西藏颇有名气，在很大程度上是因为这里是阿古顿巴的诞生地。传说阿古顿巴出生在现在的白纳村三组，有的说法认为他是一位庄园主的儿子，有的说法认为他是一个受压迫的贫苦农奴，有的说法认为他是一个栖身不定的流浪人。在藏族的民间故事中，阿古顿巴是智慧和正义的化身，就像是维吾尔族的阿凡提、蒙古族的巴拉根仓一样，是人民群众共同喜爱的艺术典型形象。他常常用自己的智慧和计谋惩治愚蠢的国王、残暴的领主、贪心的商人、伪善的喇嘛……施展自己的智慧和技能，帮助穷苦的人们渡过难关，寻找幸福。

拉萨市依托"阿古顿巴出生地"这一独一无二的文化资源，积极利用"名人效应"赋能乡村旅游；按照"城市东大门、生态公园"的总体定位，启动了包括阿古顿巴博物馆、阿古顿巴休闲公园在内的"旅游+三农+藏药+民俗"的白纳沟生态文化旅游项目，打造白纳沟 4A 级生态旅游景区，其中的白纳沟林卡区域已经投入运营。

在阿古顿巴故居遗址废墟的南侧有"阿古顿巴母亲灵塔""阿古顿巴灵塔""强久灵塔"三座灵塔。而在"强久灵塔"的下方则有一处名为"其瓦膨吧"的泉眼，据说这是在阿古顿巴出生当天自然形成的。传说这里的泉水能够避免伤风感冒和瘟疫恶疾，祛除百病，还能强健筋骨、延年益寿。每当西藏传统的沐浴节——"噶玛堆巴"到来之时，白纳村的村民便纷纷来到这里沐浴嬉戏，"噶玛堆巴"因此成为白纳村的一个很有特色的旅游文化节日。

白纳沟不仅有传说的智慧英雄人物和动人的故事，还有十分优质的自然环境，是具有高原特色的"乡村植物园"，具备过林卡的理想条件。

白纳沟的林卡以高山绿水为主题和特色，这里有美丽清澈的河水、绿油油的草地以及各种各样的植被，空气质量很好，有"天然氧吧"的美称。为了使白纳沟的生态系统更加健全，达孜区投入了大量的资金进行大面积植树，种植了白榆、高山松、白皮松、雪松等树木，还增加了云杉等常绿树种和金叶榆等彩色树种。截至 2019 年，白纳沟树种的覆盖面积达到了 0.47 平方千米。可以预见，白纳沟周边的生态绿化会越来越好。

白纳沟的山美水美人更美，当地的老百姓也有过林卡、沐浴节等风俗习惯。为了增加收入，他们也建立了一些自己的林卡点。一开始由于方法不对，经验不足，结果并不理想。后来在拉萨布达拉旅游文化集团有限公司的帮助下，白纳村四组逐渐打造出了一个集生态、观光、旅游、度假和过林卡为一体的综合性休闲基地。

每到周末的时候，来到白纳沟游玩的游客越来越多，特别是在过沐浴节的时候，来过林卡的人数更多。当地的村民也因此而受益，他们从事景区的保洁员和服务员等工作，带来了一定的收入。截至 2019 年，白纳村四组每年收入超过 32 万元，对其他组的群众也产生了很好的示范作用。

2019 年的"五一"假期期间，在阿古顿巴的故乡——拉萨市达孜区德庆镇白纳村，正式投入运营的白纳生态林卡"人气爆棚"。一批又一批前来休闲过林卡的游客，让白纳村 29 岁的"店长"强珍和她管理的 8 名员工应接不暇。整个"五一"期间，村民们从早忙到晚，又是清理帐篷，又是迎接客人，还要煮牛肉、煮鸡蛋。但是他们却一点也不觉着累，因为生态林卡也让他们尝到了"数钱数到手疼"的甜头。

和强珍一样，其他 8 名员工也都是白纳村村民。一天天火起来的林卡旅游，让当地人的生活也一天天火了起来。目前，白纳村的两处休闲林卡点，年收入可达 15 万元。

除了优质的自然环境，当地的特色产业和特色文化在增强当地旅游吸引力的同时，也使白纳沟的林卡有了独特的韵味。

白纳村为远近闻名的"草莓之乡"，前来过林卡的游客可以一饱口福。这些年来，白纳村大力发展蔬菜种植业，其草莓种植逐渐发展成为达孜区乃至拉萨市的乡村旅游品牌项目。在白纳村的"巾帼草莓大棚"中，引进了"白兰地""奶油""红颜""纹章"等适应高海拔种植的草莓品种，受到人们的热烈追捧。每逢周末和节假日，来到这里采摘草莓的人络绎不绝。

白纳村也是全区铜文化、铜质品和铜器制作的发祥地。白纳村的传统手工锻铜技艺历史悠久、闻名遐迩，每年都吸引着数以千计的区内外游客前来参观游览。据载，1885 年，昌都市著名的锻铜世家寓巴仓家族 17 岁的传人嘎德，携家带口来到拉萨市，在白纳村巴拉厦沟安家落户，接受了为甘丹寺锻制铜佛的任务。从此，古老的锻铜技艺便在白纳村逐渐发扬光大，白纳村也由此发展成为世界三大手工藏传佛像打造地之一。随着拉萨市全域旅游的发展，"白纳锻铜工艺术"也被列入了旅游项目。2009 年，"门拉"铸铜佛像雕室被列为自治区"民族手工艺示范户"；2010 年，铜塑技艺被列为自治区非物质文化遗产，其传承人门拉次仁也被授予"民族手工艺传承人"和"工艺美术大师"等称号。

073

因为当地这些特色产业和特色文化，使得白纳沟的林卡有了更加深厚的韵味。在白纳村，看着雪山融水汇成的溪流欢快地奔腾着流进拉萨河，想着阿古顿巴的故事和传说，吃着从"巾帼草莓大棚"中采摘的新鲜草莓，听着远处仿佛传来的铜佛制作发出的"叮叮当当"的声音……

这样的林卡消暑体验，一定会使你更加难忘。

● 夺底沟林卡：高原风情，体验徒步探险的乐趣 ●

夺底沟位于拉萨市城关区夺底乡境内，北依果依拉山，南临拉萨城区，依山而建的藏传佛教格鲁派寺院——吉仓日追是俯瞰拉萨的最佳地点。

夺底沟在西藏是一个很有名气的地方，这里曾经是藏币印刷厂、西藏第一个水电站所在地，也是八大藏戏之一《顿月顿珠》的取材地，以及藏药教学的圣地。

夏季的夺底沟，是过林卡的热门之选。走进夺底沟，各式各样的林卡招牌让人应接不暇。选一个休闲的日子，约上亲朋好友，找一个心仪的地方，搭起帐篷，架起炉灶，摆上各种点心、菜肴和饮料，伴随着欢快的音乐跳上几段锅庄，舒舒服服地躺在毡垫般的草地上，看着孩子们在溪水里嬉戏打闹，一直玩到夕阳西下……这样的林卡时光实在美好之极。

说起夺底沟林卡，还有一个美丽动人的故事。相传当年文成公主进藏时，路上经历了各种的颠簸和苦难，为了能够以最好的面貌与松赞干布相见，文成公主特意在夺底沟维巴村境内的桑伊山的山脚下歇息了一晚。第二天早晨起来梳洗完毕，侍女将她的洗脸水泼在了对面的山坡上，一夜之间，原本没有任何植被的山坡上，长满了绿油油的杨树，后来这里就成了人们过林卡的地方。

夺底沟的林卡有着鲜明的高原特色风情，巍峨的青山下，一栋栋色彩艳丽的藏式小院掩映在树木之间，构成了一幅和谐美丽的高原田园风光图景。

如果要问夺底沟的林卡有什么独特之处，那就是在欣赏优美风景、体验户外野餐乐趣的同时，也能感受一下徒步和探险的魅力。夺底沟地区群山险峻、怪石林立，徒步游和探险游的路线比较多，西藏攀岩协会的基地也在夺

底乡附近，因此，这里是徒步攀岩者的理想场所。

在夺底乡徒步，一般会选择以维巴村的林宗组为起点，以山的另一边美丽的易措湖为终点，单程需要三个多小时。

在徒步的过程中，最明显的感受就是能观赏当地原生态的自然美景，这里有一片片的油菜花、各种竞相开放的野花、成群的牛羊……一派迷人的高原风光。翻过一座山之后，就能看到美丽的易措湖——一个如珍珠般镶嵌在山间的湖泊。蓝天白云在波光粼粼的湖面上倒映出变幻的云影，湖畔的山野上披上了淡淡的绿装，景色美轮美奂。因为景色过分美丽，这里也成为徒步爱好者和骑行爱好者的热门路线。

依托于夺底乡原生态的自然环境，当地还打造出了户外攀岩、短距离徒步等户外活动，吸引更多的游客到夺底沟观光旅游。

除了户外徒步和攀岩的诱惑，夺底沟还有美味的诱惑——生态水果采摘园。游客在徒步结束之后，还可以到维巴村的休闲农业观光园区里体验采摘的乐趣。这里有树莓、葡萄等新鲜的生态水果，可以让来到这里的人们一饱口福。观光园区内的水果均引自优良品种，加上当地得天独厚的自然生态环境，口味格外鲜甜。长期以来，夺底乡维巴村的村民主要把采石当作经济来源。近年来，拉萨市大力注重环保，维巴村也停止了采石，开始将这里打造成为乡村生态旅游景区。目前，维巴村已经成为拉萨市唯一一家集田园度假、果蔬采摘、劳作体验、乡村美食、美景摄影、工艺制作为一体的原生态民俗村庄。

富起来的维巴村民，盖起了2层钢筋混凝土的藏式小楼，种了树给前来游玩的客人遮阴，将屋前大片的草地提供给游客，夏天过林卡，冬日跳"锅庄"，各得其时，不亦乐乎。

第五章
古村小镇，散发独特魅力——特色村镇之旅

　　特色古村小镇之旅是拉萨乡村旅游的亮点。拉萨西南山谷中的达东村是西藏保护最完整的古村落之一，这里是六世达赖喇嘛仓央嘉措曾经修行的地方，那首广为流传的《在那东山顶上》，就是仓央嘉措在达东村创作的。仓央嘉措修行的藏式庄园被保存下来，成为当地一处著名的人文景点。拉萨市墨竹工卡县城以西的甲玛沟，是西藏历史文化上有名的"福地"，它是吐蕃赞普松赞干布的出生地，藏传佛教噶当派的重要弘法区域，清代"霍康家族"的领地，近代西藏著名人物阿沛·阿旺晋美的出生地，西藏最早完成民主改革的地方之一。如今在这里游客可以看到丰富的历史文化遗迹，概览整个西藏历史文化的"缩影"。拉萨市堆龙德庆区乃琼镇的色玛村，是著名的"雄巴拉曲神水"的所在地，相传是藏传佛教伟大的历史人物——莲花生大师用禅杖凿出来的，吸引着众多游客慕名而来。青藏公路和中尼公路交叉点上的羊八井，以"中国地热城"闻名遐迩。这里有我国目前已知的热储温度最高的地热田，电站规模在世界地热电站中排名第12。此外，羊八井还在开发包括太阳能在内的其他绿色能源，将尽力把这里打造成为宜居宜业的西藏北部草原现代生态小镇。

● 达东村：西藏保护最完整的古村落之一 ●

在那东山顶上，
升起白白的月亮，
年轻姑娘的面容，
浮现在我的心上。
……

随着这首《在那东山顶上》歌曲的流传，很多年轻人了解了一个叫仓央嘉措的传奇情歌诗人和一个叫达东村的西藏古村落，这首情歌正是这位曾经入主布达拉宫的"雪域之王"仓央嘉措在这里——达东村创作的。

达东村距离拉萨市中心18公里，是拉萨市西南山谷中一个"自然生长"的藏式原始古村落，是西藏保护最完整的古村落之一。这些年随着拉萨乡村旅游的不断发展，达东村的名字逐渐为更多的人所知晓和向往。达东村也获得了"中国美丽休闲乡村·历史古村""第七批中国历史文化名镇名村""中国最美村镇生态奖""全国生态文化村"等诸多殊荣。

达东村是一个"自然生长"的生态古村，得益于藏族百姓对自然环境的保护意识，这里的环境保护得很好。在达东村，人们可以看到林田、村落、溪水、湖泊等自然风景，可以看到牛羊徜徉草甸的和谐画面，远离城市喧嚣，放下心灵负累，充分体会大自然的神奇和美丽。

达东村有多样化的地形地貌，植被茂密，含氧量充足，虽然是一个高原小村落，却有着江南水乡般的景色和气候，有"太阳山谷"的美誉。

清新的空气、静谧的湖泊、清澈的溪流、郁郁葱葱的古木树林、秀美的青山、金色的油菜花……多样化的自然景观完美地共生于此，产生一种生态和谐、引人入胜的美。

达东村的自然物产丰富，不仅有桃树、核桃树和众多珍贵的藏药材，还有藏马鸡、白唇鹿、岩羊、鼠兔、雪鸡等珍稀野生动物，众多的野生动植物资源，足以令每一个来到这里的人感到不虚此行。

达东村最大的特点就是"古"，在岁月的流逝之中，这里的人们最大化地保留着达东村的原始面貌，沉淀着久远的历史文化。

达东村的东部有一座藏式庄园，残垣断壁之间，散发着昔日的贵族气韵，这正是仓央嘉措曾经修行过的地方。

六世达赖喇嘛仓央嘉措于1683年出生于西藏南部门隅达旺纳拉山下一户农奴家庭，14岁被选定为五世达赖喇嘛的"转世灵童"。他是西藏最高的政教首领，同时也是西藏最著名的诗人之一，写下了许多脍炙人口的诗歌。仓央嘉措"赋性通脱"，他的诗歌中有很多是描写男女爱情的，直抒胸臆，表现出了人类心底最真实的情感，同时又能融入佛理，具有丰富深刻的哲理，给人启发，因此受到了许多读者的喜爱。那首广为流传的《在那东山顶上》

就是仓央嘉措在达东村创作的。

在达东村文化旅游改造的过程中，这座庄园遗址被完整保存下来，并被命名为"庄园遗韵"。游人来到这里可以睹物思人，追忆仓央嘉措的情诗和爱情故事，感受人间真情的可贵。

仓央嘉措庄园南面，有一座叫"鲁定"的古庙，庙里有十六罗汉造像，庙前有一股清泉，流经全村的溪流就发源于此。相传，莲花生大师曾游历到这里，用禅杖挖出了新的泉源，汇流成溪，当地人奉之为"圣水"。这股圣水至今仍然滋养着达东村的人们。

达东村还有两座古老的寺庙——尼玛塘寺和白色寺，据说这两座古寺已经存在近千年，经受了岁月的沉淀，承载着村民的信仰。

尼玛塘寺具有一定的藏医药历史渊源，这里供奉着"药师八佛"，寺内还曾设立了藏医学校。此外，庙里还供奉弥勒佛、无量寿佛、千手观音、热多吉扎译师等。尼玛塘寺相传修建于11世纪，由热多吉扎译师主持建造。据说当年热多吉扎译师在这里修行时，有一位著名的医师前来参拜，被热多吉扎译师的法术折服，愿意留下来制造药物，施展医术，为周围的百姓治病。达东村的山林盛产藏药，和尼玛塘寺的医学渊源是一致的。

白色寺由噶当派大师热纳多吉修建，史料记载，宗喀巴大师曾云游至此，寺院里现有的石头宝座，据说就是宗喀巴大师当年修行留下来的。宝座下方的石头上有天然形成的白螺图案，白螺图案是"藏八宝"之一，是藏传佛教的吉祥图案，象征名扬三千世界，也象征达摩回荡不息的声音，每年都有很多藏族同胞和善男信女不远千里来到这里朝圣。

美丽动人的故事传说，加上历经岁月洗礼的文化遗存，形成了达东村深厚的文化底蕴，与原始生态的自然风光融合在一起，组成了这座独具特色和魅力的西藏古村落。

达东村是一座"古"村落，同时也是一座"新"村落，融入了现代文明的气息，注入了鲜活的生命力。

这些年来，越来越多的人慕名来到达东村，为了给游客提供更好的旅游体验，达东村把传统的藏家小院改造成藏家乐，修建了一个个藏式的旅馆和商店，在方便游客的同时，也增加了村民的收入。村民用增加的收入改造扩建旧房，盖起新楼，过上了富裕幸福的生活。

达东村的可喜变化，是因为实施了达东村村容村貌整治暨扶贫综合（旅游）开发项目。通过对达东集市及水系景观建设、湖泊区及林卡建设、乡村酒店修建及装修、庄园遗址修复及改造等多方面的整体建设，大大改善了达东村的整体环境，提升了当地人的生活质量，并使当地的文物古迹和传统文化得到了更好的保护。在此基础上，达东村还结合拉萨首家高山滑雪场、真人 CS、户外拓展基地等特色文化旅游服务的打造，一步步把达东村建设成为最美丽的休闲度假旅游村落。这不仅可以满足游客的观光需要，还能满足他们更长时间的度假需求，让游客更加深度地体验藏式生活和西藏文化的魅力。

在达东村的旅游开发中，坚持了"先保护、后开发"的原则，所有的旅游开发均以保护为前提条件，力求保持文物古迹的原貌，使达东村成为西藏保护最完整的村落之一。在保护的同时，也对达东村的旅游资源进行了重组和提升，返归本源，让达东村的古文化重新焕发了生机和活力。

"新"与"旧"的关系在达东村的旅游开发中，没有成为难以调和的矛盾，反而起到了互相促进的作用。通过旅游开发，达东村融入了越来越多现代人的生活，很多人通过观光度假，见识到了原生态的高原自然风光，感受到了古老西藏文化的神秘魅力，从这个意义上来说，达东村的文明在更高的层面上获得了新的生命，被发扬光大，没有被人们遗忘在历史的长河中。另一方面，旅游给当地人带来了经济收入上的提升，使他们有更多的人力和财力去保护达东村的文化遗存，使达东村的古老文明在新文明的映衬下显得愈发古朴动人。

● 甲玛沟：松赞干布出生地，令人向往的"世外净地" ●

甲玛沟位于拉萨市墨竹工卡县城以西 15 公里处，这里四面环山，风景宜人，民风淳朴，是西藏历史文化有名的"福地"，在西藏发展的过程中居于重要地位。

甲玛，在藏语里的意思为"百里挑一的富地"，古时为群山环绕、水草丰足的圣地，西藏贵族们的"粮仓"。甲玛沟因为是吐蕃政权第 33 任赞普、实际上吐蕃政权的立国之君——松赞干布的出生地而闻名于世。

在松赞干布之后的西藏历史上，甲玛沟也一直扮演着重要的角色：这里是藏传佛教噶当派的重要弘法区域；元代时，这里是西藏地区"十三万户"之"甲玛万户"的治所；清代时，这里是蒙古后裔与"藏王"颇罗鼐家族结合而成的"霍康家族"的领地；近代，这里是西藏现代史上的著名人物阿沛·阿旺晋美的出生地。因此，小小的甲玛沟承载了西藏的许多历史，它可以被视为西藏历史文化的一个"缩影"。

来到邻近318国道的甲玛沟，首先看到的是十分醒目的"松赞干布出生地"的门亭。走进沟内，古朴的藏式建筑与自然风光交相辉映，让人感觉仿佛进入了一个美好而圣洁的"世外净地"。

据藏文文献记载，在松赞干布的父亲朗日松赞当政的时候，这里曾建有强巴敏久林宫，松赞干布就出生在这座宫殿里。在这段时期，朗日松赞夏秋季节在此居住，冬天则回到离此不远的桑耶寺，甲玛沟至桑耶寺的这条朗日松赞走过的古道现在还保留着。

松赞干布于公元617年（藏历火牛年）诞生于墨竹工卡的强巴敏久林宫殿。他天生高大，相貌端庄，智勇双全。松赞干布从少年时代就表现出雄才大略和非凡的才能，13岁那年，父亲朗日松赞被仇人毒害，松赞干布继承王位。即位之后，年纪轻轻的他很快就平定了各地的叛乱，定都逻些（今拉萨），建立了吐蕃政权。之后，吐蕃又先后降服了周围的苏毗、多弥、羊同等部，实现了当时西藏的统一。

松赞干布在迁都拉萨之前，拉萨地区还一片荒芜，并不叫拉萨，而是叫吉雪沃塘，意思为"吉曲河下游的肥沃坝子"，拉萨河叫吉曲，意思是"欢乐幸福之河"。

拉萨在藏语中为"圣地"或"佛地"的意思，"拉"是神，"萨"是土。拉萨最初叫"惹萨"，这个名称源于大昭寺的修建。松赞干布迁都之后，在这里修建了著名的大昭寺，由于在建寺的过程中，使用山羊背土填湖，在藏语中羊叫"惹"，土叫"萨"，所以"惹萨"就成了最初大昭寺的名字，后来慢慢演变成为拉萨的名字。

所以，拉萨是因为松赞干布的迁都而生，因为大昭寺的修建而成，它从诞生起就具有"圣城"的底蕴和内涵。

拉萨城市的诞生和当时西藏的统一、藏族的形成壮大相伴而生，标志着西藏历史上一个空前强大的时代的来临。

吐蕃地方政权统一西藏之后，松赞干布派出以大臣吞弥·桑布扎为首的 16 名贵族到印度求学，回国后结合藏族的文化创制出本民族的文字——藏文。

松赞干布渴慕当时唐朝的富庶与繁荣，于是在唐贞观八年（634），派遣使者赴唐沟通关系，后又迎娶文成公主，促进了藏汉两地经济、文化的交流和发展。文成公主入藏后，将佛教和中原各种先进的科学技术和文化带到了西藏，大大促进了西藏当地的经济社会发展。

现在，甲玛沟修建了松赞干布纪念馆，为的是纪念这位伟大赞普的丰功伟绩。走进纪念馆，人们可以看到松赞干布一生的丰功伟绩。松赞干布纪念馆一共有 2 层楼，分设了大小不同的展厅，展示了松赞干布时期的政治、经济、外交等重要成就。

第一个展厅是藏族的发展史，通过壁画的方式展现了藏族"猕猴变人"的族源传说，用铜版画展现了藏族传统的男子"九艺图"（松赞干布本身文武双全，因此他要求当时的西藏男子必须学会"九艺"，包括骑马、摔跤、算术、历算等技艺，为吐蕃军力强盛奠定基础）、松赞干布出生的过程、松赞干布 13 岁登基的情景，以及松赞干布派大臣创制西藏文字和制定法律等有关历史。

081

第二个展厅展示了松赞干布设计修建的布达拉宫的圆形图案，松赞干布时期西藏的地域分布图，以及古代象雄穹隆银城遗址和吐谷浑古城遗址的图景。

第三个展厅展示了松赞干布和诸大臣议事的情景，包括松赞干布和大臣革新立法、大臣如拉杰驯养牲畜的经过，以及吞弥·桑布扎创制藏文等吐蕃历史上的重要事件。

第四个展厅集中展示了吞弥·桑布扎创制藏文的情景，有藏文与梵文的对译、吞弥·桑布扎把学到的文艺传授给徒弟、不同藏文的书写形式，以及收藏的金书等内容。

二楼的展厅集中展示了吐蕃政权与唐朝的政治交往，迎娶文成公主的整个过程以及修建大昭寺、小昭寺的相关情况；也包括吐蕃政权与尼泊尔的交往、迎娶尼泊尔赤尊公主的相关情况等内容。

在纪念馆的院子中间是一片凹凸不平、长满荒草的残垣之地，残垣中的一块石碑上刻着"松赞干布出生地"——这就是松赞干布当年的出生地，从现存的残垣断壁上依稀可见当年宫殿的影子。

据松赞干布纪念馆的主任谢军介绍："我们（松赞干布纪念馆）的建筑风格就是依照《甘珠尔》和《丹珠尔》中的绘画，大昭寺的壁画和一些老照片，以及从历史文献上了解到的曾经宫殿的模样，依照旧模样修旧如旧，尽量保持了当时的建筑特征和风貌。"

所以，游客所看到的松赞干布纪念馆完全是根据历史文献、曾经的遗址所"复原"的"强巴敏久林宫"。

在松赞干布纪念馆旁边，千百年来滋润白玛湿地的"松赞圣泉"还在静静地流淌。据说松赞干布小时候经常来到这里洗脸和玩耍，他在泉水里洗脸的时候，看见泉水中的幻影显现出红山（布达拉宫）宫殿的影像，宫殿之旁，有当年松赞干布祖父修行的山洞。松赞干布从这里得到了在拉萨建城的喻示，因此他无论行军打仗，还是和议会盟，都会到"吉雪沃塘"这里停留数日。这个动人的传说，为甲玛沟更增添了一份神秘的魅力。

在纪念馆的旁边还有一座黄色外墙的建筑——群觉古代兵器博物馆，与松赞干布纪念馆一白一黄互相映衬。原来在纪念馆的原址上，曾经出土了大量的兵器用具。

进入兵器博物馆，门前整齐地堆放着藤编盾牌、瓷器、陶器等等，几十平方米的房间内摆满了藏品，令参观的人不由得惊叫出声来。

经过西藏自治区文物局、社科院、博物馆的文物专家鉴定，这里收藏的万余件藏品包括了马鞍具、文房用具、宗教用品、丝织品、卡垫、兵器、陶器、木器、石器、雕刻、服饰、钱币、古籍文献等，藏品所属的民族则包括了汉、藏、满、蒙四大民族，年代的跨度涵盖了西藏大部分的历史阶段。其中，最引人注目的是17套完整地涵盖了唐、宋、元、明、清等不同时期的藏式兵器。

兵器博物馆的收藏人群觉更是一个"有故事的人"，他是墨竹工卡县人，20世纪80年代到拉萨打工，积累了一定资金之后开始学习做生意。在做生意的过程中，他看到很多"老物件"就收藏过来，后慢慢明白这些东西都是具有历史价值和收藏意义的。随着文物知识的积累，他逐渐学会从"老物件"的蛛丝马迹上辨别其年代和价值。就这样经过30年的积累，他已经搜集到了万余件"老物件"。收集了这么多藏品之后，他开始四处寻找地方安放，在此过程中，得到了墨竹工卡县相关领导的高度重视。经过几年的规划、审批，群觉古代兵器博物馆终于在2013年4月12日开工了。

关于群觉和他所筹建的兵器博物馆，山南市文物局原局长、列山墓群发现者土登朗嘎这样评价说："一个农民收藏家，能收藏到如此数量的珍贵文物，我70多年中还是第一次遇到。无论从文物研究、文化传承还是历史和民族团结教育，价值都不可估量。"

目前，群觉古代兵器博物馆已经成为甲玛乡一处被人津津乐道的景点。"目前，全世界只有两件整套的吐蕃政权时期的马背上的武器装备，一套在美国大都会博物馆展出，另一套就是群觉古代兵器博物馆的藏品，这也是该馆的镇馆之宝。"馆长群觉如此说道。

甲玛沟不仅是西藏民族英雄松赞干布的出生地，同时也是萨迦王朝时期西藏十三万户长的治所和霍尔康贵族的驻地，村内至今还保留着过去西藏贵族庄园特有的建筑遗存，林卡、白塔、寺庙等一应俱全，充满了沧桑而厚重的历史文化气息。

直至近代，甲玛沟因为是西藏现代史上的著名人士阿沛·阿旺晋美的出生地而再次为世人瞩目。

阿沛·阿旺晋美是西藏和平解放前至今，贯穿西藏半个多世纪的风云人物。他是霍尔康家族的族人，从小在这里长大，同时，他的一生与西藏的和平解放事业紧密相连。1951年，阿沛·阿旺晋美担任与中央人民政府进行和平解放西藏谈判的西藏地方政府的首席代表。1965年，他当选为西藏自治区人民委员会主席。1993—2009年，他担任全国政协副主席。2009年12月23日16时50分，阿沛·阿旺晋美因病在北京逝世，享年100岁。如今，在甲玛沟的霍尔康庄园景区之内，游客还可以看到昔日的庄园少主人——阿沛·阿旺晋美长大的地方，感受往日的西藏贵族生活。

甲玛地方是西藏最早完成民主改革的地方之一，从此，和西藏的其他地方一样，甲玛地方的农村封建农奴制庄园经济走到尽头。封建贵族领主作为统治阶级退出历史舞台，一个崭新的时代由此开启。

甲玛沟也有深具当地特色的非物质文化遗产。50多岁的多吉是自治区级非物质文化遗产"甲玛谐钦"———种具有当地特色的藏族民间歌舞的传承人，他说甲玛谐钦是"家乡的骄傲"。为了传承古老的藏族文化，赤康村专门修建了舞台供村民表演甲玛谐钦，村民表演的甲玛谐钦还曾登上了藏晚舞台。2012年12月18日，村里成立了业余民间艺术队，成员全部自愿学习甲玛谐钦，为的是让这一流传千年的古老传统艺术得以重见天日。如今，在甲玛赤康雪农牧度假村的农家大院，游客可以观赏到村民原生态的表演，感受粗犷而豪迈、婉转而悠扬的"甲玛谐钦"演出。

甲玛沟与著名的桑耶寺有着很深的渊源关系，两者仅有一山之隔。这里有通往桑耶寺的古道，沿途风景迷人，是有名的徒步线路，是附近农牧民到桑耶寺朝圣的一条基本道路。它是一条地理通道，也是一条文化通道。这里是甲玛沟—桑耶寺国际徒步旅游线的大本营，也是拉萨—林芝—山南旅游东环线上的重要旅游景点。

作为历史上有名的"粮仓"，甲玛沟的自然条件十分优越。这里以农业为主，兼营少部分牧业，主要种植青稞、小麦、豌豆、油菜、蔬菜等农作物。甲玛沟的赤康村位于美丽的甲玛沟谷地，这里四面环山，每到春夏两季，山坡的田野一片翠绿，在远处雪山背景的衬托下，如同一幅真实的香格里拉画卷。

位于甲玛乡的赤康湿地，面积约有1.13平方千米，植被以西藏蒿草和华扁穗草群落为主，植物种类共计约有23科62属87种。这里栖息着白腰杓鹬、

小云雀、斑头雁、赤麻鸭、黑颈鹤、白腰草鹬、大朱雀、绿头鸭、河乌、绿翅鸭、普通秋沙鸭、大鵟等 20 多种鸟类。

赤康湿地与达孜区唐嘎乡的唐嘎湿地、尼木县麻江乡强涅村的杂曲塘湿地、尼木县帕古乡彭岗村的彭岗村湿地、墨竹工卡县墨竹玛曲河至县城的墨竹朗杰林村沙棘林自然保护区、曲水县才纳乡雄色峡谷的才纳乡自然保护区一起,共同为野生动物构成了一个生态的家园。

● 色玛村:雄巴拉曲神水——隐秘在林间的神泉 ●

堆龙德庆,在藏语中的意思是"上谷极乐之地"。"雄巴拉曲神水",就位于拉萨市堆龙德庆区西南 15 公里处的乃琼镇色玛村,是拉萨市著名的旅游景点。

说起雄巴拉曲神水的来历,和藏传佛教历史上的伟大人物——莲花生大师有着不解之缘。莲花生大师是藏传佛教的主要奠基者,根据藏文典籍《五部遗教》的记载:公元 8 世纪,莲花生大师路过堆龙。到了做午饭的时间,准备烧茶煮饭的随从却发现这里没有水。莲花生大师看到这里的百姓无水饮用,便施法为群众求水,只见他用禅杖在地上敲了三下,凿出一个洞,然后对众人说:"神泉即涌,端盆来。"刚说完这句话,那个洞里就神奇地涌出了滚滚清泉。从此,人们就称它为"雄巴拉曲",意思是盆中圣水。

根据当地人的传说,饮用雄巴拉曲神水或者用其沐浴,能治愈头痛、皮肤病等诸多疾病。雄巴拉曲神水的神奇传说和奇妙功效,吸引着很多人慕名而来,每年来此游历的人数达到数万人次。有不少人是从日喀则市和昌都市前来取水的。

莲花生大师创立了西藏第一座佛、法、僧三宝齐全的佛教寺院——桑耶寺。至今,莲花生大师凿出泉水的禅杖还保存在桑耶寺内。离泉水不远的一块大石头上还保留有莲花生大师的足印,至今仍然清晰可见。

雄巴拉曲神水景点位于色玛村雄巴拉曲寺内,这是一个白墙与砖石围砌而成的藏式院落。入口处的木栅栏上悬挂着一个金色的横额,上面记载了关于雄巴拉曲神水的传说。

雄巴拉曲神水从地下汩汩流出，形成了一个椭圆形的水塘，共有三个荷叶形的小水塘，时常可见红色的鱼游弋其中，引得游人驻足。池塘的周围有几棵古柳，柳条如发丝一般垂落于水塘之上，柳树上挂着经幡，平添了一份神圣和威严。

　　雄巴拉曲的平均水温为16.5℃，虽然不高，但是仍然高于当地的年平均温度，所以它也被地质学家称为"微温泉"。冬天，很多地方的水都结冰了，而这一处的泉水却仍然清冽。正如蒙古诗人伊志杰《热河泉》中所写："吐玉喷珠飨嘉宾，寒来最是见精神。冰封塞外三千里，泉水独留一段春。"

　　雄巴拉曲神水的一侧，是留给游人的窄窄行道，和一个有转经筒相连的小房间。据工作人员介绍，雄巴拉曲神水不断往外溢的时候，会推动小房间中的转经筒发出声音，就像响在耳边的钟磬一样，十分悦耳。院外接了一根取自雄巴拉曲神水的水管，人们可以掬水饮用或者是洗涤，也有人将神水盛装回家煮茶和做饭。在虔诚的人们心中，他们相信神水可以令他们身体康健，能祛病消灾。

　　雄巴拉曲神水的水质经受住了科学的检验。有关科研工作人员对雄巴拉曲神水进行了检测和考察，得出结论：雄巴拉曲拥有天然的地理位置、极端的气候条件，因此造就了优质的泉水，口感甘甜、柔滑。该泉水曾被2015东北亚互联网金融论坛、达沃斯论坛新领军者年会、WTA女子网球公开赛等大型活动选用。

为了将西藏雄巴拉曲神水及其独特的藏源文化更好地传承下去，西藏雄巴拉曲天然山泉水开发公司对雄巴拉曲神水进行开采灌装。为了不破坏神水自有的特质，采用了世界上先进的设备进行开采，并且拒绝添加任何化学添加剂，让每一位喝到神水的人都能感受到神水最初的味道。

走向世界的雄巴拉曲神水是那样的澄澈，它不仅仅是一种水，更是一种文化。它让每一个热爱生命与向往圣域的心灵在繁杂中获得一缕清净，让每一个喝到雄巴拉曲神水的人都能感受到莲花生大师的善良和智慧。

依托于雄巴拉曲神水，堆龙德庆区还兴建了包括雄巴拉曲休闲度假旅游区在内的四大重要旅游区域。这四大重要旅游区域分别是：雄巴拉曲度假村、雄巴拉曲藏药厂、岗地经贸有限公司、平措林度假村及部分农村区域。

其中平措林度假村集藏式建筑和欧式建筑于一体，游客可以在这里同时领略不同的风情。雄巴拉曲神水从度假村中潺潺流过，得益于神泉的知名度，这里的生意也格外红火。

● 羊八井：西藏北部草原的现代生态小镇 ●

羊八井位于青藏公路和中尼公路的交叉点上，因羊八井寺而得名。"羊八井"在藏语中的意思是"广阔之地"，然而这里却以"地热"闻名遐迩。

羊八井是西藏北部驼盐古道上的重要驿站，经历了20世纪七八十年代"羊八井式"的黄金时代，如今，这个古老而又年轻的小镇立足于地热特色产业，不断提升城镇的发展品质，逐渐成为宜居宜业的美丽特色小镇，入围第二批中国特色小镇。

羊八井地区丰富的地热资源由来已久，唐代《法苑珠林·王玄策行传》中有这样的记载："吐蕃西南有一涌泉，平地涌出，激水高五六尺，甚热，煮肉即熟，气上冲天，像似气雾。"描述的就是热水井喷发的景象。

关于羊八井的地热，还有一个凄美古老的传说。相传在远古天地混沌的时期，有一只金凤凰痛恨人间的黑暗，决心献出一只眼珠来照亮人间。它让一位叫拉姆的姑娘把眼珠高高举起，人间便有了光明和幸福，人们高兴地把金凤凰的眼珠称为神灯。后来，一位农奴主想把神灯据为己有，在抢夺神灯

未果之后，便狠心用毒箭把神灯射碎，把姑娘射死。在神灯被射碎的地方，突然天崩地裂，出现了一个热水湖，把农奴主淹死在湖中。拉姆绝望的眼泪和神灯的碎片飞溅到地上，也化为多个温泉。

地热之于羊八井，犹如暖阳之于寒冬。羊八井所处的羌塘草原为高寒地区，一年有八九个月冰封土冻。然而由于方圆40平方公里的热田，这里却是绿草如茵，青稞垛金灿灿。四处可见温泉的雾气蒸腾，在滚滚向上冒热气的温泉边上放上几只鸡蛋，几分钟便可煮熟。

正如一句藏族俗语所描述的："当你到了羌塘草原，寂寞与寒冷会使你惆怅，可是一旦你投入她的怀抱，草原就变成了你温暖的家。"这种温暖正是来自羊八井独特的地热资源。

羊八井地区地热资源丰富，根据当地的自然禀赋优势，这里建设了温泉度假村、热电站。

羊八井地热是中国大陆开发的第一个湿蒸汽田，也是世界上海拔最高的地热发电站。这里的地热田是我国目前已知的热储温度最高的地热田，星罗棋布的温泉、热泉、沸泉、热爆炸穴等构成了全国最大的温泉集群。与丰富的地热资源相互映衬的是，羊八井的地热发电技术在国际上享有较高的荣誉，被称之为"世界屋脊上的一颗明珠"。

羊八井最美丽的时候是在每天的清晨，由于这时的空气还比较冷，地热田一带总是弥漫着白色的雾气。地热所产生的巨大蒸汽团从湖面向上冒出，烟氲缭绕，宛如人间仙境。如果有幸碰到热水井喷发，还可以一睹沸腾的温泉水从泉眼直冲云霄的场面，十分美观壮丽。

羊八井的温泉浴十分有名，在西藏羊八井地热国际大本营（蓝色天国项目），可以看到占地 600 亩的景区，以巨大的孤石做景观，露天泡池、冲浪池、人工温泉河等一应俱全。

据说这里的温泉水中含有大量的硫化氢，对多种慢性疾病都有治疗作用。在露天的游泳池里泡温泉，看着远处的雪山，是一种独特的享受。遇到下雪的时候，还能够一边泡温泉，一边看着漫天飞雪，让人更觉浪漫惬意。

羊八井的魅力不仅体现在奇妙的自然景观和露天温泉上，更体现在现代生态小镇的定位上，即对地热等绿色资源的有效利用。蓝色天国项目就是一个利用地热发电后的尾水和尾气发展循环经济、变废为宝的一个环保项目。

羊八井的生态建设具有很长的历史。从 1974 年开始，国家就把羊八井开发作为重点的科技攻关项目，开发和利用这里丰富的地热资源，积累了很多成功的经验。例如，用水泵将"热排水"灌入地下，形成循环，让流入池中的热排水形成天然的温泉，避免了环境污染，形成了可持续发展的良性循环。如今的羊八井地热发电厂已经融入周围的生态环境中，成为一道山青青、天蓝蓝的美丽高原风景线。

2017年，为了贯彻落实党中央、国务院关于推进特色小镇建设的部署，在各地择优推荐的基础上，经过现场答辩、专家审查，旨在打造"雪域高原牧场，现代地热小镇"的羊八井镇被国家住建部认定为第二批全国特色小镇，成为拉萨市唯一入围的第二批中国特色小镇。

除了丰富的地热能源，这里还聚集了太阳能、宇宙射线观测、高原电网试验等多项现代化科研设施，从而将这里打造成了西藏北部草原现代生态小镇——"中国地热城"。

作为西藏北部地区独具特色的旅游风情小镇，羊八井的自然生态旅游资源也具有很强的吸引力。羊八井盆地位于念青唐古拉山下的羌塘草原上。羌塘草原的藏语意思为"北方的空地"，为平均海拔在4500米以上的高寒地区，是西藏面积最大的纯天然草原，有高耸入云的皑皑雪山、冰川和碧绿如茵的草甸，是野生动植物的天堂。

羊八井盆地周围雪峰林立，南北两侧的山峰均在海拔5500米以上，山峰上孕育着现代冰川。附近有名的廓琼岗日冰川，是一处集冰川、湖泊、草甸、雪山、峡谷为一体的自然生态旅游区。随着拉那高等级公路的建成通车，冰川到羊八井的距离将大大缩短。作为一处坐车可以直达的冰川，一定会吸引更多的游客到羊八井旅游，对羊八井打造西藏北部地区独具特色的旅游风情小镇起到了积极的促进作用。

羊八井也有较为丰富的文化历史资源。羊八井西边的红坡村有一座寺庙，叫作羊八井寺，它的藏语全称是"土登羊八井"，意思是"佛教广严城"。广严城为恒河岸边古印度一座城市的名字，也是"羊八井"名字的来源。

羊八井寺由噶玛噶举派红帽四世活佛却扎益西于1490年倡建，代替乃朗寺成为红帽系的主寺，后来成为格鲁派寺院。羊八井寺从红帽系第四世活佛却扎益西时期兴建，到1791年停止的3个世纪中，陆续增修扩建，成为一座规模宏大的寺庙建筑群，寺内文物很多。该寺清代被查抄，僧人被改宗为格鲁派。羊八井寺在"文革"时被毁，1985年政府拨款进行了修复。

据去过羊八井寺的游客说，那里的喇嘛非常友善，文化和宗教气息浓郁；周围风景秀丽，从寺里可以看到远处的念青唐古拉雪山。每月的5日是寺院的诵经日，全寺的40多个喇嘛集在寺中诵经，鼓钹交鸣，低沉浑厚的诵经声沟通着现实世界与冥想中的神圣境界。寺院的口粮都是由周边的村民供奉的，淳朴善良的藏族百姓用这种方式表达他们对藏传佛教的虔诚信仰。

羊八井曾经是西藏北部驼盐古道上的重要驿站，如今，四通八达的交通也为这里的旅游发展提供了便利的条件。羊八井镇地处304省道、青藏公路的交通要道，是贯穿拉萨市、日喀则市及那曲市的重要交通节点，也是贯穿西藏南部与北部的交通枢纽区。利用交通便利的优势，羊八井沿青藏公路、青藏铁路、304省道，构建了"T"字形的快速观光轴线。以登山培训学校为起点，经过启孜峰、鲁孜峰，到达古仁拉山口的古仁登山探险轴；以及沿古仁河、藏布曲形成的古仁—藏布徒步观光轴。通过特色旅游线路的衔接，羊八井不断拓宽镇域旅游的空间。

为了提升综合旅游实力，羊八井镇通过建设旅游服务中心，不断完善镇区的住宿餐饮、旅游商店、医疗救护等各项旅游服务的功能；发展特色产业，突出新能源应用示范和藏风民俗文化特色，改善和提升镇区的整体景观风貌；开发深度旅游，保护水文湿地生态环境，积极开展牧家乐、赛马会、草原篝火晚会等草原民俗体验活动。通过以上种种举措，将羊八井发展成为沿青藏公路观光旅游线路上的重要旅游节点和服务基地。

在发展的过程中，羊八井镇还运用"全域旅游"的思维，加强与周边村落的联动，形成旅游发展的"合力"。

羊八井镇西南部的甲玛村，受益于羊八井特色小镇的建设，得以发展现代畜牧业，增加牧业的附加值和牧民的收入。通过整合村内的分散居民，形成农村社区，并依托羊八井的雪山、寺庙、草场等资源，发展集观光、体验、科学考察、登山探险于一体的综合旅游业。

从驼盐古道上的悠悠驮盐歌，到享誉世界的"羊八井式"地热利用，再到"雪域高原牧场、现代地热小镇"的崭新面貌，羊八井镇坚持"现代生态小镇"的定位，一步步打造和谐宜居的美丽环境，彰显了中国特色小镇的独特魅力。

第三篇

DI SAN PIAN

叁

繁华都市的忘忧草——拉萨乡村休闲农业之旅

田园生活是繁华都市的"忘忧草"。暂别都市繁忙生活的压力，来拉萨市乡村享受那份绿色天然的闲适与恬静。世外桃源般的"桃花村"，青山翠谷的楚布沟，充满藏式田园风光的"三园""五沟"，营造出一派美丽祥和的田园风光。"拉萨人家"等特色民宿体验项目，让游客住进当地人的家里，亲身体验西藏人的生活，获得更为深入的乡村旅游体验。哈日萨村的曲水草莓基地，让久居都市的人们体验田园采摘的乐趣，在冬季品尝新鲜草莓的味道。千年古村——卡如村的千年核桃树，为游客开启"核乡寻忆"之旅，追溯当年唐蕃联姻的历史记忆。尼木村的千亩雪菊、白定村的智昭产业园、宇妥沟的藏药浴、曲水县的"秀色才纳"净土健康产业园，为游客展开了立足于高原优质生态环境的绿色"净土健康"之旅。羊八井温泉、德仲温泉、日多温泉、邱桑温泉……神奇的雪山温泉，让游客在高原冰雪之地体会酣畅淋漓的泡浴体验，休养身心、强健体魄，也为冬日的西藏增添一股强劲的暖流。

第一章
人间仙境，世外桃源——田园风光之旅

　　暂别都市繁忙生活，让身心流连田园，来拉萨市开启绿色休闲田园之旅。曲水县茶巴拉乡色麦村是远近闻名的"桃花村"，每年阳春三月，醉人的桃花美景都惹得游人纷纷驻足，赏桃花树，吃当地原生态的野桃子，光顾桃花深处的"桃花村"凉粉店，品尝当地的特色美食和土特产，不亦乐乎。堆龙德庆区楚布河上游的楚布沟，两股神奇的泉水流淌着动人的传说，当地的楚布寺亦为著名的人文景点。立足丰富的自然人文资源和独特的地理优势，当地推出了"楚布沟自行车越野竞速赛"，让游客领略高原自行车版的"速度与激情"；更有"一元游堆龙"活动，令游客赞不绝口。城关区倾力打造"三园"（白定村无公害蔬菜科技示范园、设施农业科技示范园、洛欧休闲观光生态风情园）、"五

沟"项目，以"生态城关"为目标，让区内外的游客和群众享受到绿色、健康、原生态的田园生活，全力打造"最美乡村生态休闲体验基地"。

● 茶巴拉乡：桃花盛开的地方 ●

在金庸《射雕英雄传》中，有一个世外仙境般的存在——桃花岛，那里郁郁葱葱，繁花似锦，绿草如茵，花香四溢，令人神往不已。

而在祖国西南边陲的西藏，也有这么一个美丽如画的地方，过往的游客称之为"桃花村"。这个"桃花村"位于拉萨市曲水县茶巴拉乡色麦村六组，这里原先被称为"玉曲"，在藏语中的意思是"绿松石般的水"。每年阳春三月桃花盛开的时节，过往的游客都被这里醉人的桃花美景吸引，纷纷驻足观赏，于是就有了"桃花村"的美誉。

春天的色麦村，雅鲁藏布江如碧绿的飘带在峡谷中蜿蜒穿行，两岸桃花盛开，远看如同天边绯红的云霞，近看则像粉红色的精灵。轻盈的花瓣带着一缕清香随风飘落，有一种"落英缤纷"的感觉。漫山遍野的桃花如同盛开的花海，与奔腾的雅鲁藏布江相互辉映，有一种无法形容的美。

色麦村地处深山峡谷之间，风景秀丽，特殊的地理环境形成了温暖湿润的山谷"小气候"，特别适宜桃树生长，因此这里的桃花盛开得格外好。据统计，"桃花村"植被覆盖率达到了50%，灌木品种繁多，截至2017年，"桃花村"已经有10万平方米原始桃树林。

走进"桃花村"，公路两旁随处可见盛开的桃花。"每年桃花盛开时节，过往游客及群众观赏到沿途桃花美景都会纷纷停车驻足，使得桃花村具有优越的旅游文化特质和投资价值。"谈到"桃花村"的盛况，曲水县茶巴拉乡党委委员、副乡长巴桑卓玛如此说道。

"桃花村"不仅有美景，还有"美味"。最受游客欢迎的，当然是当地土生土长的原生态的桃子。色麦村沿中尼公路绵延数公里，住有数十户人家，这里有上千株野桃树，结出的桃子个头虽小却味道鲜美，可以让路过的人大快朵颐。村民扎西欧珠在路边开了一个小卖部，小卖部外面有一棵老桃树，少说也有100多年了。扎西欧珠家有20多棵野桃树，每年仅卖野桃子就可以收入三四千元。扎西欧珠在桃树下摆了几张桌椅，客人还可以坐在这里喝啤酒、饮料。

而坐落在桃花深处的"桃花村"凉粉店，更是为游客的旅途增色不少。凉粉店所用的凉粉取材于拉萨河畔有名的"菜源"——才纳乡才纳村，色香味俱佳，深受游客欢迎。当地的土特产也很有特色，有农牧民群众自制的风干毛桃以及自家采摘的核桃等等，供有兴趣的游客选用。

凉粉店也带动了当地土特产的热销。据"桃花村"凉粉店的老板普布卓嘎说："凉粉店现在每年创收40多万元，还带动了村里的桃子、土豆等土特产的畅销。"

为了进一步发展当地的特色旅游产业，形成有特色的旅游文化，带动当地农牧民群众增收致富，"桃花村"逐步加大了桃树种植的力度，做大做强桃林产业，依托"桃花村"特有的环境和名气打造一张有人气的地域名片。

风光独好的"桃花村"也有"好水"，这里正计划修建矿泉水厂，把"桃花村"那"绿松石般的水"打造成为继桃花之后的第二张名片，让更多的人认识雅鲁藏布江边上的这片"桃花盛开的地方"。

"桃花村"具有十分优越的地理位置。色麦村邻近中尼公路，交通十分便利。中尼公路是拉萨市经由日喀则市直达尼泊尔首都加德满都的交通要道，也是通往珠峰大本营、神秘吉隆沟和中印边界的必由之路。每天从"桃花村"经过的车辆数千，人员数万。立足于明显的区位优势，现在"桃花村"每天接待游客的数量在1000人次以上。

目前，"桃花村"已经建成了集旅游休闲、商务会议为一体的旅游度假村，度假村内商店、餐厅、客房等服务设施齐全，拥有客房20多间，可以同时容纳60多人就餐、娱乐和住宿，在为游客提供更加舒适贴心的服务的同时，也拓宽了当地农牧民群众的就业渠道，提高了当地群众的生活水平。

"桃花村"的旁边，还有一片非常有名的杨树林。离开"桃花村"，沿中尼公路朝拉萨市方向行驶三四公里，来到拉萨市曲水县县城附近，就可以看到这片杨树林。从茶巴朗村一直延伸到曲水县城、达嘎乡、茶巴拉乡，绵延20多公里，蔚为壮观，也是难得一见的一道风景线。

● 楚布沟：神奇泉水，青山翠谷 ●

楚布沟，是位于拉萨市堆龙德庆区楚布河上游的一个蜿蜒14公里的河谷，因为这里的楚布寺而得名。

关于"楚布"的含义，有很多种说法，其中流传较广的说法有两种。一种说法认为，"楚布寺"即"飞来寺"之意，传说楚布寺是从印度飞来的。另一种说法是：相传创寺人都松钦巴经过这个地方时，认为这里是一处吉祥宝地，于是决定在这里修建楚布寺，"楚布"两个字是"富裕至极"的意思。

从楚布寺来历的传说中，我们也可以看出，这里一定是一个美丽丰饶的"宝地"。藏传佛教在西藏备受尊崇，因此寺庙的所在地多是美地，楚布沟的自然环境很好，这里有清澈的河流、新鲜的空气、连绵的山体、葱翠的山林、美丽的田园、成群结队的牛羊……如同一幅徐徐展开的风光画卷，使人产生如在画中游的感受。这里空气湿润，白蒙蒙的雾气横在半山腰上，山下楚布河在静静地流淌，如梦如幻。

楚布沟有一个半农半牧的村落——那嘎村。"那嘎"的汉语意思是"对着山头"，这里对着的山指的是那嘎山，那嘎村也由此而得名。从村子里往下看，楚布河可尽收眼底。那嘎村是堆龙德庆著名的旅游景区，有着非常丰富的旅游资源。

那嘎村里有两股神奇的泉水。一个是则热曲米，当地人称之为"去痘泉"，据说这股泉水的神奇之处是它可以治疗一些皮肤病，最明显的是可以"去痘"。按当地风俗，在取泉水之前，要先敬献哈达，点一炷香，将哈达挂在泉水边的树枝上，然后就可以用泉水洗手洗脸了，但是不能饮用。

另外一股神奇的泉眼叫作加嘎曲米，传说这个泉眼的源头在印度，与则热曲米不同的是，这股泉水可以喝，而且只有先喝了这里的泉水，再喝楚布寺周围的水，才不会出现水土不服的情况。当然，这些说法和藏族人的信仰和当地的风俗习惯有关，我们要从文化的角度去理解和尊重。

那嘎村里有著名的楚布寺。楚布寺是藏传佛教噶玛噶举派在西藏的主寺，距今已经有800多年的历史，这一教派首创了活佛转世制度，开辟了藏传佛教活佛转世制度的先河。据寺庙管委会常务副主任德庆饶丹老人介绍，楚布寺的镇寺之宝是第八世噶玛巴为纪念其上师塑造的银像，传说银像塑成之后竟自动悬浮空中达七天之久，因此有"空住佛"之说。听完这个故事再去瞻仰它的尊容，更让人心生敬畏。

据前来楚布寺佛学院进修的僧人达娃扎西介绍，拍摄楚布寺全景的最佳位置是河对面的展佛台。楚布寺有一种独具国内其他地区器乐艺术特点的合奏乐——甲瑞居楚乐（汉地十六乐），它不同于西藏佛教寺院其他的器乐形式，主要在楚布寺举行隆重盛大的庆典活动时使用。它体现了在特定的历史条件下西藏噶玛噶举教派与明、清朝廷之间在宗教、政治和文化艺术方面的交融。

楚布寺前方广场的正中央有一方著名的石碑——"江浦建寺碑"，此碑立于公元 9 世纪赤祖德赞时期，由大臣尚·蔡邦达桑聂多为建造江浦神殿所立，碑文中说："乃于堆龙之江浦建神殿，立三宝之所依处。"后来江浦神殿毁于朗达玛灭佛事件，但是这座石碑却被保存了下来。1189 年（有史料认为是 1187 年），第一世噶玛巴都松钦巴在原江浦神殿的废墟上建成楚布寺，并把"江浦建寺碑"移至楚布寺内，这一珍贵的历史文物成为楚布寺建寺悠久的历史见证。

那嘎村的藏戏队也非常有名。创立于 1700 年左右的那嘎村藏戏队距今已经有 300 多年的历史，以前专属于楚布寺，现在已经成为拉萨地区唯一传承迥巴风格的具有独特魅力的传统藏戏队伍。在藏历新年、雪顿节、望果节、县"三下乡"活动等重要节日活动期间，藏戏队都要前往各地演出八大传统藏戏剧目，其中《文成公主》《顿月顿珠》《智美更登》等剧目尤其得到观众的喜爱，藏戏队也屡获殊荣。

立足于丰富的自然资源和人文资源，以及独特的地理特点，近年来，楚布沟也在不断积极创新，设计了许多新颖的乡村旅游项目，给游客耳目一新的感觉。

2019 年 5 月 10 日，对于许多自行车爱好者来说，是一个见证"骑"迹的时刻。由拉萨市体育局、堆龙德庆区政府主办，堆龙德庆区旅游局、堆龙德庆区吉雄谷旅游文化发展有限公司、西藏鲁德康藏体育文化发展有限公司承办的第四届堆龙德庆区楚布沟自行车越野竞速赛如期举行。来自全国各地

的骑行爱好者在这里上演了一场高原自行车版的"速度与激情"。

随着号令声响起，参赛者们便如同离弦之箭一般，飞驰在赛道上，静谧的山谷立刻充满了活力。由于整个赛道的海拔比较高，这对于参赛者来说是个不小的挑战。当然最引人注目的，是高颜值的赛道——逶迤的山峦、整齐的村落民居、成群的牛羊、淙淙的溪流……在这样的美景中骑行，也让参赛者们有了更多不同以往的骑行体验。

借势全民骑行的热潮，并通过与楚布沟内名胜古迹、生态自然资源等优势的融合，楚布沟山地自行车赛已经逐步发展成为区内外知名的自行车赛事之一。据堆龙德庆区旅游局局长朗珍曲尼介绍，本届楚布沟山地自行车竞速赛是首次携手拉萨市首届运动会暨民族传统体育运动会，希望体育和旅游能够在堆龙碰撞出不一样的火花。"与往届相比，本届竞速赛呈现出选手阵容强大，群众参与性高、参展旅游产品多等特点。根据国内专业赛事网站对自行车赛事的评级，今年楚布沟自行车赛已升级为 B 级赛事。"

乡村旅游除了可以与农业产业相结合，还可以积极引入新业态，与康养、体育、教育等产业融合发展，从而使传统的旅游资源焕发出新的生机和活力。

拉萨市堆龙德庆区旅游局通过"体育＋旅游"的模式，倡导健康、环保、积极的生活理念，以楚布沟山地自行车竞速赛为核心，通过与乡村游、民俗游、藏医养生体验游、精品民宿、特色餐饮、净土产业、休闲购物等多种旅游形式和业态融合，不断延伸、拓展和整合旅游产业链条，提升游客的旅游体验，也让越来越多的当地农牧民吃上"旅游饭"，共享旅游的发展成果。

在此次楚布沟山地自行车竞速赛的起点，有一排整整齐齐的藏家小楼，这就是著名的"德吉藏家"精品民宿。"德吉藏家"精品民宿集民宿体验、特色餐饮、观光游览和休闲购物等于一体，将运营收入的40%直接返还给提供房间的搬迁户，帮助村民真正实现"居家就业、原地脱贫"。

为了让更多的游客体验"药王故里""藏戏之乡""生态堆龙"的独特魅力，堆龙德庆区旅游局还借助于楚布沟山地自行车竞速赛的热度，在比赛现场推出了"一元游堆龙"的活动，深受游客欢迎。来自昆明市的韩女士是该活动的首批体验者，她对这样的活动赞不绝口。"上午在这里看完开幕式的歌舞表演，我们就坐车去了楚布沟，溪水潺潺，大地返青，牛羊悠闲觅食，天上云朵飘飘，这种感觉特别好。"

据堆龙德庆区旅游局局长朗珍曲尼介绍，未来堆龙德庆还将推出更多的线路，将这里的精品旅游资源串联起来，让游客领略堆龙的古象雄文化、藏医药文化、藏戏传统文化，体验堆龙的乡村采摘、民俗风情。通过旅游与其他产业的共同发展，稳步推进全域旅游的发展战略，切实实现美丽生态与繁荣经济共赢、旅游增收与群众致富共进。

●"三园""五沟"：生态城关，藏式田园风光 ●

"哇，好甜啊！""红色的桃子、绿色的叶子看起来真漂亮！"

伴随着一声声的赞美，一树树绿油油的油桃叶子迎着阳光随风摆动。红色的油桃挂在枝头，如同姑娘的脸庞，远处是秀丽的山景。这幅美好的画面出现在拉萨市城关区蔡公堂乡白定村支沟油桃推广基地举办的首届油桃采摘节上。

经过一夜小雨的洗礼，基地的面貌焕然一新，地边散发出淡淡的青草香，来自各地的群众和游客共 700 多人参加了此次采摘活动。据技术员尼玛次仁介绍，由于基地使用无公害、无污染的有机肥作为肥料，不使用任何农药，加上这里属于高原温带季风气候，比较适合油桃的种植，所以这里的桃子才会如此香甜。

为了更好地发展城关区的旅游业，城关区还在这里举办了支沟桃花节，以赏桃花为主题，吸引全国各地的游客走进白定村欣赏桃花，将这里打造成为一个全新的旅游景点，成为拉萨市的一处新"桃花沟"。

近年来，城关区委、政府全面贯彻落实拉萨市委、市政府关于净土健康产业发展的重大决策部署，利用地处核心城区的地域优势，依托净土农业强力推进以种植业为中心的产业发展。前文所描绘的美好图景，即是净土健康产业项目与乡村旅游结出的硕果。

农业与乡村旅游有着天然的亲属关系。从 2014 年开始，拉萨市城关区总投资 3.1 亿元打造"三园""五沟"，实现"生态城关"的目标。到 2015 年，蔡公堂乡支沟油桃推广、夺底乡葡萄种植、娘热乡桃树及梨树推广项目已经全部种植并补栽完成，进入管护阶段。并以蔡公堂乡支沟、协沟，娘热乡、夺底乡"一日游"资源为核心，重点打造桃花沟、葡萄沟，不断丰富一日游的内涵。

如今，在蔡公堂乡白定村的支沟油桃示范区，种植面积达 1064 亩共计有 19 万多株油桃树，包含中油四号、雪桃、中华桃王、白粉桃、沙红、金鱼等来自不同省份的油桃品种，开花结果，成为白定村一道亮丽的风景。

位于拉萨市城关区夺底乡洛欧村的洛欧休闲观光生态风情园，是"三园"之一，也是一个很有特色的乡村旅游景区。沿着拉萨市夺底路一路向北，便能来到这个山脚下的村落——洛欧村。

洛欧村内有大片的农田、错落有致的藏式农舍、郁郁葱葱的林卡、纵横交错的小溪、古老的传说，具有迷人的田园风光。这里曾经是一个庄园，鼎盛时期拥有 100 多亩青稞地，80 多户农奴，建于 19 世纪中叶，距今已经有 160 多年的历史。

近几年，拥有悠久历史的洛欧庄园在修葺一新之后再次容光焕发，被开发成为洛欧休闲观光生态风情园，成为一个新的集休闲、观光、娱乐、餐饮、度假为一体的旅游胜地，每年可以接待游客上万人。游客可以在这里观赏美丽的自然生态风光,领略当地的风土人情,获得深度的乡村旅游体验。

湖南省长沙市的王先生一家来拉萨市旅游,住进了夺底乡洛欧村的土旦旦增家,吃了藏家饭,喝了青稞酒,听了藏族歌曲,看了藏族舞蹈。王先生非常满意地说:"了解当地风土人情的旅行才可称得上是不虚此行,这次我们没来错,以后有机会还会再来。"

洛欧休闲观光生态风情园的运营,为游客提供了一个深度体验西藏风情的机会,更好地保护了当地的历史文化及生态环境,使当地群众吃上了"旅游饭",走向了共同致富之路。

休闲农业与乡村旅游的"合力效应"在城关区得到了充分的体现。依托于净土健康产业项目的建设和发展,城关区净土农业发展有限公司将进一步推行桃花观赏、油桃采摘等活动,让区内外的游客和群众在"三园""五沟"等城关辖区内享受到绿色、健康、原生态的田园生活。

第二章
创意农业，藏家生活——农业体验之旅

农村深度体验游正成为拉萨市乡村旅游的新热点。在城关区夺底乡维巴村的"拉萨人家"，游客不仅可以品尝地道的藏餐，入住清幽舒适的藏家小院，和当地的藏族人一同生活，还能从各个侧面了解西藏的民俗文化和风土人情。过林卡、瞻仰佛像、苹果采摘、木雕工艺体验……各具特色的民宿体验，让游客从各个侧面真实体验西藏农家生活。曲水县曲水镇哈日萨村的"曲水草莓基地"，在拉萨市民和各地游客中颇具人气。每年冬季的采摘期，前来采摘的车辆总是排起长队。基地以草莓种植为核心，通过不断试种新品种，让现代农业在曲水县进一步发展起来。尼木县卡如乡卡如村，有18棵千年核桃树，据说是文成公主当年种下的，距今已有1300多年的历史。以追溯当年唐蕃联姻历史记忆、缅怀藏汉民族团结情谊为主题，尼木县通过"核乡寻忆"精准扶贫可持续发展项目，打造了以千年核桃树、万株瑞蟠桃、游客接待中心、非遗展示中心等为特色的卡如沟域休闲区，让"山高路远人稀"的古村迎来了发展的春天，成为一颗璀璨闪亮的旅游新星。

● 维巴村"拉萨人家"：零距离体验藏家生活 ●

"扎西德勒！"

随着一声热情的藏语问候，身穿藏装的德吉热情地把三位客人请进屋，向他们敬献了哈达。随后，为客人们满上了青稞酒，说道："这是我们自家酿制的青稞酒，香浓可口、健康美味。"

德吉的阿妈从里屋出来，为客人们送上了具有藏族特色的小吃：风干牛肉、奶渣……客人们被藏式小吃征服了，连连点头称赞。

随后，德吉带着他们参观了自家的客厅。藏式特色的客厅，以及清幽而舒适的藏家小院，深深地吸引着客人，使他们觉得很有收获。

这是拉萨十分著名的民宿品牌——"拉萨人家"民宿的一个日常的情景。

20岁出头的德吉是拉萨市城关区夺底乡维巴村三村村民，也是"拉萨人家"民宿的主人。在拉萨市旅游局驻维巴村工作队的帮助下，德吉自2014年开始加入拉萨市旅游局重点打造的西藏民宿品牌——"拉萨人家"项目。加入项目之后，德吉和其他一同加入项目的村民接受了拉萨市旅游局组织的礼仪和经营等方面的专业培训，开始进入民宿的行业，后来逐渐积累经验，越做越好。

客源越来越多之后，德吉每年的收入达到了6万多元，她开始考虑改善住宿条件，扩大厨房面积，并且把旱厕改造成干净卫生的冲水厕所。除了住宿条件方面的改善，德吉还结合自家的"资源"，为客户提供"增值"服务。德吉跟父母商量把家后面的一大片空地建成温室蔬菜大棚，让客人体验采摘的乐趣。

据拉萨市旅游局驻维巴村工作队索朗德吉介绍，"拉萨人家"项目自2014年在夺底乡落地，已经有6家"拉萨人家"业务日渐成熟，越来越受到国内外游客的欢迎。"在不同的季节，游客们都可以体验到不同的藏家生活，通过吃糌粑、喝酥油茶、跳锅庄、过藏族传统节日等丰富多样的内容，体验到最原汁原味的藏家生活，了解藏族的风土人情，使藏文化真正'走了出去'。"谈起"拉萨人家"的重要意义，索朗德吉信心满怀。

在夺底乡，像德吉家这样的特色民宿还有很多，他们既有共同之处，又各有特色，给远道而来的游客们带来了家一样的感受。利用维巴村依山傍水、绿树成荫的天然优势，村民格桑旺堆自筹资金修建了"格桑林卡"，可容纳150人过林卡，年收入在8万元左右。村民平措卓嘎修建了占地面积560平方米的吉雪康桑家庭旅馆，据河而建，地势高耸，周边没有其他建筑，是远眺拉萨市全景的理想之地。吉雪康桑家庭旅馆免费提供藏式骰子等娱乐设施，还可以租用烧烤架，是市民及游客体验西藏民俗、过林卡的理想选择。

"罗本曲阔拉萨人家"民宿的主人是一个叫格桑罗布的藏族人，这户家庭有一尊天然莲花生石像，由整块巨石组成，高约2米。石像头戴红色法帽，身披大氅，手拿金刚杵，法相威严。主人格桑罗布的先辈就以此巨石为墙，建造了房屋。格桑罗布的家族世代以生产糌粑为业，水磨生意延续百年之久，所以其家族又名"罗本曲阔"（意思是大师水磨）。随着年代的积累，家里的天然莲花生石像的名气也越来越大，吸引了众多的信徒和游客。

维巴村曲色组的"斯东仓拉萨人家"是村民洛桑建成的以苹果采摘为特色的民俗体验园。这里的苹果采摘园占地面积为600平方米，每年苹果的产量达到1500斤。据洛桑介绍，这里所有的苹果均为向光种植，不仅采光好、日照足，而且全部都使用农家肥种植，是真正无污染、无公害的绿色食品。每年10月中旬为采摘期，到那时游客还可以自行选择露营，这里还会提供特色的藏餐服务，让游客真实地体验藏族的农家生活。

"康卓仓拉萨人家"的特色在于匠艺传承。负责人多布杰从2005年开始从事木雕工作，曾经多次设计过西藏藏历年晚会的舞台装饰和道具，其中包括《文成公主》大型山水实景剧中承载12岁释迦牟尼像的木车等。2015年，由多布杰设计雕刻的藏式装饰门还获得了拉萨旅游"巧手"设计大赛的优秀奖。

如今，多布杰和伙伴在家里开了作坊，共同经营着制作藏式门、藏式窗、酥油桶、仿古藏香等生意。在这里游客可以近距离接触到藏族手工艺的制作，感受其中的魅力。爱好木雕的游客李先生在参观过之后激动地说："能这样近距离地参观藏式木雕的制作，内心特别兴奋，这里有太多值得欣赏和传承的东西了。"

除了这些各有特色的"拉萨人家"，还有一个"人气"超高的"拉萨人家"是"春节期间的拉萨人家"。每年春节都是西藏旅游的第二个"旺季"，有许多游客在"拉萨人家"度过了一个非常难忘的藏历新年。

2017年春节期间，在"拉萨人家"过完春节的游客张先生介绍："今年春节带着一大家子来拉萨过年，原本只是想过来看一看这边的景色，没想到能在维巴村过一个难以忘怀的春节，体验藏家习俗，穿藏装、喝酥油茶、跳锅庄这些都是我和家人第一尝试，没想到这么有趣，今年的春节过得特别难忘，不得不说'拉萨人家'主人热情周到的服务让我特别感动，期待来年再相聚。"

"过年过节的时候来家里做客的游客特别多，吃藏餐，喝甜茶、酥油茶，农活时节，游客还跟着我们去田间种青稞，体验纯正藏族农民的家庭生活，也给我们带来了不错的收入。"谈到春节期间的"拉萨人家",一名经营者这样说道。

在春节期间,拉萨市旅游局驻村工作队也会积极协助当地"拉萨人家"等精品民宿做好接待服务工作,当导游、接待员、解说员,调节节日气氛,与游客在维巴村开开心心地度过一个欢乐祥和的春节。"拉萨人家"吸引了来自四面八方的客人,其中不乏国际友人。

2017年8月,正值拉萨一年中最美的时节,维巴村"斯东仓拉萨人家"迎来了4名来自德国的客人。拉萨市旅游局驻维巴村工作队和"斯东仓"的主人按照习俗早早准备好哈达和青稞酒站在门口迎接远方的客人。德国游客参观完藏式民居后,稍事休息,一边品尝着主人准备的各类藏式茶点,一边和主人及工作队队员了解拉萨农牧民的日常生活和维巴村乡村的发展情况。

随后,德国游客在苹果园里品尝了主人精心烹饪的藏式佳肴。大家坐在苹果树下,一边聊天,一边享受着极具藏族特色的菜肴,其乐融融。整个过程中,德国游客非常满意,频频竖起大拇指表示赞赏。

临别时,德国客人请导游转告主人,他们对今天的体验活动感到很满意,吃到了地道的藏式美食,感受到了拉萨人家的热情好客,同时也感受到了拉萨人民的幸福生活。这将是他们在西藏旅游的一次难忘经历,回德国后他们也将向亲朋好友更多地宣传拉萨的新变化。

对于游客来说,以"拉萨人家""好客藏家"等为代表的精品民宿,把住宿和消费变成了旅游的一部分,既让他们体会到了与酒店宾馆不同的住宿体验,感受到了家的温情;也让他们体会到了与普通旅游相比更加深入的旅游体验,与藏族同胞围坐在一起吃藏餐、唱藏歌、跳锅庄、过新年……让他们当了一回地地道道的"藏族人"。

"我想走进真实的西藏。"来自河南省的游客郑女士来西藏旅游时选择了在夺底乡"好客藏家"土旦旦增家住宿。本来就住在都市的她,来到西藏后不想入住星级酒店,而是想进一步感受西藏当地的民风民俗。和郑女士一起进藏的李先生也这样认为,"放下旅行的疲惫,在'好客藏家'闲适地住上几天,感受下藏家的生活,是很不错的体验。"

当地民宿最大的优点是真实自然,用游客钱女士的话说"这是一个体验

藏族民俗风情的好去处，特别贴近生活"。"拉萨人家"原汁原味的室内摆设，加上独具特色的餐饮食品，向游客呈现出真实的农家庭院生活，正是因为如此，才能够给游客以回家的感受。

近十年以来，拉萨市着力打造拉萨民宿的精品品牌，对村民进行旅游服务技能等方面的培训，为村民提供各种指导和帮助，加上当地群众自身热情好客的感染力，使得"拉萨人家"民宿品牌逐渐深入人心，成为越来越多游客体验藏家生活的理想选择。

2011年，夺底乡的维巴村争取了100万元修建游客服务中心；2012年，完成编制《夺底乡维巴村乡村旅游规划》；投资130万元修建了旅游休闲观光园，并积极争取314万元资金用于整治村容村貌，进一步优化旅游接待环境；投入50万元用于改善10家"好客藏家"精品民宿的接待环境；2015年，投入13万元改善3家"拉萨人家"精品民宿的接待设施条件；2015年年底，成立拉萨市第一家擦擦文化展览馆……截至2017年，全村已经建有包括北坳登山博物馆、贡德泥塑展览馆、康卓仓拉萨人家、罗本曲阔拉萨人家、斯东仓拉萨人家等15个乡村旅游点，在更好服务游客的同时，也有力地推动了乡村的发展，促进了藏文化的交流传播，切实提升了当地农牧民的收入。

今后，以"拉萨人家"为代表的精品民宿会继续得到拉萨市旅游局的大力支持，通过打造"拉萨人家"精品民宿品牌，让更多游客"零距离"体验西藏文化的魅力。通过打造特色乡村接待、特色乡村餐饮、特色乡村娱乐，完善乡村旅游的基本要素，实现乡村旅游的系统化、规模化发展。

● 哈日萨村：曲水草莓基地，捡拾采摘乐趣 ●

观光采摘是许多"驴友"在乡村旅游中的重要期待之一。美丽的观光园里不仅风景如画，而且可以通过自己的劳动获得甜美的果实，这对于久居喧闹都市的人们来说，无疑充满乐趣和期待。

作为高原净土之地，拉萨具有得天独厚的自然和生态条件，使得这里的观光采摘更具有超强的人气和吸引力，曲水县曲水镇哈日萨村的"曲水草莓基地"更是其中的佼佼者。

从拉萨市区出发，经堆龙德庆区沿国道318线向曲水方向行驶约40公里，即可看到路边有一块写着"曲水草莓基地"几个大字的广告牌，这就是曲水草莓基地的所在了。

"曲水草莓"在拉萨市民和各地游客的心目中人气颇高。"我在拉萨工作已经有六年了，我特别喜欢拉萨的冬天，因为到了这个季节就可以吃到新鲜的草莓了。"2016年12月的一个周末，市民夏女士在拉萨市曲水县曲水镇哈日萨村的曲水草莓基地采摘草莓。上周她刚和朋友来采摘过草莓，但是觉得不尽兴，于是又相约一起来摘草莓。夏女士是众多热爱拉萨观光采摘的市民和游客的一个缩影。

西藏的阳光充足，日照时间较长，拥有干净的水源和清新的空气，良好的自然生长环境保证了草莓的营养和健康；同时，在种植的过程中也不喷洒任何农药，是纯正的绿色产品。从采摘园里采摘的水果在水里稍微清洗就能吃，而且十分鲜美可口。

走进曲水县曲水镇哈日萨村"曲水草莓基地"的田地，可以看到一排排整齐排列的塑料大棚。大棚内一颗颗红艳艳的草莓躺在绿叶丛中，长势正旺。每年冬季的时候，这里的20个大棚中的草莓都进入了采摘期，其中"红颜"和"章姬"两种草莓因为口味香甜而深受市民和游客的喜爱。每到草莓采摘时节这里的人气总是很旺，特别是周末的时候，前来摘草莓的车辆经常排起长队。

在热衷采摘的人群当中，也有一些退休的老年人，他们会错开周末的高峰期，选择一个清静的时候精挑细选，除了可以吃到亲手采摘的草莓，也可以顺便出来活动一下筋骨。

鲜美可口又风味各异的草莓是曲水草莓基地吸引人气的"法宝"。据草莓基地的负责人介绍，这里从2015年培育了红颜和法兰蒂两个新品种草莓，法兰蒂草莓带有酸甜味道，而红颜草莓的味道比较香甜浓郁，更加受欢迎，所以在2016年继续种植了红颜草莓，并且培育了新品种——章姬草莓（奶油草莓）。

各色的草莓生长在温暖的大棚里，长势良好，白里透红非常诱人，满地红彤彤的草莓充满了诱惑力。有的草莓秧上长出了十几颗草莓，有些草莓秧上正开着白色的小花，这些白色的小花将来也会长成一颗颗草莓。

曲水草莓基地的历史，可以追溯到2009年。那时，在曲水县委、县政府的大力支持下，天合高原瓜果基地的总经理俞国庆从浙江省杭州市来到曲水县，进行草莓种植试验。虽然他有多年的种植经验，但是同行们听说他要到西藏种草莓，都觉得不可思议："西藏能种草莓吗？"

但是俞国庆胸有成竹："我进藏23次，那曲、日喀则、山南都去了，最后选择了曲水，因为这里的土质和气候条件适合。"俞国庆说，草莓在国内其他地区一般从第一年秋季到第二年5月可以采摘，但是由于高原特殊的气候条件，曲水的草莓可以"种一茬，收一年"，实现全年生产，因此一年四季都可以采摘（理想的采摘时间是当年11月至次年7月）。这种种植方式是对草莓种植的一种突破。

后来的事实证明，在西藏种植草莓是成功的。曲水县的草莓除了可以供应拉萨市等地，还以"高缘果3680"的品牌空运到上海市，之所以叫3608，是因为这种草莓产自海拔3680米的高原。

曲水草莓基地最初按照"公司加农户"的方式运作，带动当地更多的村民种植草莓。由村民负责种植，基地负责草莓苗和技术服务，产品则以统一的品牌销售。

渐渐地，曲水草莓成了曲水县的名片，得到了政府的大力支持。作为西藏唯一一个农村改革试验区，曲水县已经将草莓种植列为重点支持的产业。

以草莓种植为核心，基地还不断试验新的种植品种，引进了更多的瓜果品类，曲水县的现代农业一步步发展起来。

除了草莓，基地还成功试种了菠萝。这里的菠萝和其他地区相比，由于身处高原，因此味道更甜，得到了客人的喜爱，打破了人们对于菠萝的刻板印象。"现在想起来还感觉在做梦，一直认为菠萝是热带的水果，没想到在冬天里的拉萨还能吃到新鲜菠萝，太梦幻了。"一位女士感慨地说道。

只有想不到，没有做不到，在哈日萨村的草莓基地，经常会有新鲜的品种出现，带给客人新的惊喜。基地从成立以来，分别试种过菠萝、无花果、玛卡、郁金香、油桃、樱桃、香椿、葡萄等品种，并取得了成功。基地还曾培育过一亩多的金丝黄贡菊、黄菊等，开花后可供观赏，自然晾晒、烘干后制成干菊花，可供泡茶饮用，具有一定的药用价值。

由于基地种植的都是无公害果蔬，因此倍受客人的青睐，一般西瓜刚出棚几天就会全部卖完。基地会根据市场的销售情况来灵活调整种植的品种和数量，如果某一品种更受欢迎就会在来年多种一些，以此来更好地满足游客的采摘需求。

除了哈日萨村草莓基地的20个大棚，拉萨市还有许多地方可以采摘草莓。比如，曲水县的茶巴朗村、南木乡的江村、城关区的蔡公堂乡、堆龙德庆区的羊达乡，都可以让游客充分体验采摘的乐趣。

●卡如村："核乡寻忆"，雅鲁藏布江峡谷静谧之美●

卡如村位于雅鲁藏布江峡谷，是一个有着千年历史的古村落。"卡如"的藏语意为"斗形地"，寓意这里的道路陡峭难行。

多年来，谈到卡如村，给人的第一印象就是"山高路远人稀"，犹如一位饱经风霜的老者。由于这里自然资源匮乏，土地宜种面积少，村民只能以种植青稞、春小麦、油菜、豌豆等主要作物谋生，过着自给自足的生活。虽然这里风景优美，但是经济发展却相对落后。

2017年6月开始，卡如乡正式启动了"核乡寻忆"精准扶贫可持续发展项目，大力发展沟域经济，将传统农业与文化旅游产业融合发展，打造以千年核桃树、万株瑞蟠桃、游客接待中心、非遗展示中心等在内的卡如沟域休闲区。在增强西藏地区原乡文化的保护、传承与发展的基础上，以文化旅游产业促进经济发展和长效脱贫，使卡如村迎来了发展的春天，乡村旅游事业更是蒸蒸日上。

走进卡如村，随处可见绿树成荫、小溪潺潺、鸟语花香，让人深深感受到千年古村的古朴静谧之美。

卡如村内的18棵千年核桃树枝干遒劲、根深叶茂，虽然历经岁月的风霜雨雪，依然蓊郁葳蕤，硕果累累，向来到这里的人们诉说着历史的故事。相传这些核桃树是文成公主当年亲手种下的，距今已经有1300多年的历史。

这些年逾千年的老核桃树，大多数直径都在两米以上，需要七八个人手拉手才能环抱。在树荫下，总能看到三五个人，或转经，或围坐在一起聊天。

树上结出的核桃，吃起来香甜可口。

村民们给这些古树起名为"拉伍达东"，它们看起来如同历经岁月的沧桑长者，让人油然而生崇敬之情。这也是"核乡寻忆"的主题所在，透过这些古树，我们仿佛可以看到当年唐蕃联姻的情景。

村子里有一个"老阿妈青稞酒坊"，80多岁的老阿妈德庆白珍是这间酒坊的酿酒师。沿着蜿蜒山道，循着阵阵浓烈的青稞酒香，就可以找到这间独具特色的酒坊。游客在这里可以体验古老的酿酒工艺，品尝刚酿出的青稞美酒和风干牛肉，真实感受藏家生活。

"家里的青稞酒用无污染的天然优质泉水酿造、久储，自然老熟，喝起来清爽、醇净、清香。过去酿的酒只是家人和亲友喝，现在酒坊成了旅游景点，游客可以观看酿酒，也可以品尝和购买。"老阿妈德庆白珍说道，并笑言"旅游饭"吃得好、吃得饱。

同样80多岁的次仁央吉，也效仿德庆白珍吃起了"旅游饭"。在村党支部的帮助下，她翻修了房屋，建起了"康布美朵庭院"，承接周边村民的婚庆活动或者村民的娱乐聚会，收入颇丰。很多村民慕名前来上门取经，她也总乐此不疲地"传道授业"。

除了可以品美酒、吃美食、看美景，景区还打造了非遗展示中心，游客在这里可以欣赏藏戏面具、藏香、氆氇、酥油茶等传统文化和手工技艺。

在卡如村特色民俗文化展示体验中心，游客可以看到藏香、藏纸、普松雕刻等尼木县的特色产品，并能体验它们的制作过程。有村民在大厅内演示氆氇的制作过程，"哐、哐"的机杼声让游客感到饶有趣味。现场还有非遗传承人在展示藏香、藏纸的制作工艺，有兴趣的游客可以现场体验。通过这样的观察和体验，游客可以大致了解藏香和藏纸的制作流程，更加深入全面地了解藏族的传统文化。

"闻一闻，一手香气千年长"尼木藏香作为西藏自治区尼木县的特产，是中国国家地理标志产品，其制作技艺已列入中国第二批国家级非物质文化遗产项目。在尼木县的卡如村，几乎家家户户都有制作藏香的手艺。随处可以闻到恬静的草木香，看见恬静的制香人，藏香已经成为他们生活中的一部分。在卡如村，游客可以领略到地道的尼木藏香的制作工艺和流程。

为了给游客提供更好的旅游体验，卡如村兴建了一座现代化的游客接待中心。在游客接待中心的背后，是一座座传统与现代交织的藏式小院。游客不仅可以在这里欣赏美丽的景观，还能深度体验当地的藏家民俗。总体来看，一个融合传统与现代精神的卡如景区已经初具规模。

据尼木和美乡村民俗文化旅游有限公司运营总监次仁欧珠介绍，卡如村还要通过土地流转等方式，在这里种上青稞、油菜花、雪菊等，打造梯田式的田园风光，让卡如村的风景更加美丽迷人。

卡如村的另外一个响亮的名片，是"318国道旁的世外桃源"。在卡如村的种植园内，占地115亩的桃树茁壮成长，形成了一片美丽的桃林。

这是卡如村实施"一村一主导"发展战略结出的硕果。林果产业是卡如沟的发展重点，而卡如村的桃树林是林果产业发展的代表作之一。依托北京援藏的优势，村子从2017年4月开始引入种植美玉、早玉、瑞蟠等桃树苗，成活率达到80%以上，2018年已经有部分挂果，形成了一定的产量，依托于拉萨市净土环境的净土健康产业，已经为卡如村的发展带来了新的机遇。

此外，在北京援藏6000万元资金的支持下，卡如村还对房子和道路进行了改造。村里有了城里才有的水厕，硬件设施有了很大的改善，古老的村落焕发出新的活力。

由于卡如村因地制宜发展文旅产业，带动村民增收致富的成绩显著，近年来获誉不断。2018年10月，卡如村获得了"中国美丽休闲乡村"的称号，更是令村民信心满满。"卡如村获得'中国美丽休闲乡村'称号，这是对卡如村因地制宜发展文旅产业，带动村民增收致富的激励。下一步，卡如村将持续深化'公司＋农户'的旅游模式，让更多村民能在景区里就业。"卡如村党支部书记扎西说道。

从全域旅游的角度来看，卡如村也将积极融入尼木县全域旅游发展的大格局中去，与尼木和美乡村民俗文化旅游有限公司携手，以吞巴原乡文化体验区为核心，共同打造卡如沟域休闲区、藏香产业园区、续迈温泉度假区、琼穆岗嘎朝神探险区，促进尼木县全域旅游的发展，带动当地农牧民就业，落实精准扶贫。

尼木县委常务副书记赵金祥说："在卡如沟域经济规划上，我们将千年核桃园、百年桃树村融入，逐步打造尼木旅游环线，真正实现改革发展成果人民群众共享，让更多的生活困难群众在尼木县全域旅游发展的生动实践中致富受益，与全国一道同步迈向小康社会。"

美丽的卡如村，正在以古老而又年轻的面貌出现在我们面前，如同雅鲁藏布江峡谷中冉冉升起的一颗耀眼的明星，欢迎着世界各地的游客前往一睹她的芳容。

第三章
雪域净土，滋润身心——净土健康之旅

拉萨市"净土健康"之旅，通过特色农业与乡村旅游的完美结合，为广大市民和游客带来了色香味俱全的旅游体验。尼木县尼木村打造的高原净土品牌"尼木雪菊"，成为来到这里的市民和游客的首选饮品。每到秋风送爽时节，千亩雪菊就在蓝天白云下竞相开放，如同秋日的仙境。城关区蔡公堂乡白定村建成了目前世界上海拔最高、全国生产工艺流程最环保的现代化植物工厂——智昭产业园。游客在这里可以充分体验采摘蔬菜瓜果的乐趣，享受"采菊东篱下，悠然见南山"的闲适和安逸。堆龙德庆区宇妥沟立足藏医学"药王"宇妥宁玛·云丹贡布故里的优势，连续多年举办了"宇妥沟藏医药养生"深度体验游，成为各地游客了解西藏医药文化、休养身心的一扇窗口。拉萨市曲水县"秀色才纳"净土健康产业园，建成了集花卉观赏、农业科技示范、藏中药材种植、

有机农产品采摘等为一体的休闲旅游体验观光带，到才纳乡赏花、购花，体验采摘乐趣、购买特色净土产品，已经成为拉萨市乡村旅游的热点项目。

● 尼木村：千亩雪菊竞相开放 ●

尼木县尼木村老支书米玛热旦为客人倒上一杯泛着金黄的茶水，还没喝下口，一股清香就随着水汽氤氲开来。

"好香啊！这水里泡了什么？"客人忍不住问道。米玛热旦的脸上乐开了花，他边笑边用手指向院子。只见院子里一排排的晾晒架上，开满了带着褐色花蕊的金色花朵。朵朵金花在阳光的亲吻下散发着清香，"你们喝的水里泡了尼木雪菊。"老支书乐呵呵地揭开了谜底。

老支书所说的尼木雪菊，正是尼木县大力发展现代有机农业、打造高原净土品牌所推出的特色产品，也是拉萨市乡村旅游的一处新景观、新亮点。

近年来，尼木县因地制宜，规模化种植雪菊，从新疆引进了品种，在吞巴乡、卡如乡、尼木乡等地移栽了5560多亩雪菊，可谓是家家户户都在种植。这有效推进了农业供给侧结构性改革，助力脱贫攻坚，也为这里营造了一处美不胜收的景观。

每到秋风送爽时节的尼木村，艳阳高照，千亩雪菊就在蓝天白云下竞相开放，远处山峦云雾缭绕，四周花香沁人心脾，如同秋日的仙境，成为节假日旅游的胜景之一。

雪菊是盛开在高海拔的一种耐高寒菊花，天然生长在海拔3200米以上的高寒地区，在我国主要分布在新疆和田的部分山区以及西藏尼木等高海拔地区。雪菊富含30多种人体必需的矿物元素，20多种氨基酸，数十种芳香族化合物，还含有丰富的有机酸、维生素、酶类、多糖等具有生物活性的对人体有益的天然成分。现代药理研究表明，雪菊中所含有的挥发油、总皂苷、氨基酸、黄酮类物质，具有抵抗病原体、增强毛细血管抵抗力等功效，其中，总黄酮含量达到12%，远远超过了其他各种菊类。黄酮是一种很强的抗氧化剂，可以有效清除人体内的氧自由基，从而阻止细胞的退化、衰老以及癌变的发生。

雪菊的品质由其生长地区的海拔决定，海拔越高，品质越佳。生长在海拔3000～3300米的雪菊是顶级的，不仅无污染，而且植物内微量元素的含量也最高。

尼木县地处西藏中南部、雅鲁藏布江中游北岸，地势平坦，平均海拔3800米以上，属高原温带半干旱季风气候区，四季分明，夏季雨水集中，辐射强，年日照时数2947.8小时。依托其高海拔和优越的净土自然环境，这里生长的尼木雪菊品质上乘，被誉为"菊中珍品"，是当地政府力推的产业之一。

尼木雪菊的品种引自新疆，同时生长在空气清新、水质纯净、日照充足的高原净土，与国内其他地区相比，这样的环境有助于农作物养分的积累，更有利于农作物的光合作用；病虫害较少，每年只种植一季，其他的时间休耕，更适宜于有机种植。生长区域内无任何化工及重污染工厂，全年空气质量优良，水土多年检测未出现过不达标的情况。这些优良的条件，为尼木雪菊的高品质提供了有力的保证。

尼木县引进雪菊种植之后，村民纷纷加入了种植的行列。村民格桑次仁家种了7亩雪菊，每年9月，他都会和家人一起采收雪菊。上午到田里采收，中午再把采收的雪菊进行晾晒。尼木县农牧局的工作人员，也会对村民的采收、加工流程等进行全程的指导。

每年雪菊开花的时候，也会牵动社会各界人士的关注。武警尼木县中队的同志会提前谋划，积极帮助群众抢收雪菊；尼木县委会组织全体在岗干部职工会到结对帮扶农户家的田间帮忙采摘雪菊、胎菊。

2017年，中央电视台大型纪录片《中国影像方志》在拉萨市尼木县开机，尼木雪菊开始走进社会大众的视野，和天山雪菊、昆仑雪菊一样，得到越来越多人的关注。

2018年2月，顺义区总工会结合自身实际，开展"京藏牵手铸梦尼木"的特色种植产品宣传推介活动，以及尼木县特色产品"雪菊""藜麦"的预定活动。活动采取预定的方式，为顺义区工会的会员免费提供10000份雪菊（罐装）和800份藜麦（袋装）。

2018年3月，北京临空经济核心区工会开展了免费预定尼木县特色产

品"雪菊"的活动，采取先预定后领取的方式，为核心区的会员免费提供雪菊 180 份。这些活动不仅让北京人民体验到了高原净土有机农业精品特产的魅力，也有力地支持了尼木雪菊种植产业，为援藏扶贫做出了积极的贡献。

从旅游的角度来看，尼木县除了雪菊，本身也拥有极为丰富的乡村旅游资源。尼木县的吞巴乡曾荣获"2013 年发现中国最美村镇"，2016 年，尼木县吞巴乡入围全国首批特色小城镇示范点。尼木县的藏纸、藏香和木雕独领风骚，被誉为"尼木三绝"。这里也是藏文的起源地、藏文创制者吞弥·桑布扎的故乡。

这是一个自然和人文资源都极为丰富的宝地，对于游客来说，可以和村民一起到田里采摘雪菊，体验一下农田采摘的乐趣，喝一杯自己亲自采摘的雪菊茶，一定会在人生的旅程中留下甜美的记忆。

● 白定村："吉祥台地"的生态之旅 ●

白定村是城关区最大的农业乡——蔡公堂乡下辖的一个行政村，在拉萨河的滋润下，这片土地水源充沛、土壤肥沃，耕地面积占总面积的四分之一，为主要的农业区之一。当地村民的收入主要依靠种植青稞、小麦、土豆等传统农作物。

据白定村80多岁的老人洛桑德吉回忆，这里原为药王山的一个庄园，即白定谿卡。"白定"，意为"吉祥台地"。当然，昔日的"吉祥"仅是对庄园主而言，广大农奴的生活是十分艰难的。

如今这里早已发生翻天覆地的变化，广大农奴翻身成为这片"吉祥台地"的主人。更重要的是在拉萨市委、市政府的领导下，在现代科技的帮助下，搭乘着净土健康产业发展的快车，这里建成了目前世界上海拔最高、全国生产工艺流程最环保、西南地区温室集成设备最先进、西藏地区规模最大的集设施农业一体化、奶产业全链条及初具规模的现代物流业三大主导产业为一体的现代化植物工厂——智昭产业园。

依托于当地迅速发展起来的净土健康产业，这些年来，白定村先后举办了智昭净土健康产业园采摘活动、2015年白定油桃采摘节、QQ农场等采摘活动，深受广大市民和游客的喜爱，取得了良好的生态效益、社会效益和经济效益。如今，人们在白定村不仅可以充分感到自然的风光之美，还能亲身体验采摘蔬菜瓜果的乐趣，享受那份"采菊东篱下，悠然见南山"的回归田园的闲适和安逸。

2016年6月25日，拉萨市城关区举办的首届"最美乡村、行走智昭"徒步大会在城关区蔡公堂乡白定村的智昭产业园拉开帷幕，有近2000人参加了此次活动。

在启动仪式上，拉萨市旅游局负责人宣布授予拉萨市城关区智昭产业园区"国家级3A旅游景区"的决定，从此，拉萨市又多了一处国家3A级景区。这里将致力于打造集游玩、美食、购物、娱乐为一体的综合性休闲娱乐区，将净土产业、生态化、健康生活和现代农业有效结合，成为西藏乡村旅游的"新样板"。白定村这个拉萨市城郊的一个名不见经传的小村庄，也因此一跃成为拉萨首屈一指的特色产业发展新地标，并通过与旅游业的完美融合，让当地农牧民群众也实实在在地享受到了生态产业所带来的源源不断的"红利"。

智昭产业园，由拉萨市城关区净土农业发展有限公司开工建设于2014年年底，主打奶产业、水产业、菜篮子工程等三大产业，通过不断发展壮

大，如今已经成为一个大型的产业集群。

2017年，由中粮集团整体统筹，蒙牛集团全程提供技术管理帮扶，北京援藏资金鼎力支持的西藏净土乳业有限公司在城关区智昭产业园区内正式成立，打通了"产供销一条龙的产业链"，直接带动了当地人就业脱贫，为广大群众提供了更加优质的乳制品。这里的原奶来自海拔3776米的嘎巴生态牧场——拉萨市城关区建设的第二座现代化高原牧场，也是全世界海拔最高的奶牛场，从源头上保证了奶制品的品质。

白定村也是体验农田采摘的"乐园"。走进智昭产业园内，可以看到"四月可赏花，八月可摘果"的千亩油桃园。连排的智能温室内，各类花果蔬菜苗壮成长，甚至可以看到"香蕉、菠萝、杧果、柚子"等生长于热带和亚热带的水果，是名副其实的"植物百宝箱，花草景观房"。游客在这里可以一饱眼福、口福，还能体验亲自动手采摘的乐趣。

在特色园艺产业化科技示范园中，各种温室大棚鳞次栉比，载满肥料的拖拉机在灿烂的阳光下穿梭忙碌，山坳不时飘来劳作的歌声……

温室大棚里，村民用手持的小型翻土机，认认真真地翻土；技术员在后面处理从泥土里翻出来的干枯蔬菜根，女人们一边唱着歌，一边将肥料均匀地撒在土地里，一幅美丽的农田耕作画面。

这里的草莓采摘也深受游客的欢迎，走进种植草莓的温室大棚里，红彤彤的草莓爬了一地。"这里的草莓可以卖到五十元一斤，节假日的时候特别受欢迎。"工作人员说道。

这里的果蔬种植都是基于园区自生的无公害的有机肥料，形成了天然的生态循环小系统。"位于东面的高标准奶牛养殖中心奶牛的粪便经过处理之后，变成无公害、养料充足的肥料，施肥后长出的果实又大又甜。"

由于经济作物的效益明显高于蔬菜，因此园区结合市场情况，引进了牛奶草莓、美人指葡萄、贵妃玫瑰葡萄等新品种，包括当下非常热销的多肉植物，为游客带来更丰富的采摘品种。同时，园区还发动当地群众积极参与，用心培养当地人才，为村民寻找生财之道。"这里不仅是风情园，更是空气清新、氧气充足的天然氧吧。我们计划用40个大棚种植葡萄、草莓和桃子，聘请了10多名技术人员指导开展生产。同时，我们也让当地群众积极参与其中，一边赚取劳务收入，一边学习种植技术，努力培养本土人才。"城关区净土农业发展有限公司副总经理强巴旦达如此说道。

无论是夏季还是藏历新年期间，来自各地的游客都可以在这里体验到丰富多彩的采摘乐趣，品尝到各种无公害的新鲜水果，体验有滋有味的"舌尖上的旅游"。

白定村因其优美的自然风光，成为市民和游客夏季休闲过林卡的不二之选。白定村东面的支沟，是远近闻名的林卡胜地，那里环境优美，风景宜人，每年入夏，都会有很多人开着汽车、带着帐篷到支沟去过林卡。近年来，城关区旅游局对这里进行了全盘的规划设计，将其着力打造为"桃花沟"。

支沟在2012年引进了樱桃和兰州油桃树的种植，获得了试种成功。随后支沟扩大了桃树的种植面积，将其打造为春天赏桃花、过桃花节，秋天摘果实、过丰收节的"桃花沟"，并在"桃花沟"的基础上划分为农业休闲体验区、传统农业度假区、垂钓区、牧业产品出售与体验区4个区域。

其中比较有特色的是农业休闲体验区，类似于现实版的QQ农场。市民和游客可以在这里种植自己喜欢的蔬菜，成熟之后再自己采摘。设计这个现实版的QQ农场是为了给家长和小朋友搭建一个沟通并加深情感的平台，家庭里的各个成员可以在这里一起动手种植蔬菜，共同享受劳动成果，加深亲子感情，对孩子的成长很有帮助。

由于现代大城市的生活节奏不断加快、环境恶化等问题，许多现代都市人都在四处寻找健康减压的方法，白定村支沟也针对这一现状不断创新乡村旅游的形式，为繁忙的都市人打造休闲娱乐、放松身心、亲近大自然的理想之地。

除了现实版QQ农场这种新颖的乡村旅游形式，还有糌粑水磨坊，当地农民会将自己种的青稞磨成糌粑，出售给游客；游客也可以与村民们一起磨糌粑，亲自体验制作糌粑的全过程，并把自己磨成的最新鲜的糌粑买回家。

乘着农牧业供给侧结构性改革的东风，白定村立足于高原现代农业和生态优势，不断开发出新的乡村旅游形式。随着不断创新和积累，这里也将成为拉萨市乡村旅游的一块醒目的"绿色地标"。

●宇妥沟：药王故里，"藏医药养生"深度体验游●

"请问您哪里不舒服？"在一个关于藏医药养生的特色乡村旅游活动的现场，来自西藏自治区藏医院的医生正细致地询问每一位体验者。

令人称奇的是，医生每次脉诊得出的结论往往与体验者自身的感受十分吻合。"太神奇了，医生轻轻搭脉便知道我有什么症状。"一位体验者心悦诚服地说道。每一位体验者在脉诊之后，都可以免费得到一份和自己对症的藏药。"将药研磨后用热牛奶服下。"医生一句叮嘱的话语，让清冷的天气也变得温暖起来。

2018年10月26日至27日，由堆龙德庆区委、区政府主办，堆龙德庆区旅游局、堆龙德庆区文广局承办，堆龙德庆区吉雄谷旅游文化发展有限公司协办的第三届堆龙德庆区"宇妥沟藏医药养生"深度体验游，在藏医学最杰出的代表人物"药王"宇妥宁玛·云丹贡布的故里——宇妥沟举行。

在这为期两天一夜的美好时光里，来自区内外的30多位体验者深度体验了脉诊、藏药浴、篝火晚会、寻访药王故居、认识了珍贵藏药材……度过了一段难忘的养生之旅。

10月26日上午，体验者们统一抵达堆龙德庆区德庆镇宇妥沟的邱桑村村委会，工作人员为体验者献上了哈达，当地的藏戏队则带来了热情的堆谐歌舞，深度体验游正式拉开帷幕。本次活动的主办方邀请到了西藏自治区藏医院的医生，为体验者及附近的村民提供脉诊服务，于是便出现了本节开头的对话场景。

在本次活动中，来自拉萨大昭寺的爱心人士、资深讲解员多布杰为活动赠送了价值5万多元的藏药，希望能够换来更多人的健康。"我小时候体弱多病，深知健康对一个人的重要性。因此，我在换位思考后决定选择赠送藏药，希望大家身体健康。"多布杰说。

26日下午，在工作人员的带领下，体验者们统一抵达堆龙吉纳众攀藏药材种植专业合作社养生堂，在这里体验神奇的特色藏药浴，与藏医药文化进行零距离的接触。

有的体验者是第一次体验藏药浴，"来西藏几年了，我还没泡过藏药浴呢，有点期待！"体验者衡红红开心地说道。经过一些准备之后，体验者们依次开始了自己的藏药浴体验。

据养生堂的负责人欧珠介绍，这里的药浴是用五味甘露藏药制成，由五种生长在宇妥沟里的珍贵藏药材与青稞混合发酵制成。每年8月底，制药者收集齐这五种珍贵的藏药材后，经由风干、碾压、发酵、蒸煮、过滤等多道工序，才能萃取出质地纯正的五味甘露藏药。

配好药之后，将其放入水池中。水池中的水是从邱桑温泉引下来的天然温泉水，在藏药的作用下，药浴的汤水呈现出色泽清亮的红褐色，并伴有淡淡的药香味。体验者们浸泡在池水中，身体发热、微微出汗，瞬间觉得浑身通畅、身心放松。

据了解，藏药浴是藏医"内病外治"的方法之一，将人体全身或者腿足部浸泡于藏药液中，在水热能和药物的药力作用下，打开人体的毛孔，疏通经络，让药物的有效成分通过皮肤毛孔渗入体内，达到治病的目的，效果相对较快。

"泡藏药浴太舒服了，我以后还要来！"体验者衡红红对自己初次藏药浴体验十分满意，在沐浴结束之后，已经开始打算下一次的藏药浴之旅。

晚上，工作人员燃起了篝火，热情的音乐响起，人们围住篝火跳起了欢快的锅庄。在满天星斗下，人们手拉着手，跳起了古老的舞步，不知不觉已经沉醉其中……

10月27日上午，体验者们来到了药王宇妥宁玛·云丹贡布的故居，瞻仰这位对藏医学做出伟大贡献的人物的遗迹，聆听他的动人故事。

宇妥宁玛·云丹贡布于公元708年诞生于西藏堆龙宇妥岗，祖辈世代为御医，曾祖父洛哲希宁是松赞干布的御医。他3岁学文，6岁随父亲学医，10岁成为吐蕃王子赤松德赞的御医。宇妥宁玛·云丹贡布在广泛搜集西藏各地民间医方的基础上，多次周游中原五台山和印度、尼泊尔等地，汲取国内外医药学的精华，写出了藏医药鸿篇巨制《四部医典》。宇妥沟至今仍然流传着许多药王宇妥宁玛·云丹贡布的动人传说。

宇妥村附近的一座山上至今还完整地保留着藏药王采集、炮制藏药材的遗迹，这里的村民至今仍然保持着上山采药的传统，村民们几乎都能辨认藏

药材。而当地的邱桑温泉和漫山遍野的藏药材，也为这个宁静的小村庄贴上了"藏医药圣地"的标签。

在乡间小道上行走几分钟，便来到一处古老的藏式房屋面前，这就是药王的故居。屋内供奉着一尊宇妥宁玛·云丹贡布的塑像，当地的百姓认为，供奉药王可以护佑村民们身体健康。屋里的每一个物件，仿佛都在诉说着这位药王的传奇故事。

结束对药王故居的探访之后，体验者们还依次游览了邱桑温泉、其美龙寺等当地的著名旅游景点，充分体验了西藏医药文化的博大精深，获得了身体和心灵上的双重养生。大家依依不舍地作别宇妥沟，第三届堆龙德庆区"宇妥沟藏医药养生"深度体验游至此完美落幕。

自从2016年举办首届"宇妥沟藏医药养生"深度体验游以来，截至2018年，堆龙德庆区已经连续举办了三次深度体验游，成为拉萨净土养生旅游的闪亮名片。

在2017年的"宇妥沟藏医药养生"深度体验游中，大家从堆龙德庆区德庆镇邱桑村的"杂纳孜姆"度假村出发，前往"吉纳众攀"养生度假村，随后参观了历史遗迹邱桑寺等，最后返回拉萨，收获了"两天一夜"的深度体验。

市民范女士说："我是去年才来西藏的，由于平时工作比较忙，放松的时间、空间比较少，同时我喜欢参加公益性活动、户外活动，很感谢当地提供这样的平台，让我有更多的机会去认识、了解西藏，感受大美西藏，通过这次活动，近距离地观赏民间藏戏、接触赛马活动，体验藏药浴，对藏医药有了一些了解，对于我来说这个雪顿节过得十分有意义！"

来自河南省农村的张女士在这次体验游中找到了儿时的记忆。小时候，她家里吃的水都是父母从自家的井里打出来的，但是随着时代的发展，老家的井已经消失了。在这次体验游中，张女士重新找回了从井里打水的记忆。"以前假期时都是在拉萨市区转悠，没想到拉萨的郊外也这么好玩。跟村里的阿佳轮换着从井里打水，看着井水哗哗从水管流出，虽然累但是很开心，仿佛重新回到了童年。"

除了这些独特的收获，她也和大家一同品尝了正宗的藏餐，观看了传统的歌舞表演，聆听了专家们对于藏医药发展的见解，欣赏并拍摄了传统的马术表演等等，获得了一次难忘的西藏医药文化之旅。

宇妥沟不仅是著名藏医药王宇妥宁玛·云丹贡布的出生地，同时也是松赞干布的大臣禄东赞、藏妃门萨赤江的出生地，是堆龙德庆区著名的人文历史景点。加上区内著名的温泉景点——邱桑温泉、邱桑寺、其美龙寺和顶嘎寺等等，具备了打造集人文、历史、宗教、康疗为一体的综合性旅游场所的资源和条件。

这些年，堆龙德庆区旅游局通过发挥"宇妥沟"景区的辐射作用，按照"旅游景区＋药浴养生＋特色温泉"的发展模式，大力发展以养生、康疗、休闲和观光为主的藏医药养生休闲观光景区；同时把"药王故里"和"藏戏之乡"的效应叠加起来，打造"药王故里·藏戏之乡"的核心品牌优势，进一步提高堆龙德庆区旅游的知名度，努力把堆龙德庆区建设成为拉萨市一个非常重要的旅游目的地。

● "秀色才纳"净土健康产业园：健康养生观光带 ●

2016年5月1日一大早，许多拉萨市民和游客从四面八方赶到了才纳乡风景区，在壮观的郁金香花海面前停留驻足，纷纷拿出手机、相机，争相在五颜六色的花海里"捕获"美好的瞬间。

这一天，西藏自治区首届郁金香文化节暨"秀色才纳"3A级景区净土健康产业园开园仪式在才纳乡举行。55亩的田地上，包含红、黄、白等8个品种的郁金香，共计约110万株同时盛开，蔚为壮观。

第一次观赏郁金香的游客刘先生激动地说："之前只在电视上看到过郁金香花，没想到来到西藏竟看到了真正的郁金香，而且这么大一片，颜色丰富，太神奇了。"

市民央吉女士一大早就驱车带着孩子们到才纳乡看郁金香，正好碰上了开园仪式，孩子们玩得很尽兴，这使她觉得这个"五一"小长假过得很不错，神清气爽。

和这片盛开的郁金香花海一起绽放的，是拉萨市曲水县"秀色才纳"净土健康产业园，今天也是它的开园仪式。才纳乡是全国唯一一个整乡推进的国家现代农业示范区，秀色才纳净土健康产业园区从2013年开始筹建，历时3年建成，2016年4月被评为国家3A级景区，这是西藏自治区首个以净土健康产业为主题的景区。

除了郁金香，秀色才纳净土健康产业园区在近2000亩的土地上还种植了花卉、有机水果、藏（中）药材等，游客在旅游观光的同时还可以享受到农田采摘的乐趣。截至2018年6月，园区内已经成功试种推广了玛咖、雪菊、玫瑰、葡萄、黄芪、党参、当归、木香等10多种经济作物，成为西藏全区第一个集中引进新产品试种推广的先行区。

秀色才纳净土健康产业园是展示藏药璀璨文化和藏医术博大精深的重要载体。自启动以来，才纳乡以现代农业科技园为平台，试种了薰衣草、马鞭草、天山雪菊及各类药材（如秦艽、木香、当归、党参）等并取得了很大成功，现在形成了以玛咖育苗为主，藏红花、藏边大黄等藏药共同发展的可喜格局。这不仅解决了周边群众的就业问题，也将中国藏药文化快速推向国际。

秀色才纳净土健康产业园中的"西藏农耕藏药材博物馆"，承载了农耕藏药文化上千年的历史。博物馆共分为西藏农耕文化展区、藏药材展区和西藏土特产展区三个展区。西藏农耕文明是天、地、人、物"四位一体"协调统一的农业文化，至今仍在西藏现代农业的实践中占有重要地位。藏药材种植既是西藏农耕文化的一部分，也是藏医学的有机组成部分。博物馆展示有黑青稞、二牛抬杠、牛皮筏以及各种传统农耕器具，从中可以了解西藏农耕文化的发展过程。同时，该博物馆收集了300多种藏药材，其中展示近200种。

博物馆有关负责人表示，该博物馆旨在更好地让人们了解西藏的农耕文化和以藏药材为载体的藏医学，同时让人们认识拉萨市"无污染、绿色、原生态"的农业产品。

成立后的秀色才纳净土健康产业园区带给游客的体验和服务十分丰富，而且不只局限于"五一"期间。曲水秀色才纳净土文化旅游有限公司董事长马中原表示，园区能给广大市民和游客提供服务的周期很长："五一"期间可以观赏郁金香，8月有菊花节，10月的国庆节则有"花王"唐菖蒲节。除了丰富的观花活动，园区还为游客提供了观光车、休息站、餐饮、藏族风情体验、纪念品购买等旅游服务。

如今，曲水县秀色才纳净土健康产业园紧扣当地特色，以生产、生活、生态"三生"融合为思路，逐步建成了集花卉观赏、农业科技示范、藏中药材种植、有机农产品采摘等为一体的休闲旅游体验观光带，打造综合性的旅游大本营，形成"大美西藏游，出发在才纳"的大产业格局。

2017年冬天，正是草木凋零的时节，才纳乡净土健康产业园B区的大棚内却生机盎然。这里的30多个大棚内的蓝莓全部成熟了，迎来了采摘的黄金期。一颗颗蓝莓十分诱人，摘一个放进嘴里，酸、甜、香的味道直逼味蕾。

据承包大棚种植蓝莓的章育敏介绍，这些蓝莓是他从老家浙江省引进的，在才纳乡大棚内试种了2年，终于开花结果了。蓝莓夏季采摘的时间为每年的6月至8月，冬季采摘的时间为11月至次年的1月。

蓝莓在西藏的首次试种是在2011年，当时西藏自治区农牧科学院蔬菜研究所与辽宁省农业科学院合作，首次引进蓝莓在拉萨市进行栽培试验，历时3年，终于在2014年试种成功。不仅试种获得成功，而且试种的蓝莓味道更佳。经过课题组检测分析，发现这次引种成功的蓝莓的多项含量指标均略高于国内其他地区的标准，在口感上更有风味。

"这里的蓝莓从来没有打过农药，除了可以直接食用，还可以打成蓝莓汁喝。"章育敏说。拉萨光照充足，因此这里种植的蓝莓品质上乘。

将特色农业与乡村旅游完美融合，拉萨市曲水县才纳乡走出了一条充满花果香气的富民之路，美化了当地的生态环境，提升了当地百姓的生活质量，为广大市民和游客提供了一个休闲度假的理想之地，也为拉萨全域旅游和新型城镇化建设做出了积极的贡献。

第四章
高原温泉，养生福地——温泉养生之旅

神奇的雪山温泉，是冬日西藏强劲的暖流。当雄县境内山谷盆地的羊八井温泉，有着全国"温泉圣地"的美誉。游客在这里不仅可以欣赏到高原地热的天然奇观，还可以获得"冰火两重天"的温泉体验，感受那种热到骨头里的地热能量。墨竹工卡县门巴乡德仲村一处山坳里的德仲温泉，被誉为"世界第一热泉"，因为与莲花生大师有着不解之缘，因此被誉为"西藏四大圣泉"之一，以"药理神水"为主要特色。墨竹工卡县日多乡境内的日多温泉，以得天独厚的水质条件、优越的地理环境和历史悠久的温泉文化被称为"圣泉"，当地围绕日多温泉，建设了日多温泉地质公园（温泉山庄），为游客提供别具一格的综合性游览、娱乐和休闲度假服务。西藏著名"药王"云旦贡布故里——堆龙德庆区德庆镇邱桑村的邱桑温泉，相传为宗喀巴大师当年疗足之地，对于皮肤病、盘骨挫伤、风湿、肾虚，以及一些妇科病具有显著疗效，现在已经发展成为集沐浴、朝圣、旅游、休闲为一体的综合型旅游度假区。

●羊八井温泉：世界屋脊上的天然奇观●

在很多人的印象当中，拉萨最佳的旅游时间是在春夏季节。这时天气温暖，景色宜人，能看到西藏最美的自然风光，体验过林卡的乐趣。而秋季为收获季节，能够品尝到新鲜美味的果蔬，欣赏金色的秋景，似乎也不错。

不过冬季的西藏依然"风景独好"，其中有一个令人向往的旅游项目就是——泡温泉，尤其是羊八井的温泉。就算是没有去过西藏的人，也可能听说过"羊八井"这个名字。

羊八井温泉位于拉萨当雄县境内的山谷盆地，海拔4300米，面积100

多平方千米。北临海拔 5000～6000 米的念青唐古拉山，四周雪峰林立。"羊八井"这三个字几乎是西藏温泉的代名词，对很多人来说，去羊八井不是为了看风景，而是为了体验一下高海拔地区的温泉浴，洗去全身的征尘和疲劳。

天空中飘着雪花，下面却是热气腾腾的温泉。雪花飘落在身上，带来冰冰凉凉的感觉，扎进水里去，全身立刻被温热的泉水包围。那些飞舞的雪花不等落入水中，就几乎被蒸腾的热气融化了。

这种"冰火两重天"的美妙感受，正是羊八井温泉的神奇魅力。身体浸泡在温泉水中，任地热的能量一直热到骨头里，远处则是白雪皑皑的山峰，能够令人十分真切地感受到那种"物我两忘""与自然合而为一"的境界，获得极致的身心享受。

羊八井温泉的能量来自地下奔涌的地火。"地壳运动造就了世界屋脊，同样也造就了最火爆的地热温泉。"大约在 100 万年以前，羊八井地区出现过一次大规模的地质构造活动，在羊八井地下形成了一个大的断裂层，地下的岩浆热量涌向地面，和地下丰富的水流结合成为高温热水，这就是羊八井温泉形成的原因。

每天清晨，羊八井温泉蒸腾的热气都环绕着白雪皑皑的群山，恍如仙境，构成了引人入胜的天然奇观。因此，这里也有全国"温泉圣地"的美誉。

羊八井自然水的温度高达50℃左右，温度过高的温泉水经过露天水池的冷却，会降低到人体适宜的温度。

游客可以选择室外温泉，也可以选择室内温泉。在室外泡温泉可以欣赏远处的雪山，体会那种漫天飞雪下泡温泉的感受，与大自然更亲密地接触。也可以选择室内温泉，全凭自己的喜好和情况自由选择。

泡温泉的时间可以根据自己的身体状况灵活调整，体质较好的，可以泡的时间长一些，体质较弱的，可以泡的时间短一些。由于高原地区氧气的消耗量相对比较大，因此在泡温泉的时候应该避免做太过剧烈的运动，以免上岸后体力不支。

羊八井地热资源丰富，遍布着各种各样的喷泉、温泉、热泉、沸泉、热水湖等。除了温泉，羊八井还有八大自然奇观，听来十分有趣，至于是否眼见为实，还要每位游客亲身实地去体验。

其一是"泉水蒸馒头"，据说一行人开车行至盆地东南的藏布曲河旁，司机说旅途所带的馒头不多了，在这里蒸上一笼再走，说罢开始动手制作。几十分钟后，一个个香喷喷的白馒头便出现在了众人面前。

其二是"熟鱼河"，藏布曲河的河水是由高山雪水汇成，流经羊八井时被河底的地热烧开，游鱼被煮熟后漂浮在水面上，成为沿途鸟兽的口中之餐。

其三是"煮面泉"，盆地西南路旁的一条小溪边，布满了繁星般的小泉，小溪从此处流入藏布曲河。泉眼"咕嘟咕嘟"地朝上冒着水泡儿，泉水温度在90℃以上，投入面条、鸡蛋等，即刻可以煮熟。

其四是"碱泉"，盆地的西南方有一口直径1.5米的大喷泉，喷出的都是碱溶液，因此叫作"碱泉"。

其五是"醋潭"，有碱必有酸，才能进行酸碱中和反应，"碱泉"不远处有一个直径1米、水深4米的酸性沸泉，泉水呈乳白色，温度在91℃以上，有山西老陈醋的口感，因此叫作"醋潭"。

其六是"热水湖"，位于盆地的东北面，相当于20多个篮球场那么大。湖心最高的温度达到57.7℃，景色十分壮观，传说这是每天傍晚，天上的彩娥宫女沐浴的地方。

其七是"大热炕"，这和泡温泉有异曲同工之妙。盆地北面的一道山梁下，有四条沟岔，地上尽是软绵绵的砂砾泥土。坐在上面，就像坐在渭北高原的农家热土炕上一样，浑身上下非常舒服，因此被称为"大热炕"。

其八是"硫黄沟"，在"大热炕"不远的地方，有一条黄色的沟，走进去一股股浓烈的气味便扑鼻而来，这里满山遍野都是黄澄澄的硫黄晶体，这就是"硫黄沟"。

沐浴过羊八井温泉，见识过这高原地热"八大奇观"，才算是满载而归，为羊八井的"温泉之旅"画上圆满的句号。

羊八井位于拉萨市和纳木错之间，因此有不少人选择先去看纳木错，欣赏过纳木错的黄昏景致之后，回程的时候再去羊八井泡温泉。因为泡过温泉之后，有可能会加重在纳木错的高原反应。也有很多人希望在泡上一个酣畅淋漓、荡涤灵魂的温泉澡之后，再睡一个没有失眠的好觉，用"满血复活"的状态投入生活和工作中去，这也是为什么一些人会选择归程时在羊八井泡温泉。

● 德仲温泉：药理神水，世界第一热泉 ●

德仲温泉位于拉萨市墨竹工卡县门巴乡德仲村的一处山坳里，它虽然没有羊八井温泉那样名声在外，却有一个响当当的头衔，那就是号称"世界第一热泉"，以"药理神水"为主要特色。

这里山清水秀、草木茂盛、空气清新，有清婉的百灵鸟时鸣山涧中，七彩的经幡追云逐日，身后则是沿山而建的德仲寺，旁边则是拉萨河的重要支流——雪绒藏布的二级支流普工沟。湿润的空气，使人即使身处海拔4500米的高度，也不会觉得干燥。"好湿润，感觉像是到了江南水乡，到处都是满满的水汽。"一位志愿者如此说道。德仲温泉区域秀美的景色中融合了一种信仰的庄严，是沐浴和朝圣的理想之所。

据当地人说，"德仲"在藏语里是"矿石奇宝箱"的意思，和德仲温泉的"药理"特点是比较吻合的。德仲温泉水中含有多种对人体有益的矿物质，水温一直保持在40℃左右，具有一定的理疗功效。

德仲温泉的泉水十分清澈，源头清澈到可以看出泉水是从哪里冒出来的。至今，德仲温泉一直保持着天然原始的状态，几乎是露天的。温泉池由石头垒成，有半米高的围墙，部分池子有简陋的顶棚。在蒸气袅袅之中，有一种野性之美。冬天到这里泡温泉，也可以欣赏对面的雪山，感受冰火相融的魅力。

德仲温泉是一个古老的温泉，具有1300多年的历史。关于它的形成有一个动人的传说，据说这里原本是一个死潭，莲花生大师路过此地，看到这里的风景很好，就停下来在这里的山上修行。可是风景虽好，只是苦于没有沐浴之地。有一天，莲花生大师来到潭边，把随身携带的"梅龙"（铜镜）抛到了死潭里，死潭一下子变成了温泉，成了流动的活水。"梅龙"的柄在山上留下了一个洞，温泉水就从洞口流进了普工沟。从此以后，德仲温泉就成了人们沐浴的好地方，其天然原始的风貌一直保留至今。莲花生大师作为藏传佛教的主要奠基者，在藏族人心中拥有崇高的地位，因为有莲花生大师的故事，德仲温泉也被誉为"西藏四大圣泉"之一。

德仲温泉的另外一个鲜明特色是人蛇共浴。德仲温泉是西藏有名的拥有千年温泉蛇的温泉，当水中及四周墙内气温较高的时候，会出现许多药蛇，据当地人说药蛇可以增加温泉水的治病功能。这些药蛇千年以来从未伤过一人，因此与蛇共浴也成了德仲温泉的一大特色。

此外，德仲温泉还有一个特色就是要求"裸泡"，不过这里区分了男池与女池，几个温泉由上而下，男池在上，女池在下，因此游客也不必过分担心。

德仲温泉有男池和女池，以及一个男女轮换使用的水温较高的温泉池。为了保护泉水，这三个温泉泡池里禁止使用任何洗涤剂，另设了一个专供洗浴的池子。一般人们先在清洗池里洗浴干净，在这里可以使用洗发膏、沐浴露、香皂等洗涤用品，等清洗干净之后，再到温泉泡池里享受天浴。

在一篇有关德仲温泉的文章中，作者对泡温泉的体验做了十分生动、细致的描写。

"我慢慢试探着下到池子里，立刻感觉一股熨帖的热流浸入骨髓。那个舒畅啊！小心地往里面走。入口处的水位比较浅，泉眼在最里面，那里的水深而且清澈，温度也高。我自忖还没有勇气承受那个热度，于是，继续站立在浅水中，一边感受热泉水浸透肌肤的舒适，一边欣赏水下面那些美丽的砾石。突然，脚掌心好似有多个小鱼嘴在亲吻，抬脚低头一看，就见刚才站立的石缝间冒起了一串小泡泡，一个接着一个，不停歇地往外冒着。啊！这就是地热温泉了。过会儿，又发现另一个地方开始冒泡泡。看来，这整个泉水池里到处都是泉眼，只是最里面那一处泉眼大一些而已。难怪每天有那么多人泡浴，泉水始终能够清澈如新，皆因泉水时时都在推陈出新呵！"

正如中国一句十分有名的诗句："问渠那得清如许，为有源头活水来。"因为有无数细小的泉眼在为温泉输送"活水"和地热能量，温泉才能如此清澈和温热，熨帖和洗涤人的身体。在这样的泉水中沐浴，人们可以充分体会到人与自然亲密互动、天人合一的美妙感受。

德仲温泉还有一个男女轮换使用的温度比较高的池子，水温可以达到50℃以上，矿物质的含量更大，据说对骨折等外伤病具有十分神奇的疗效，因此许多骨病患者都会慕名不远千里来到这里洗浴治疗。

为了让游客更好地享受温泉，德仲温泉的入口处还用藏汉两种文字简单介绍了温泉泡浴的注意事项，提醒人们科学泡浴。因为泡温泉比较消耗体力，所以，泡浴期间要注意保护好自己：一要注意食用一些高热量多营养的食品；二要注意保暖；三要多休息，不能太劳累等。

当地藏族人来泡温泉的时候，会做周全的准备。食材和炊具一应俱全，

充分展示了藏族人享受生活、活在当下、悠闲自在的生活观，也为泡温泉储备了良好的体力。泡温泉不仅是一种闲适的生活方式，同时是一种热爱生活的态度，启示我们回归生活的本质，珍惜那些生命中最该被珍惜的东西。

德仲温泉是大自然对人类恩惠的赐予，藏族同胞春天泡一次、秋天泡一次，为的是驱病健身。游客中有不少是这里的"回头客"，来自浙江省的游客朱先生说："5年前我就来过这里，一边泡温泉，一边欣赏山上的美景，我很喜欢这里，这次专门带朋友过来了。我觉得来德仲温泉还是冬天来最好，那时候可以尽享天然温泉带来的惬意。"

据说德仲温泉的一个牌子上写着："人们带着忧伤而来，高兴而归。不论是心病或是身体的病痛，有佛祖保佑和药浴神泉，人们该都是带着幸福吉祥离去的吧！"这或许代表了很多来德仲温泉的人的心声吧。

作为乡村旅游的一块金字招牌，德仲温泉也改变了德仲村及周边村民的生活，村民说："温泉带动了村里的经济发展，在旅馆住宿一夜120元左右，平时来泡温泉的人很多，旅馆的收入有不少呢。""依托着拉萨河的重要支流雪绒藏布，村民们的生活比以前更加幸福了。"

德仲温泉周边依然保持着良好的生态环境，在德仲村村口可以不时看到有人提着桶接水，这些水都是山泉水，用水管从山上接过来的。"平时，村民会自发组织去河边捡垃圾，为的就是保护母亲河。"德仲村村民格桑曲珍笑着说。

德仲温泉依然在滋养着当地的村民，欢迎四方而来的游客，而它也将在大家的共同爱护下，永葆青春活力，让"世界第一热泉"的名号越来越响亮。

● 日多温泉：能洗掉罪孽的"圣泉" ●

日多温泉位于拉萨市墨竹工卡县的日多乡境内，与西藏诸多的温泉相比，它以得天独厚的水质条件、优越的地理环境和历史悠久的温泉文化，而被称为"圣泉"。

日多温泉已经具有千余年的历史，《晶珠本草》和《四部医典》等伟大的藏医典籍中多次提及日多温泉，称其为"神灵之液"，能洗五毒（贪、嗔、痴、怠、嫉）。"饮之，灵魂可得洗礼；浴之，肌肤可得洁净。"具有疗养身心之功效，被誉为"八功德之甘露"。

日多温泉与莲花生大师有着很深的渊源，据藏传佛教经典《五部遗教》记载，当年莲花生大师在日多温泉沐浴后说道："在此沐浴，能洗掉人以往的罪孽，能洗净人的灵魂。"因此日多温泉就有了"圣泉"之名。

除了悠久的历史文化底蕴和神圣的宗教信仰色彩，日多温泉还拥有非常优越的自然生态条件。

由于东部米拉山雪峰的阻隔，这里的气候温暖湿润，遍布着柏、桦、柳、灌木及高山草甸等绿色植被，植被覆盖率在98%以上。这里盛产虫草、雪莲、贝母、当归、红景天、龙胆花等名贵药材，山中常有獐、鹿、熊、野羊、温泉蛇、黑颈鹤等野生动物，墨竹河中还盛产西藏裸鳞鱼及拉萨鲢鱼等鱼类。

日多温泉位于西藏南部高温地热活动带，温泉的天然流量达40L/S，地表水温在65℃以上，最高达83℃。温泉水无臭无味，无肉眼可见物，水质明亮清澈。自溢热矿水中所含的五种活性元素：氟、偏硼酸、偏硅酸、偏砷酸、锂，指标均达到国家医疗热矿泉水标准中规定的命名浓度。西藏自治区国土资源厅2002年5月组织专家对日多温泉进行评审，经综合评价得出结论如下：该温泉天然自溢热水符合国标GB13727-92医疗热矿泉水标准，被认定为"氟、硼、硅、砷、锂复合型医疗热矿水"。

据相关研究，温泉中一般含有多种活性微量元素，通过泡浴，温泉中的化学物质会沉淀在皮肤上，改变皮肤的酸碱度，起到吸收、沉淀和清除的作用。温泉中的化学物质可以刺激自律神经、内分泌以及免疫系统，对于创伤、慢性风湿性关节炎、皮肤病等具有一定的医疗或者保养作用。

因此，坐落于优越的自然地理环境之中，并拥有千余年历史的日多温泉，其"药浴"的功效也得到了时间和科学的验证，具有一定的依据。

丰富的人文故事和自然资源，加上传说此温泉有美容保健、活血化瘀、调理血压等功效，因此来到日多温泉朝拜、沐浴、取水的人络绎不绝。

而从当地的基础设施建设来说，日多温泉也具有一定的优势。日多温泉地处日多乡乡政府的所在地，地势平坦，人口集中，当地以畜牧业为主，盛产奶、油、肉类等畜产品，具有较好的社会经济基础。当地围绕日多温泉，建设了日多温泉地质公园（温泉山庄）。

公园以"温泉文化"和"自然生态"为主线，集旅游观光、休闲娱乐、沐浴保健、医疗、餐饮、商贸、民族风情为一体，为别具一格的综合性游览、娱乐和休闲度假中心。

日多温泉地质公园内的旅游景点主要包括自然生态保护区、特别景观区、地质景观区、人文景观游览区、野营休闲区等等。

自然生态保护区，有丰富的野生动植物资源，包括柏、桦、灌木等植物，以及虫草、雪莲、贝母、当归、红景天、龙胆等名贵的植物性药材，还有獐、鹿、野羊、黑颈鹤等珍稀野生动物。

特别景观区，有蘑菇石林、玛纳雪山等自然景观。

地质景观区，有间歇喷泉、冒气孔、沸泉、热泉、泉华岩等奇特景观。

人文景观游览区，有日多贡巴寺、莲花洞游览区、莲花生大师纪念馆等，可供游人游览瞻仰。泉区西北侧的著名的日多贡巴寺庙，相传为藏传佛教创始人莲花生大师来此兴建的金色青龙圣地。

野营休闲区，有生态茶园、野营区、垂钓区等，游客可以在这里体验野营和户外乐趣。

日多温泉，因其坐落在日多乡经济富足之地，四周有着丰富的生态资源和人文资源，以其综合性的竞争优势，在西藏"四大温泉"中亦处于毫不逊色的地位。

● 邱桑温泉：有故事的温泉 ●

邱桑温泉位于拉萨市堆龙德庆区德庆镇的邱桑村，经这些年来的不断发展，已经成为一个集沐浴、朝圣、旅游、休闲为一体的综合型旅游度假区。

邱桑温泉掩映在宇妥沟东北方向的山坡绿荫处，是一个非常宁静的地方。沿着蜿蜒的盘山公路前行，公路的一头是邱桑村，大多数村民都住在这里；而公路的另一头则在半山腰，这里便是邱桑温泉的所在。

邱桑温泉是一个有故事的温泉，距今已经有1500年的历史，许多西藏的著名人物都与它相关。

这里是西藏著名的"药王"云旦贡布的故乡。根据史书记载,赞普松赞干布的御医宇妥·云旦贡布诞生于宇妥沟,传说他曾在邱桑温泉中配制过许多珍贵的药材。在之后的游学当中,他还将温泉水疗外治的方法介绍到了国外。邱桑温泉的中央还有一个被世代称之为"宇妥·云旦贡布药袋"的奇石,很多人都会在奇石上面摩擦身体的背部、腹部等部位,因为他们相信这样可以让自己早日摆脱病痛,恢复健康。

另一个和邱桑温泉有关的知名人物是藏传佛教格鲁派的创始人宗喀巴大师。相传在14世纪左右,宗喀巴大师从青海省塔尔寺到拉萨市朝佛,途中脚底不慎被竹片刺伤,他拄着拐杖艰难地行走到邱桑温泉的时候,无意中看到一只断肢的乌鸦,在温泉中泡了一下,就能站起来正常走路了。于是宗喀巴大师也把脚伸进水里试了一下,发现泉水果然具有促进伤口愈合的作用,便在旁边挖了一个大坑,让更多的泉水流进来,并把这个温泉命名为"邱桑",藏语的意思是"优质水"。因此后人也把邱桑温泉尊称为大师的甘露,至今我们在邱桑温泉还能看到当时宗喀巴大师痊愈后甩拐杖的痕迹,以及他沐浴时诵度母经之后,天然出现的二十一度母像等景观。

邱桑温泉的水温常年保持在40℃以上,对于皮肤病、盘骨挫伤、风湿、肾虚,以及一些妇科病具有显著的疗效。据说草原上的牧民经常会受外伤,来到这里泡上几天,外伤的疤痕就会自动消失。

来自那曲市比如县的次仁坚才患有关节炎,他曾多次来到邱桑温泉"疗浴",并对泉水神奇的效果坚信不疑。"我患有关节炎,以前走路要用拐,自从前年和去年来这里各洗了两个疗程后,我现在已经能走路了。等再洗4个疗程后,我就能完全好了。"

同样来自那曲市比如县的多吉带着妻子、女儿和外孙一起来邱桑温泉,由于来得晚,他们没能租到带电视的房子,但是他们已经很满意了,后面来的人就只能住大帐篷了。多吉患有风湿性关节炎,计划在邱桑温泉进行4个

疗程的治疗，至少要在这里住 28 天。他早已准备了十分充足的食物，做好了"打持久战"的准备。

据当地人介绍，邱桑温泉位于半山腰上，每年最佳的泡浴时间是当年的 10 月到第二年的 3 月之间。每年的这个时候，拉萨市区和附近县城的居民都会开着车到这里来泡温泉。由于只有一个天然池，因此邱桑温泉采用男性和女性轮流泡的方式，女性泡几个小时之后，然后再换男性泡几个小时，反复轮换。

邱桑温泉周围的旅游资源十分丰富，当地以邱桑温泉为核心，发展了邱桑温泉旅游度假区。在温泉的下游有邱桑寺、顶嘎寺、其米龙尼姑庵等宗教文化古迹。

在管理方面，邱桑温泉旅游度假区也充分利用了当地村民的力量，并将温泉经营获得的收入回馈给当地村民，真正做到了旅游富民。

邱桑村的平措是温泉的看管员之一，他和其他村民轮流看管邱桑温泉。和许多村民一样，邱桑温泉是从小陪伴平措长大的。他三四岁的时候，母亲就带着他来这里泡温泉。在乡村旅游发展的热潮中，邱桑村村委会决定出资将邱桑温泉打造成为远近闻名的景点。为了利用旅游资源带动村民致富，村委会每年都会安排 4 个人看管邱桑温泉，并由村委会发给他们工资。"很多西藏本土的居民都喜欢来邱桑温泉，房子建好之后，每年有近万人来这里洗浴，所有的费用，村委会都会在年底分给村里的低保户和贫困户。"平措说道。

邱桑温泉的环境和以前相比也已经有了很大的改善，原来是在野外，现在被围进了用玻璃、水泥和彩钢建成的玻璃房子里，不仅可以遮风挡雨，还使得温泉的蒸气更加浓郁。

作为一个有故事的温泉，邱桑温泉的泉水里流淌着历史人物的动人传说，如今，随着乡村旅游的大发展，这里也谱写出了绿水青山与金山银山和谐发展的崭新故事。

第四篇

DI SI PIAN

肆

隐藏在雪域深处的藏家风情——拉萨乡村文化之旅

文化是乡村旅游的灵魂和根脉。在"香雄美朵"生态旅游文化产业园，感受古老象雄文化的魅力，探寻西藏文明的根脉；在江热夏乡的连巴村，见证延续四千年的西藏陶艺；在尼木县吞巴乡吞达村，感受藏文鼻祖之乡、水磨藏香之源的文化魅力；在慈觉林村的中国西藏文化旅游创意园，观看藏文化大型史诗剧《文成公主》的精彩演出；在西藏四大隐修地之首的扎叶巴寺，寻访历史悠久的隐修文化。在西藏歌舞摇篮——桑木村感受特色民俗；在娘热乡民俗风情园集中体验西藏民俗风情；在望果节、藏历新年等节庆旅游中，感受乡村旅游浓厚的文化味儿。在藏戏民间艺术之乡觉木隆村、中国唯一的"天上渔村"——俊巴渔村等西藏文化名村，开启精彩的非遗文化之旅。在措麦村等"五有五好"文明村镇，感受文明乡风，为旅程增添一笔亮丽的色彩；在融合爱国主义精神的旅游景区和红色旅游景区，聆听时代的最强音，感受文化的主旋律。丰富的历史文化，为拉萨市乡村旅游的发展注入了生生不息的力量。

第一章
拉萨文明的"根"和"魂"——乡土文脉之旅

寻访古老西藏文明根脉，开启一场文化寻根之旅。堆龙德庆区堆龙河谷的"香雄美朵"生态旅游文化产业园，为游客打造了一个原汁原味的"象雄"小寨，让今天的人们也能一睹西藏文明的根脉——昔日象雄文明的风貌。林周县江热夏乡连巴村，传承着延续4000多年的西藏陶艺文化，游客可以参观并体验传承数千年的古法制陶工艺，为西藏文化的传承尽一分力量。尼木县吞巴乡吞达村，是藏文字创始人、藏香创始人吞弥·桑布扎的故乡，被誉为"藏文鼻祖之乡、水磨藏香之源"，是西藏文化的发祥地。墨竹工卡县甲玛乡赤康村的霍尔康庄园，不仅承载着西藏传统的庄园文化，也是中华民族大家庭精诚团结、和睦相处的象征。拉萨市崩巴日（宝瓶山）下西侧山谷中的慈觉林村，是中国西藏文化旅游创意园的所在地，已经成为拉萨市乡村旅游的闪亮"名片"，当之无愧的文化新地标。达孜区境内拉日宁布山麓的扎叶巴寺是阿底峡大师、莲花生大师等高僧和吐蕃赞普松赞干布曾经修行的地方，是拉萨的"灵地"，游客可以在这里感受心灵的宁静，探寻历史悠久的隐修文化。

● 香雄美朵：走近西藏文化的源头 ●

文化是乡村旅游的"根"和"魂"。除了美丽的自然风光，来到充满浓郁高原风情和厚重宗教文化气息的雪域高原，寻访古老西藏文明的根脉，来一场文化层面上的寻根之旅，获得心灵和精神上的净化和提升，也是众多"驴友"来到拉萨市旅游的重要原因。

寻访西藏文化的根脉，位于拉萨市堆龙德庆区的"香雄美朵"生态旅游文化产业园是一个值得推荐的好去处。

"香雄美朵"生态旅游文化产业园位于距离堆龙德庆区政府13公里处的堆龙河河谷，以"象雄文化""精品香料""万亩花海"三大主题为核心，设计了"圣地香都""和美家园""象雄宝地"等三大板块，包含浪漫花海、象雄博物馆、精准扶贫特色民宿、现代花卉香料示范中心、水景观、演艺中心、房车营地、古堡桥梁等景点，努力打造以象雄博物馆为核心，以"万亩花海"为背景，连接一环一轴两大片区的总体空间结构。

"香雄美朵"生态旅游文化产业园的主打特色是西藏文明的根脉——象雄文化。很多人都知道佛教文化是西藏文明的特色，然而鲜为人知的是，藏传佛教虽然是西藏文明的主体部分，然而西藏土生土长的象雄文明才是西藏文明的根。"香雄"或"象雄"是一个意思，都是从古老象雄文词汇中翻译出来的。"象"是地方或山沟的意思，"雄"是"雄侠"的缩写，是古代象雄一个部落的名字。"雄侠"还指古代象雄文化中的一种神鸟，这种神鸟就是象雄部落的图腾和象征。

象雄文明孕育了西藏土生土长的宗教——苯教，它被认为是藏族传统文化的基础，象雄文字也是西藏高原最古老的文字。大约在公元7世纪，佛教开始从印度和中国其他地区传入吐蕃，先是在以拉萨市为中心的吐蕃王室和卫藏地区流传，后来经过与苯教的反复斗争和融合，慢慢传遍整个西藏地区。今天所流传的藏传佛教，也是融合了西藏象雄文明的血脉的。

象雄文明中包含了西藏的原始宗教苯教的精神，对西藏文化和藏族的性格产生了深远的影响。其中比较鲜明的是"万物有灵"的信仰观，认为自然万物都是有灵魂的。在西藏，被认定为神山圣湖的山水数不胜数，藏族人对它们是当作神灵来虔诚保护的，祖祖辈辈有转山、转湖的传统。在藏族的每个村落中，都有被认定为"神树"的树木，一旦被认定为"神树"，他们就不会去砍伐它们，也不会在它们附近大小便。西藏人爱护动物，所以这里的动物见了人都不知道躲避。遥远的日月星辰也被西藏人敬为神灵，每当"日食""月食"来临之时，西藏人都要举行各种仪式来把"日神"和"月神"从罗睺（古印度神话中的恶魔）的魔掌中救出来。

理解了这些，才能理解西藏人，欣赏西藏的风土人情、自然风景和人文景观。象雄文明是西藏文明的根，了解象雄文化是拉萨市乡村"深度游"的一条重要文化线索。

"香雄美朵"生态旅游文化产业园的核心区位于乃琼镇的波玛村，这里是拉萨最大的苯教寺庙——直龙寺遗址的所在地，是拉萨市附近一座重要的象雄文化遗址。整个"香雄美朵"生态文化产业园，就是依托该遗址的文化背景打造的。

根据拉萨市文物局副研究员雄·嘎玛坚参的介绍，直龙寺始建于1088年，迄今已经有900多年的历史。在苯教的教史中，称直龙寺为苯教大师向敦·当巴崔希的祖寺。

1718年，蒙古准噶尔部士兵对包括直龙寺在内的西藏诸多寺庙进行了破坏，并且下令摧毁之后不得恢复。此后由于社会历史的变迁以及苯教的衰落，直龙寺未能再度修复重建，人们目前能看到的只有废墟。

2014年11月，西藏自治区及拉萨市文物局多次组织考古专家和古建专业人员，对直龙苯教寺庙遗址进行了初步的调查。2016年3月，西藏自治区和拉萨市两级文物部门相关负责人和考古专业人员再度对直龙寺遗址展开进一步的考古与研究，取得重要成果。此后，拉萨市政府领导继续关心直龙寺遗址的保护情况，强调加大对遗址的保护力度，进一步发掘苯教直龙寺遗址的文化价值。

为了让游客真实地感受到象雄文化的魅力，"香雄美朵"生态旅游文化产业园在建设的过程中，非常重视专业调研，尊重象雄文明的历史，努力为游客展示古老象雄文明的真实风貌。

2018年7月，"香雄美朵"生态旅游文化产业园"古堡桥绘画"及直龙寺历史介绍内容专家评审会举行，来自四川大学、西藏大学、西藏社科院、市委宣传部、市文物局等单位的9位专家应邀参加。此次会议旨在借助于相关专家的力量，通过查阅历史文献资料、创编绘画设计、选择绘画颜料、督促现场施工等方式，将古堡桥绘画的内容艺术化，以图文并茂的形式真实展现象雄文明的历史和风土人情，传承和发扬民族历史文化，并将象雄文化推向世界。

这些年来，"香雄美朵"生态旅游文化产业园正是在这样的背景之下，以尊重文化、尊重历史的态度，围绕着直龙寺遗址进行建设的。

园区将建设一座象雄博物馆，并在直龙寺遗址的周边，依托现有的村庄打造一个原汁原味的"象雄"小寨，让今天的游客也能一睹昔日象雄文明的风貌。

"香雄美朵"的"香雄"是指象雄文化，"美朵"是指什么呢？"美朵"在藏语里的意思是"花朵"，因此园区除了古老的象雄文化，还围绕"香料加工示范区"的核心定位，打造出了"万亩花海"，营造芳香四溢、美丽壮观的圣地景象。

从 2016 年开始，"香雄美朵"生态旅游文化产业园就开始种植各种各样的花卉，经过 3 年的努力，已经种植了树状月季、黄刺玫、丛生月季、大马士革玫瑰、红叶碧桃、北美海棠、丁香、苹果树、桃树等 18 种共 8000 亩的花卉苗木，万亩花海的景观渐成规模。

每年 3 月起，"香雄美朵"生态旅游文化产业园区的红叶碧桃就进入了花期，迎来了花卉的观赏季。

到了 5 月，天气转暖，则是郁金香花盛开的季节。除了常见的紫色、红色、粉色、黄色的郁金香，这里还有红色白边、粉色黄边、橙色、黑色、黑色白边、深粉等 6 种颜色的郁金香。每到这个时节，园区内 25 亩的郁金香花田里，各种颜色的郁金香花朵在绿色叶子的衬托下竞相开放，让人目不暇接。

到了 6 月和 7 月，园区内的海棠、月季进入花期，一棵棵树状的月季排列整齐，花香浓郁、造型多样，有圆球形、扇面形、瀑布形的等等，与天边的白云遥相呼应，美不胜收。

再接下来，薰衣草等花卉植物粉墨登场，渐次绽放。不同的时节，游客都能观赏到不一样的美丽。

"六月的鲜花红胜火，把我的眼睛都照亮了。"2020 年 6 月，在"香雄美朵"生态旅游文化产业园区内，一名看花的游客情不自禁地说道。此时的园区内如同花的海洋，千姿百态，摇曳多姿，花香四溢，沁人心脾。游客在这里不仅可以低头看花，还可以抬头赏云，美不胜收，大饱眼福。

为了给游客提供更深入的旅游体验，"香雄美朵"生态旅游文化产业园区还加紧建设特色民宿，在波玛村建设 500 套特色民宿，以满足游客在住宿、旅游度假和深度体验西藏文化等方面的需求。

波玛村通过对"波玛村易地扶贫搬迁安置房"进行提升和改造，把安置房打造成藏家民宿，盖成了一座座整齐美观的庭院式别墅。

"家里有酥油茶、甜茶、藏餐，游客能体验到原汁原味的藏族文化。""德吉藏家"民宿的工作人员卓玛如此说道。

走在"香雄美朵"生态旅游文化产业园区，游客可以看到不少村民在花草灌木中穿梭，他们正在为花圃除草。和许多藏族百姓一样，一方面他们希望让自己的家园看起来更加美丽，另一方面也可以从中获得收入，改善家庭生活。

"以前这里啥都没有，现在建成产业园，发展起了花圃苗木产业，环境变好了，我们既可以就近就业，又可以在家门口欣赏美丽的风景。"波玛村村民仓卓一边除草一边说。

随着"香雄美朵"生态旅游文化产业园建设的不断推进，我们不仅可以看到越来越美丽的、充满原汁原味的象雄文化特色小镇，也能看到越来越幸福的当地村民。一个充满古老文明气息，同时又具有时代朝气的美丽小镇正一步步向我们走来。

●连巴村：历史记忆，西藏陶艺四千年的见证●

拉萨市林周县的江热夏乡连巴村，地处拉萨河和澎波河流域，是一个植被茂密、风景秀丽之地。与其他乡村相比，这里除了美丽的自然风光，还有着深厚的历史文化底蕴——传承4000多年的西藏陶艺文化。

西藏陶艺的历史十分久远，最早可以追溯到石器时代。1984年，在拉萨北部的曲贡村发现了新石器时代的遗址，这是一个4000年前的拉萨先民的村居遗址，内有大量的陶器和打制石器。而在西藏自治区昌都市发现的卡若遗址中，也有2万多件陶片。这些考古发现充分说明，西藏民间手工制陶的文化和传承，从新石器时代就已经开始了。

在这么漫长的历史时期中，陶瓷一直在藏族群众的生活中扮演着重要角色。直到20世纪70年代以前，藏族群众生活所用的器皿大多都是陶器。人们饮食所用的器皿，特别是各式陶罐、茶壶、酒坛，基本上都是本地自制的陶器制品。

一直到今天，西藏广大农村牧区仍然在大量使用自制陶器，这些陶器制品仍然保留着许多传统工艺的手法，并且在细节上更加精益求精，具有鲜明的西藏地域文化特色。

林周县的民间手工制陶工艺历史悠久，其中阿朗乡拉康村、甘丹曲果镇加查雪村，以及江热夏乡的连巴村和吉龙村等都是西藏著名的民间手工制陶之乡。这些地方的民间制陶艺人相对集中，工艺水平较高，所制作的陶器制品在全区都有良好的口碑。历史上林周县就是因为制作的陶器制品具有美观大方、厚重朴实、经久耐用等优良品质，而成为西藏政府、官家、寺庙生活用具的指定生产地点，现在已经成为拉萨市级非物质文化遗产。目前林周县仍有20多户村民在秋收后的农闲时间兼营少量制陶工作，除了部分自用，还有一部分用于外销或交换粮食、肉食等物品。

每年10月以后，江热夏乡的藏族农民都会开着拖拉机，满载着经过简易包装的陶器，到拉萨市售卖。他们会在拉萨市待半个月左右，直到卖完陶器才会离开。而另外一些村民，则会把自制的陶器运到稍近的乡村交换其他物品。这些村民所烧制的陶器保留了比较明显的传统农业生产特点，他们不会给自己规定当年的产量，而是根据自家生活日用的需要，或者乡邻亲朋好友的定制来决定陶器制作的品种和数量，这些陶器都是他们在平常的闲暇时间，不慌不忙地烧制的。

这些当地土生土长的西藏陶艺更具有文化意义，能够带领我们穿过历史的时空隧道，体验千百年来生活在这片土地上的人们的智慧和高超工艺。

在连巴村，游客不仅可以看到秀丽的山水，吃上美味可口的食物，还可以领略这里传承几千年的古法制陶工艺。

连巴村烧陶的方式是延续了几千年前古老的烧陶方法，是不建窑的，而是采用就地堆烧的方法。村民们先到村外的山坡上挖来红黏土，用石锤砸碎后，再用筛子筛选，然后掺入一定量的石英粗砂或云母矿砂，制成陶泥后，再堆放两天以上，然后再用来制作陶器。制作时用的是自制的手动轮盘，将陶泥放到上面，用盘筑法手捏拍打，或者用陶质器具为内模，通过一系列手工制作流程，制成陶器泥坯。在阴凉的地方晒干后，再进行烧制。

在烧制方式上，也沿用了传统的方式，用泥煤作燃料。先在平地上铺垫一层草皮牛粪，再按照"大罐套小罐，大件套小件"的原则把陶坯放在上面，空隙的地方填塞上草皮或牛粪。然后，再在上面盖一层较厚的草皮和干牛粪，四周用石板围护，用干草秸秆和牛粪引火点燃，借自然风助燃。烧制十几个小时之后，泥坯就渐渐变成了陶器。再冷却几个小时，一件具有使用价值的工艺品就诞生了。

这种手工制陶的方式，不局限于连巴村，也广泛流传于整个西藏地区。虽然相对于国内其他地区的制陶工艺，这种古法制陶的方式较为简单，但是这种就地取材的方式更具有当地特色，更加绿色环保、节省燃料，充分体现了藏族先民的无穷智慧。

江热夏乡连巴村的土登曲达老人是拉萨市级非物质文化遗产——林周陶瓷制作的传承人。老人家虽然已经70多岁，满头银发，一双眼睛却依然像年轻时那样炯炯有神。老人曾于2013年10月登上了中央电视台2套的《经济半小时》栏目，成了周边十里八村的名人。

走进土登曲达老人的家，可以看到一个大约200平方米的大院子。院子的角落里有一个饱经岁月的手动转盘，仿佛在向来人宣告这是一个制陶之家。

客厅的案桌上摆满了陶器，有罐子、壶、香炉等等，这些陶器大小颜色不一。虽然看起来粗糙，却十分厚重，泛着自然的亮光。"不要看它们'土'，但用起来都很结实。"老人说道。

据土登曲达老人介绍，旧西藏制陶是世袭的差役，制陶者都是三大领主的差巴——旧西藏领种地方政府的差地，为地方政府和所属农奴主支差的人，每天当牛做马，烧制的陶器再好也不是自己的，只能眼巴巴地看着差官老爷拿走。"如果谁要敢私藏一两件，那可是犯了滔天大罪，轻则毒打，重则砍头。因此，人们大多都不愿意从事这一行当。"

西藏和平解放之后，发生了翻天覆地的变化，制陶也成为受欢迎的行当。土登曲达15岁那年，拜本村制陶大师强巴塔杰为师，一学就是20年。

连巴村所做的陶器都是人们日常生活中使用的物品：煨桑炉上的烟囱、装青稞的壶和坛子、煮东西用的锅……在强巴塔杰老师的教导下，土登曲达学会了六七种陶器制作技艺，加上后来他自己的摸索，将所掌握的陶器制作技艺扩展到了二十多种。

土登曲达老人现在最拿手的陶艺，是制作一种叫作"恰扎"的青稞酒壶。

老人所制作的"恰扎"外表光滑、色泽亮丽、壶体匀称，在市场上颇为"抢手"。

由于陶器制作技艺精湛，土登曲达老人被确定为拉萨市非物质文化遗产——林周陶瓷制作传承人，担负起了传承西藏传统文化的重任。据老人讲，现在连巴村的陶艺制作也面临着后继无人的困境。但是林周县十分重视西藏传统文化的保护和传承，为西藏陶艺文化的传承创造了许多有利的条件，如举办陶器制作培训班，让老人感到十分欣慰。

连巴村的陶器制作，是一门精湛的技艺，也是一份厚重的非物质文化遗产，值得我们去了解、去传承。来到美丽的连巴村，参观并体验传承数千年的古法制陶工艺，来一场别开生面的"陶艺之旅"，不仅可以获得不一样的旅游体验，也是为西藏文化的传承尽一分力量。

● 吞达村：藏文鼻祖之乡，水磨藏香之源 ●

潺潺流水，推动水磨经年流转不息；袅袅藏香，传递雪域高原淳朴味道；文字为脉，传承西藏千年文明……

拉萨市尼木县吞巴乡吞达村，坐落于美丽的吞达沟谷底部，也是尼木国家森林公园的腹地，这里溪流成网，绿树成荫，良田与树林交错相间，一派迷人的田园风光。

比优美的自然风景更吸引人的，是这里悠久而灿烂的历史文化。据县志记载，吞达村有着1300多年的历史，有着"藏文鼻祖之乡、水磨藏香之源"的美誉。是藏文字创始人、藏香创始人吞弥·桑布扎的故乡，藏族文化的发祥地。

2014年，吞达村与吉隆县吉隆镇帮兴村、工布江达县错高乡错高村一起被国家住房城乡建设部和国家文物局公布为第六批中国历史文化名镇（村），填补了西藏地区没有历史文化名村的空白。

目前，吞达村已经被列入中国历史文化名村、中国最美村镇、第一批中国特色小镇、全国特色景观旅游名村，拥有中国第一个藏文字博物馆和八种国家级、自治区级非物质文化遗产。由于人文资源极为丰富,"尼木乡村非物质文化遗产旅游区"成为拉萨市七大优先发展旅游区之一,是拉萨市乡村旅游著名的文化圣地。

谈到吞达村的文化渊源,还要从这里的灵魂人物——吞弥·桑布扎创制藏文说起。

吞弥·桑布扎于公元618年出生于拉萨市尼木县吞达乡,是吐蕃政权第33任赞普松赞干布的"七贤臣"之一。根据藏文文献记载,松赞干布在13岁举行盛大的嗣位宴会时,四周的小邦以及各部落的首领都遣使来贺,有的献重礼祝贺,有的以书信祝贺,书信采用了不同的地方文字。可是当时的吐蕃还没有通用文字,只好都用对方的文字书信答谢,或捎口信致谢。这让身为赞普的松赞干布觉得很难为情,于是决定要创立吐蕃自己的文字。

这个小故事形象地说明了创制西藏通用文字的必要性,当然,吐蕃创立文字的目的并不局限于与邻邦礼尚往来,也是为了满足颁布法律条文、为诸臣民宣讲教法、传承西藏文化的需要。

总而言之,松赞干布下定决心派大臣到天竺学习文书,创制西藏文字。先派遣的大臣无功而返之后,才委派"心地纯正、根机敏锐、具足诸种品德"的吞弥·桑布扎携带大量黄金,前往天竺学习。

吞弥·桑布扎到了天竺南部后，拜在了一个名叫李敬的婆罗门之下，在50个梵文字母的基础上，融合了象雄文字等西藏文化，以及藏族的日常生活智慧，创制了藏文的字母。在这段时间，吞弥·桑布扎还把《宝集顶经》《宝箧经》等二十一种佛经翻译为藏文，首开藏族译师从印度翻译佛教经典之先河。

吞弥·桑布扎对西藏文化的另外一大贡献是发明西藏第一圣香——"尼木藏香"。藏香是佛教祭祀活动的神圣之物，在制作的流程中加入了西藏当地的原料，蕴含着西藏文化的精髓。吞弥·桑布扎把从印度所学的熏香技术进行了改进，融入尼木藏香的制作之中。他还利用吞巴乡丰富的水利资源，发明了木质水车，用以磨制藏香的原料——柏木，将柏木泥制成砖晾干，作为制作藏香的原料。这就是有名的"尼木藏香"的起源，它和"雪拉藏纸"和"普松木刻雕版"被合称为"尼木三绝"，成为西藏文化的精华和代表。

这些年，吞达村的藏香文化并没有随着历史的发展和现代文明的冲击而逐渐衰落，而是在当地政府和村民的保护和传承下，焕发出了新的生命力。2008年，吞巴手工藏香工艺被列为国家级非物质文化遗产；2014年12月11日，原国家质检总局（即今国家市场监督管理总局）批准对"尼木藏香"实施地理标志产品保护。

对于游客来说，尼木藏香作为当地的一种文化标志，具有两大看点。第一个是尼木藏香由历史悠久的手工水磨生产，第二是水磨是由吞达河中的"不杀生之水"为源动力。

如今，吞达村几乎家家户户的门前都挂着一块"藏香制作户"的牌子。从村子中间穿过的吞巴河上，分布着大大小小上百个研磨藏香原料的水磨。柏木的香味和水车发出的有节奏的声响交融在一起，别有一番文化的韵味。这些水磨是西藏文化的"活文物"，成为游客体验藏香文化的重要载体。行走在村子里，细叶红柳之间，随处可以嗅到淡淡的松柏木香，看到宽敞明亮的两层藏式小楼。在国家精准扶贫政策的推动下，藏香文化产业发展成为当地的特色优势产业，村民们靠着这项国家级非物质文化遗产走上了致富路。

推动水磨的"不杀生之水"，源自这里的"感恩"文化，这种"感恩"

文化也和吞弥·桑布扎有着千丝万缕的联系。吞达村有一条非常神奇的河流——吞巴河，这条河流最神奇的地方就是——河中竟然连一条鱼都没有。为什么呢？这里有一个感人的故事。原来，当年吞弥·桑布扎在用水磨制作藏香的时候，一条鱼因误入水磨中而被碾死了。在珍爱各种生灵的人的眼里，这是一件非常不幸的事情。于是吞弥·桑布扎就在河中立了一块大石碑，上面写着"江中鱼不得入此河"，就这样，吞巴河中从此就没有了鱼。

尼木藏香的制作流程十分讲究，无论是原材料还是制作工序的要求都极为严苛。尼木藏香拥有最原始的藏香配方、最古老的制作技艺和制作工具，蕴含着深厚的历史和文化积淀。在原料上，以柏木、榆树皮为主料，以藏木香、藏红花、麝香、白檀香、红檀香、紫檀香、沉香、豆蔻、甘菘、冰片、没药等植物为配料。对于原料的来源要求十分严格：水必须是吞巴河水，藏木香必须出自产地范围之内。

在制作工艺上，大体分为四道工序。首先是把柏树树干锯成若干小段，去皮。然后利用水车的驱动，把锯好的木段在铺着石板的槽中研磨成泥。第二道工序是把已经磨好的柏树泥和各种香料一起搓揉。第三道工序是把混着各种香料的木泥放入牛角，再挤出来，成为笔直的线条状。最后一道工序是晾晒，把需要晾晒的藏香放在阳光充足但温度不高的地方进行晾晒。

每一个流程都有独特的制作方法和要求，经过这样去皮、揉合、成型、晾晒等一丝不苟的制作流程之后，一根根制作考究的尼木藏香便大功告成了。它们散发着甘甜厚醇的木香，颜色则有土黄色、黑色、红色。同时，其在理化指标、安全以及其他质量技术要求等方面均符合国家相关规定。

地理标志产品是对产品质量、声誉、自然特色和人文特色等方面的权威认证，经过"地理标志产品"认证的尼木藏香，收藏了全世界最纯净的阳光，包含着从吞弥·桑布扎传承下来的藏香文化内涵，具有更高的文化价值和使用价值。

吞达村村民多吉次仁是藏香专业制作户，也是藏香传承人，"我12岁开始学做藏香，家里世世代代制香，父亲是藏香制作的国家级非遗传承人。"2008年，多吉次仁和其他村民讨论，由12户藏香制作户成立了合作社，将配方标准化，保证生产质量，合作社一年的生产量达到了10万把。

除了保证质量，合作社的销售渠道也逐步多样化，将藏香卖到了全国各地。"在日喀则有定点商户，很多来村里旅游的人开始通过电话、微信下单购买，我们生产的藏香卖到了全国各地，如今，人均收入也增加到了每月3000多元。"

随着生意越做越大，2016 年，吞达村在县委县政府和吞巴乡党委的指导下，成立了藏香协会，在原"吞巴乡藏香农民专业合作社"的 12 户藏香制作户的基础上，再吸纳本村 23 户藏香制作户，打造了一家藏香"龙头企业"——尼木吞巴藏香净土产业有限公司。

公司成立一年净收入 50 多万元，平均每户分到 9982 元，建档立卡贫困户和边缘户平均每户分到 1.2 万多元，公司员工人均增收 1.1 万多元。未来，尼木吞巴藏香净土产业有限公司还将继续打造"文香故里"特色文化品牌，带动更多群众增收致富，将优秀的传统文化更好地传承下去。

最后，我们再来说说吞弥·桑布扎故居的故事。

作为藏文字和藏香的发明者，吞弥·桑布扎对西藏文化做出了十分重大的贡献。他发明的三十个藏文字母，如同一盏盏明灯，照射出一道文明之光。大昭寺法王殿中松赞干布的坐像旁，除了赞普的两位著名的妃子，还有两位重臣的塑像，其中一人就是吞弥·桑布扎，由此可见他在藏族百姓心目中的地位。

千百年来，人们都在传说吞达村是吞弥·桑布扎的故乡，但是他的旧宅却无迹可循。2003 年，吞达村的村民在清扫房屋，将墙上贴满的报纸揭去，并清洗以前所粉刷的白灰时，惊奇地发现墙面上竟然布满了色彩斑斓的壁画。这位村民怎么也没有想到，自己居住了 30 多年的农家院落，竟然是西藏文字鼻祖吞弥·桑布扎的故居。至此，吞弥·桑布扎的故居才得以重见天日。吞弥·桑布扎的故居现在已经被列为国家级的重点文物保护单位，伫立在山脚之下，供过往的人们瞻仰礼拜。

这些年，随着西藏旅游业的迅猛发展，打造世界旅游目的地的理念不断升级，乡村文化旅游正成为世界各地旅游发展的重点内容，藏文化资源丰富的吞达村也迎来了重大的历史发展机遇。《拉萨市尼木县吞巴乡吞达村村庄规划》中，将吞达村定位为，"藏文鼻祖之乡、水磨藏香之源、幸福和谐之村"，并把吞达村的发展目标确定为：藏族特色的中国历史文化名村、经济富裕的全国特色旅游名村、低碳科技的西藏新农村示范点。

未来，吞达村将以吞巴景区为核心，以吞弥旅游文化节为着力点，努力把吞巴景区打造成为国家 4A 级景区；同时，通过加强商业、餐饮业、住宿业等配套设施的建设，把吞巴景区打造成为拉日旅游线上的重要目的地和集散地。

●赤康村：西藏庄园文化的遗存地●

2014 年，墨竹工卡县甲玛乡的赤康村被列入国家传统村落保护工程名录，成为西藏唯一被国家列入全国第二批传统村落保护名录的村落。作为西藏目前保存较好的几座著名庄园之一，赤康村内依然保留着庄园特有的建筑形式，是体验西藏庄园文化的理想之地。

赤康村内的霍尔康庄园，不仅传承着古老的西藏传统庄园文化，也见证着中华民族大家庭同根同脉、团结和睦的民族亲情。

"霍尔"在藏语中是对蒙古人的称呼，大约在元朝末年的时候，有一支蒙古人迁徙到如今的甲玛乡赤康村，世代都是骁勇善战的武将。清朝雍正年间，其子孙由于平叛战乱有功，被册封为"万户"。甲玛赤康作为封地，被雍正皇帝赐予霍尔康家族。"赤康"两个字的藏语意思就是"万户"，赤康村也被称为"万户府"。从此，霍尔康家族的世代成员就和当地的藏族人通婚，和睦相处，逐渐融为一体。

霍尔康家族庄园一共占地 75 亩，除了家族成员生活起居的处所，还包括一座家族寺庙。庄园里面建有高 8 米、宽 3 米的城墙与碉楼，但是经过岁月风雨的洗礼，这些城墙与碉楼如今只剩下残垣断壁，依稀地向人们展示这里昔日的辉煌。

霍尔康庄园里走出了一位近代赫赫有名的人物，他就是全国人大原副委员长阿沛·阿旺晋美。阿沛·阿旺晋美不是藏族人，而是蒙古人的后裔。

1910 年 2 月，霍尔康家族诞生了一个男孩，取名阿旺晋美。襁褓中的阿旺晋美被母亲带到她在墨竹工卡县的甲玛庄园抚养，阿旺晋美在这里度过了他的童年，他的玩伴都是农奴子女。童年的阿旺晋美在拉萨的一家私塾里学

习藏文，14岁时，拜格西喜饶嘉措为师，学习文法、诗学、历史和哲学；而后又拜三岩地区红教活佛大苍为师，修习佛学经典。

17岁的时候，阿旺晋美回到甲玛庄园，这时他已经成长为一位心胸开阔、具有学识的青年，于是以庄园少爷的身份，代替母亲管理庄园。

25岁的时候，阿旺晋美娶了贵族宇妥家的宇妥·才旦卓嘎，以阿沛家族继承人的身份向西藏噶厦政府申请出仕获准，正式承袭了阿沛名号，改名为阿沛·阿旺晋美，进入贵族官员行列。阿沛·阿旺晋美后来一路升迁，先后担任西藏地方政府昌都粮官、民事法官。1945年，35岁的阿沛·阿旺晋美被提升为孜本（审计官）。

在后来的历史中，阿沛·阿旺晋美反对"西藏独立"，支持解放军入藏，参与西藏和平解放的谈判，为西藏的和平解放和发展做出了巨大的贡献。

如今的霍尔康庄园已经被开发为一处集西藏贵族生活展示、藏族历史文化体验等于一体的多功能、综合型的乡村旅游景区。

走进霍尔康庄园的大门，首先可以看到一座醒目的"蒙古风"白塔，这座白塔就是霍尔康庄园的家族寺庙——热杰林寺的创建人卓贡桑杰翁的灵塔。因为霍尔康家族是蒙古后裔，因此这座灵塔也被建造成了蒙古包的形状。这一点和西藏其他寺庙的建筑风格完全不同，体现了霍尔康庄园的历史渊源。

庄园里还有当年"少主人"阿沛·阿旺晋美居住过的房子，如今只剩下断壁残垣立于青草之中，向游人诉说着昔日的历史故事。

就在这座房子旧址的不远处，修建了一座崭新的纪念馆，里面收集了大量阿沛·阿旺晋美与毛主席、周总理等国家领导人的通信资料，以及他少年时代的照片等珍贵史料，以供游客瞻仰纪念。

霍尔康庄园里还有一座家族寺庙叫热杰林寺，是一座尼姑庙，建于1206年。寺庙的墙壁是红色的，据说这是因为在修建这所寺庙的时候，犏牛曾经帮过忙，它把自己的奶水挤出来帮助砌墙，而在传说中犏牛的奶水是红色的，因此墙壁也是红色的。

游客走进热杰林寺，可以感受到沧桑的历史文化气息。摆在柜子中的众多印有吉祥八宝图案的"擦擦"，距今已经有800多年的历史。"擦擦"是一种西藏脱模泥塑艺术，指泥制的各种小泥塑、小佛塔等，为西藏民间供奉神佛的圣物之一，经常与玛尼石、经幡等圣物形影不离。因为体积小、便于携带、制作方便，在西藏圣物之中为数最多。

在玻璃展柜中，可以看到颜色暗沉、略显残破的经书，它们都是由寺庙中的历代高僧亲笔书写，很多被埋在地下，后来又被挖出，因此还可以在书上看到黄土的痕迹。这里还出土了一块最大、最完整的藏式围棋棋盘，将藏式围棋的历史向前推到1000多年前松赞干布的父亲囊日松赞时期。

霍尔康庄园内有一处平房院落，被称为"冰雹喇嘛"的住处。所谓"冰雹喇嘛"，就是帮助村民驱走冰雹的僧人。过去这里驱赶冰雹有一整套的流程，现在这一流程已经被改编成为演艺节目的形式，向前来参观的游客呈现。

今天的霍尔康庄园已经不再是当年显赫的万户侯驻锡地，在保留历史文化积淀的同时，建设了展馆、餐厅、宾馆等现代化配套设施，已经发展成为别具一格的旅游景区。

在霍尔康庄园的古戏台内，游客可以欣赏到传统的藏戏表演。每年丰收的时候，还能和当地的百姓一起欢度望果节。庄园内以前仆人们居住的房屋，如今已经被改造为家庭旅馆，游客们可以在这里体验当地的民俗风情。

景区内还设有唐卡、藏香、擦擦等充满西藏文化特色的民间手工艺制作体验区，游客可以在这里亲自体验这些西藏传统手工艺品的制作过程，也可以购买到制作精美的成品留作纪念。

霍尔康庄园建设项目是南京市第六批重点援建的旅游发展项目之一，项目总投入3000万元，主要建设庄园主生活区、手工艺作坊及购物区、休闲娱乐区和原著居民生活展示区等等。因此，霍尔康庄园也是新时期民族团结精神的延续和重要体现，具有更为重要的现实意义。

● 慈觉林村：拉萨文化旅游的闪亮"名片" ●

慈觉林村，坐落于拉萨市崩巴日（宝瓶山）下西侧的山谷中，与布达拉宫隔河相望，拥有眺望布达拉宫的最佳视角，被称为"能看得见布达拉宫的窗口"。

随着藏文化大型史诗剧《文成公主》的空前成功，这个名不见经传的小村落成为人们瞩目的焦点，而这里的慈觉林寺、经师楼、宗赞寺、藏寨、林卡、藏戏团等等，也逐渐走进人们的视野，成为拉萨文化深度游的重要打卡地点。

由于地缘优势，慈觉林村一直和圣城拉萨有着深刻的渊源。公元7世纪松赞干布将吐蕃政权从山南市迁都拉萨市，慈觉林村就是从山南市到拉萨市之间的一个"歇脚点"。那时候从山南市来到拉萨市的人，先要到慈觉林歇歇脚，然后再坐牛皮船过河到拉萨市区办事或朝拜。现在，从村里到拉萨市的主市区只有几分钟车程。

慈觉林村后面的宝瓶山，象征着吉祥八宝之一——宝瓶，为拉萨市增添了宗教圣地的神圣气息。文化和地缘上的紧密联系，使慈觉林村和拉萨市成为一个不可分割的整体。

慈觉林村历史文化资源丰富，相传是文成公主随行人员的聚居地，藏戏发明人唐东杰布也和这里有着不解之缘。慈觉林寺作为拉萨四大"林"之一，文化底蕴深厚，民间传说和故事十分丰富。由于在地理位置、历史人文和自然环境等方面的综合优势，慈觉林村最终被选定为园区的地址。

这些年来，得益于中国西藏文化旅游创意园，以及园区中《文成公主》大型实景剧的巨大成功，慈觉林村这个原本名不见经传的小村落，已经发展成为拉萨市乃至整个西藏文化旅游的闪亮"名片"，成为西藏旅游的文化新地标。

155

走进慈觉林村,放眼望去,是一片整齐排列的藏式民居,生活在这里的人们仍然保持着藏族的文化传统,是研究西藏传统田园生活、人文历史以及藏式民居的良好范本。这得益于中国西藏文化旅游创意园在建设的过程中,对当地原生文化的保护。

秉承着尊重自然、以人为本的理念,园区在建设中坚持不轻易拆掉一座民居,不轻易砍掉一棵树,在充分利用现有荒滩空地进行建设的同时,保留青稞地、牧场等原生态的风景,形成田园风光。园区内散落着祖达瓦、鲁洛、向纳村等藏族自然村落,藏式传统聚落保存得很完善,农耕文化与游牧文化均有体现,具有原汁原味的民族特色。

做到了当地居民"一户不搬",对传统习俗予以尊重和保留,并对慈觉林村的故事传说、林卡习俗等民俗文化进行搜集整理,让游客看到更多原生态的西藏文化。在保护原生态风貌的基础上,把群众的房子装饰修整得更加漂亮,不断完善市政设施,加大园区的绿化工作,努力把慈觉林村打造成展现青藏高原风情,具有浓郁西藏民族特色的"锦绣山谷"。

而气势恢宏、体现汉藏和美主题的大型实景剧《文成公主》,作为中国西藏文化旅游创意园的核心项目,已经成为慈觉林村最响亮的一张文化"名片"。

该剧自2013年开演以来,大受好评,获得了空前成功。现在,游布达拉宫、转大昭寺、观《文成公主》实景剧,已经成为每位到拉萨旅游的游客的三大必选项目。

《文成公主》实景剧共分为5个篇章,分别为大唐之韵、天地梵音、藏舞大美、高原之神和藏汉和美。这部剧中,综合运用了大唐歌舞与西藏地区流传久远的藏舞、藏戏、佛号念唱等艺术形式,以拉萨市自然山水为背景,配合人工舞台和高科技视听技术,将戏剧、音乐、舞蹈与现代舞美元素熔为一炉。它集中展示了数十种藏族非物质文化遗产,对西藏民族的建筑、音乐、歌舞、绘画、服饰、生活风俗、民间故事等做了全面精彩的展示。因此,该剧也成了解西藏文化和藏族风情的理想之作。

演出在主题的挖掘上也十分成功。它选择了民族团结的主题,从人间真情和大爱的角度,触动了不同民族、文化、信仰的人们的心扉。很多人在观看这部剧的时候都情不自禁地流下了感动的泪水,是展现西藏文化魅力、讴

歌民族团结的精品之作。

看完藏文化大型史诗剧《文成公主》，观众不仅可以获得精神上的享受，也像是对西藏进行了一场穿越时空的精神文化之旅。

《文成公主》的成功演出，也为村民提供了大量的就业机会，使村民吃上了旅游饭。慈觉林村的大部分村民都参加了演出，很多群众白天是农牧民，晚上是演职人员，连各家各户的牦牛、马、羊，都成了舞台上的"明星"。2012年，慈觉林村村民年人均收入为5500元，2018年已经达到了2万多元。随着园区的开发，群众的收入还会节节高升。慈觉林村已经是远近有名的富裕村，甚至被邻村村民调侃为下了"雨钱"。

《文成公主》演出成功之后，慈觉林村以该剧为中心，建设了与之相配套的旅游项目——慈觉林藏院风情街。这不仅为游客提供了更好的休憩和娱乐场所，也让游客更加全面深入地体验了西藏的文化风情。

除了《文成公主》，慈觉林村还有很多具有文化特色的人文景点，如慈觉林寺、经师楼和宗赞神庙。它们增加了当地的宗教气息和文化氛围，宗赞神庙则和文成公主的故事有着千丝万缕的联系，传承着藏汉一家的文化渊源。

慈觉林寺，在藏语中的意思为"长寿园"，为拉萨"四大林"之一。在拉萨，有历史悠久的四大"林"：丹杰林、功德林、策墨林和慈觉林。这四大"林"是藏传佛教格鲁派在拉萨市除色拉、哲蚌、甘丹三大寺，最重要的四座政教并轨的大寺庙。

关于慈觉林寺的建立，有两种说法。一种说法是，18世纪末，为了躲避尼泊尔的廓尔喀侵略军，吉隆县桑丹林寺的僧人逃难至拉萨市，向桑丹林寺的创建者——第八世达赖喇嘛强白嘉措的经师噶钦·益西坚赞汇报了主寺被毁的情况，噶钦·益西坚赞经师从布达拉宫向四周查看地形，选中了拉萨河南岸这个地方并向八世达赖喇嘛强白嘉措汇报，于1789年创建了慈觉林寺。

另外一种说法是，第八世达赖喇嘛强白嘉措亲政后，为了答谢恩师噶钦·益西坚赞，请其选地建寺，天性淡泊的噶钦·益西坚赞选择了拉萨河南岸这个远离繁华的地方建立了慈觉林寺。

慈觉林寺主供释迦牟尼的佛像，有银质的噶钦·益西坚赞经师的灵塔，还收藏有《甘珠尔》《丹珠尔》，以及金汁书写的宗喀巴全集等珍贵文献。

寺院环境清幽古朴，四周有一条清静的转经道，每天开放，供游客免费参观。

经师楼，和慈觉林寺有一定的文化渊源，它是慈觉林寺的创建者——第八世达赖喇嘛强白嘉措的经师噶钦·益西坚赞的住所。经师楼现位于慈觉林村委会旁的林卡内，是一座充满藏式风味的二层小楼，至今仍然保存得完好无损。它里面保存了多幅精美壁画，这些壁画描绘了村人的生活场景，还原了慈觉林和经师楼庄园的历史。

宝瓶山的半山腰有一座历史悠久的宗赞神庙，供奉的主神宗赞在当地人的心目中颇具分量。关于这座神庙的主角，有着一段汉藏一家的佳话和一个浪漫的爱情故事。

据说宗赞原是文成公主进藏时的一名护卫官，因为护送文成公主和释迦牟尼佛12岁等身像进藏有功，后来被册封为释迦牟尼佛的护法使者。这位帅气英俊的宗赞成为护法使者之后，爱上了拉萨河上游不远的蔡公堂乡公堂寺的公堂白拉姆女神，事情被公堂白拉姆的母亲——大昭寺的护法神班丹拉姆知道后，就把他赶出了大昭寺的金色圣殿，放逐在拉萨河对岸的宝瓶山下。

慈觉林村的村民非常信奉宗赞这个土地神灵，村民家里若是发生了什么不幸的事情，总要先到宗赞神庙去占卜算卦。每遇到吉日，村民都会来此供奉。为了能让这两位神仙"情人"有情人终成眷属，慈觉林村的村民还为他们设立了一个浪漫的节日——公堂梅朵曲巴节。每年藏历四月十四日，村里会从"骨系干净"、出身优越的德吉绕丹、拉古夏巴、紫噶、沃玛、次仁康萨等12户人家中挑选精壮男子，把经过描金、装扮一新的宗赞神像护送到蔡公堂乡公堂寺，与这里的白拉姆女神"相会"。在朝拜人群的簇拥之下，男神和女神一起翩跹起舞，仿佛一年未见的情人，分外亲热欢愉。

宗赞在西藏具有很长的历史，除了随文成公主进藏，据相关传说，他在拉萨市的历史距今已经"超过了一千六七百年"。他原是古代中原地区汉朝皇帝的战将，战死之后变成今四川省内一座大山的鬼神。四百年后，他被一个叫直孜达西的佛教中观大师降服，自愿成为佛教的护法神，并跟随文成公主来到拉萨，成为藏传佛教重要的护法神。

因为这个传说，有人认为慈觉林人的祖先中有汉人的血，当地人也称老年妇女为"姨"。虽然这些只是故事传说，但是也说明了藏汉两族人民源远流长的民族情谊。

除了以上人文景点之外，这里的藏寨、林卡、藏戏团，也是游客近距离体验西藏文化的"活教科书"。在慈觉林村的藏寨里，游客可以看到村民纺羊毛线、酿青稞酒、挤牛奶、晒牛粪饼等日常，也可以到甜茶馆小坐，与村民闲谈聊天，了解当地的风土人情。慈觉林藏戏团的演员们平时会在林卡里排练，游人可以到场观看。

如今的慈觉林村，因为中国西藏文化旅游创意园的建设和藏文化大型史诗剧《文成公主》的成功演出，不仅成为远近有名的富裕村，也让当地的西藏传统文化大放异彩、重焕生机，为拉萨乡村旅游注入了深厚的文化底蕴。

● 扎叶巴寺：在拉萨"灵地"感受心灵的宁静 ●

西藏的灵地在拉萨，

拉萨的灵地在叶巴；

到了拉萨不去叶巴，

等于做件新衣忘做领。

这首广为流传的藏族民谣中唱的拉萨灵地"叶巴"，就是位于拉萨市达孜区境内拉日宁布山麓上的扎叶巴寺。

扎叶巴寺始建于公元 7 世纪，史载已经有 1400 多年历史，原是吐蕃政权第 33 代赞普松赞干布为其王妃芒萨赤嘉修建的修行神庙，后来慢慢发展成为最知名的佛教修行圣地。历史上，曾经有很多著名的高僧大德和隐修士来此静修，如今这里仍然是西藏地区四大隐修地之首，在海外旅游者和深度西藏地区文化体验者的圈子中享有很高的知名度。

芒萨赤嘉是松赞干布的第一位妃子，《西藏通史》上说她"为尚伦之女，她门第高贵，年轻貌美，俏丽多姿，有内外一切品德"。芒萨赤嘉为松赞干布生下了王子贡松贡赞，现在大昭寺里除了松赞干布与文成公主、赤尊公主的塑像，还有芒萨赤嘉怀抱王子贡松贡赞的塑像。所以有网友开玩笑说，这座著名的寺庙，起源是因为爱情。而事实上，起源也是因为信仰，崇信佛教的松赞干布，为他的每一个妃子都修建了修行的寺庙。

扎叶巴山被视为是藏传佛教本尊之一的绿度母的自然显现，到了夏季的时候，从高空俯瞰，碧绿葱茏的扎叶巴山看起来婀娜动人，很像是绿度母的形象。根据传说，绿度母在藏传佛教中是观音菩萨的化身，为所有度母之主尊，能救狮难、象难、蛇难、水难、牢狱难、贼难、非人难等八种苦难，又被称为"救八难度母"。

在藏族人的心目中，"扎叶巴"有两种解释。一种解释是"散落在山谷的石头"，可能是指扎叶巴沟里天然形成的灰色、淡白、紫色、赭铁色、青色等7色彩石；另一种解释是"在山间翱翔的神鹰"，神山的上空时常可见盘旋翱翔的老鹰，而山上也有早已废弃不用的"天葬台"。

扎叶巴寺历来为西藏有名的隐修之地，传说当年莲花生大师往扎叶巴山谷中抛洒了108颗珠链，化作了108座白塔，表示对这里的眷恋之情。根据这个传说，这里重筑了古老的徒步朝圣道。时常可见虔诚信徒转山时磕长头的身影，他们行走几步，便全身俯地，额头轻叩地面，磕下长头，然后再起身，继续向前，重新开始，循环往复……就这样一路叩拜，虔诚地走下去。

扎叶巴寺因山而灵、因灵成窟、因窟成寺，因岩洞和寺院一体而远近闻名。在扎叶巴山的悬崖峭壁之间，散布着108个修行洞，是阿底峡大师、莲花生大师等高僧和赞普松赞干布曾经修行的地方。祖师洞、缘起洞、法王洞、拉隆洞、月亮洞、十日洞、太阳洞、密洞、铃洞……每一个洞都有说不完的故事，每一个洞都有一位大德高僧曾经在此修行，这是扎叶巴最厚重的历史遗存，供世世代代的后人瞻仰。

顺着转山路经过一座白塔，首先映入眼帘的是"祖师洞"，这是阿底峡尊者当年修行的山洞。阿底峡出生于东印度萨霍尔（今孟加拉国达卡地区）一座具足金幢的王宫中，天资聪颖，精通显密教法，熟谙五明之学，佛学造诣精深。他是中国西藏地区在朗达玛王灭佛之后，复兴佛教的第一位重要人物。59岁时，他来到西藏弘扬佛法，在西藏弘法13年，匡正了许多西藏佛教中流传的谬误，为纯化并振兴西藏佛教做出了十分重要的贡献。他的弟子仲敦巴后来创立了噶当派，奉阿底峡为开派祖师。

"祖师洞"是一个天然形成的凹洞，来到这里的人们会用头碰一下凹洞的上方，再蹲下来用左右膝盖碰一下洞下面的低洼处，传说这样可以治疗关

节病。这种独特的祈福形式经过口口相传，现在已经成为大家转扎叶巴寺的一个"固定项目"。

"法王洞"为赞普松赞干布当年修行的地方。洞内黝黑一片，只有几盏酥油灯千年来亘古不变地闪烁着。洞内的四壁和洞顶遍布着白色的石头颗粒，被称为"羊乳石"。"羊乳石"的来历要从当年修建大昭寺说起。大昭寺的修建得益于一千只白山羊驮土填湖，这也成为大昭寺和拉萨城原来共同的名称（惹萨）的来源。传说当年松赞干布来到扎叶巴寺山洞静修之时，有一只曾经参与大昭寺填湖工程的白山羊经常来到山洞，给松赞干布送来新鲜可口的羊乳，以示尊敬与供养。这就是"羊乳石"的来历。

"法王洞"的顶部不断渗出像羊乳一般洁净的圣水，而遍布全洞的羊乳石也如同奶酪一般，令游人啧啧称奇。传说曾经有一个藏族哑巴牧女来到扎叶巴寺法王洞朝拜，又累又饿的她，看到奶酪般的羊乳石和石头缝间渗出的犹如羊乳般的圣水，不由自主地伸出舌头舔食，不知不觉就感到腹中已饱。同时，她吃惊地发现，自己竟然可以开口说话了。

"法王洞"右边紧挨着的，是莲花生大师当年修行的"月亮洞"。"月亮洞"里有常明的酥油灯，供奉着莲花生大师的佛像。

还有一个非常有名的"拉隆洞"，这是当年刺杀吐蕃末代赞普朗达玛的康巴喇嘛拉隆·白吉多吉修行的地方。传说当年朗达玛灭佛时，一把火烧了圣地帕邦喀，到处追杀僧尼，帕邦喀策久拉康（十日殿）的"护法"白度姆女神大为震怒，化身为一个黑衣村妇，来到扎叶巴拉隆·白吉多吉的修行洞（拉隆洞），传言让他刺杀朗达玛，让佛光再次普照雪域圣城。拉隆·白吉多吉按照女神的指示，骑着一匹涂着黑炭的白马，穿着黑白两面的僧袍，在大昭寺前刺杀了朗达玛。

赞普被杀，大昭寺门前顿时大乱，拉隆·白吉多吉骑马向拉萨城外逃去。追赶的士兵大喊：穿黑衣的是凶手！早有准备的拉隆·白吉多吉将僧衣反穿过来，士兵又喊：穿白衣骑黑马的是凶手！拉隆·白吉多吉策马冲进拉萨河，涉水过河之后，涂在白马身上的黑炭被河水冲掉，变成了白衣白马。就这样，凭着勇气和智慧，拉隆·白吉多吉完成了刺杀灭佛的朗达玛的任务，扎叶巴也因此成了西藏历史上佛教重新兴盛的圣地。

这么多"有故事的山洞"与寺庙在一起，形成了"寺院弘法、洞窟修行"

的完美结合，当地也慢慢发展成为一个国际化的隐修体验目的地。如今，有不少隐修的人居住在扎叶巴寺的洞窟中。一位来自那曲市的老奶奶已经80多岁，由于年事已高，她常年坐着，收听收音机里播放的佛事内容，每天转转经筒念念经，日复一日，已经在扎叶巴寺的洞窟中隐修了10多年。还有一位30岁左右走访的女性隐修者，修行的洞窟条件相对好一些，"家"中还挂着可爱的饰品。这些隐修者的"家"都在崖壁上，地形陡峭，他们相互独立又彼此照应，逐渐形成了一个隐修崖壁社区。

"这跟我们平时所感受到的生活完全不同，隐修的这些人，他们对于信仰的坚持，对于生活和环境的尊重，都一再提醒着我们，既要保育这里的自然生态环境，更要将这种精神传承下去。"一位承接当地旅游设计的项目组负责人如此说道。

在援藏资金的支持下，这里围绕隐旅文化，以扎叶巴村入口为起点，打造了扎叶巴隐旅文化中心。这个文化中心整合了旅游集散、文化展示、村民服务、村委办公等公共功能，是游客进入扎叶巴村的第一站。经过一段隐修村道之后，游客就可以感受到扑面而来的历史感。而结合庄园及周边遗址，精心打造的扎叶巴故事馆区则诉说着这里原汁原味的历史故事。

连接山下村落与扎叶巴寺的通道，是传承千年的扎叶巴朝圣道。这条朝圣之路途径扎叶巴谷的所有原始村落，是古代信众徒步上扎叶巴寺朝拜的必经之路。对于朝圣道当地也做了精心的设计，结合朝圣道沿途的村落建筑风貌、景观和植被资源等，利用车道迂回和直行的"朝圣道"，打造出有层次的穿行，一直通向扎叶巴寺山脚下的"星夜林卡"。

扎叶巴寺山脚下的"星夜林卡"，以林地、溪水、草地为主，打造了新兴的"观星业态"，是当地的特色项目。项目通过补植草地及观星槽，整治河道，增加露营设施等措施升级环境和基础设施，将较低的巴拉江果林发展为民宿和第二天登寺的大本营，在较高的仲噶村，打造顶级的藏式星夜聚落酒店，提供独特的观星和度假体验，从而为游客打造一趟神圣的星夜心灵之旅。

扎叶巴寺所在的达孜区素有拉萨"东大门"之称，是拉萨市通往林芝市的必经之路。东靠墨竹工卡县，南接扎囊县，西邻城关区，北连林周县，川藏公路（318国道）、202省道横穿境内，随着拉萨—山南隧道的开通，达

孜区的区位优势更加突出。

近年来，拉萨市着力打造精品旅游环线，特别是2018年重磅推出的拉萨市乡村旅游的"黄金线路"——"拉萨北环线"，为达孜区旅游业的发展带来了全新的机遇。其中扎叶巴寺作为拉北环线靠近拉萨市的一个重要节点，成为拉萨市旅游北环线建设的重点项目。

达孜区将以扎叶巴寺为中心，重点打造扎叶巴旅游景区，将其建设为"拉萨东郊后花园"，为游客提供集吃、住、行、游、养生于一体的综合服务平台，并带动达孜区成为拉萨市的旅游副中心。整个扎叶巴旅游景区的规划建设面积为5平方公里，旅游景区内有8个自然村落，主打人文、生态和产业等特色。

"我们将采用以点带线，以线带面的方式对周边旅游资源进行打造，以扎叶巴村为点，将扎叶巴景区内几个自然村落串联起来，形成一条观光线，再在仲嘎村里打造西藏地区星空酒店、对扎叶巴沟进行景观改造，形成一个面的结合。"达孜区工业园区管委会副主任、达孜区旅投公司董事长蒋云峰表示，沟内200多户藏家统一进行外立面改造，红墙、白墙、青草地，整体景观效果非常亮丽。村里进行了藏家乐改造，为游客提供原汁原味的藏家餐饮、住宿、民宿体验等服务。同时，沟内还建设了藏乡情主题酒店、崖壁酒店、特色商业街、藏家村寨等重点项目，为游客提供综合性的旅游服务。

新建的扎叶巴游客中心分主楼和附楼两部分，主楼设置了票务中心、众创空间、商品购物中心和工作人员办公区域等，附楼提供的是游客餐饮和住宿。游客中心为附近村民提供了自产农副产品的展示和销售场所，针对游客提供藏家乐、深度旅游介绍等服务，并为大学生、文化产品创业者提供了产品创作、研发、生产和展示的平台。截至2018年9月，由达孜区主导开发的100多类特色旅游商品和达孜工业园区生产的商品已经上架销售。

扎叶巴旅游景区的开发建设，很好地处理了传统与现代的关系。"世界没有一个村落能够完全与世隔绝，生活在村落中的人们也希望与外界发生联系，这是村落进化中很自然的过程。我们希望，通过我们的村落改造和规划，让扎叶巴谷地居民们在保留传统文化，对他们博大精深的传统文化充满自信的同时，也能更好地融入现代生活，并且能够获得更好的生活体验和满足感。"一位承接当地旅游设计的项目组工作人员如此说道。

景区建设也对现有的环境进行了改造和优化，使环境更加优美、安全。据达孜区旅投公司董事长蒋云峰说，以往扎叶巴沟每年都会发生山洪，村民的财产生命安全都会受到威胁，2017年，达孜区旅投公司投入了280万元进行了景观化处理，架设铁丝网线加石块做成梯田式景观带，并在水系沿途播撒了格桑花种子，如今已经开得非常旺盛，而山顶的500亩油菜花更是开得灿烂。此外，达孜区旅投公司还将打造更为丰富的娱乐节目，如篝火晚会、油桃采摘、青稞田认领，以此来吸引游客。

　　未来的扎叶巴旅游景区会是怎么样的呢？隐修圣地、国家4A级景区、中国美丽乡村、文旅特色小镇、拉萨东郊的后花园……美丽的扎叶巴旅游景区，等待着远方的客人来揭开她的神秘面纱。

第二章
民俗风情，多姿多彩——民俗风情之旅

多姿多彩的西藏民俗风情游，为拉萨市乡村旅游增添了浓厚的文化气息。堆龙德庆区的桑木村，是西藏有名的"歌舞之乡"，也是中国最美休闲乡村——特色民俗村，这里有远近闻名的"藏年花艺术团"，也有独具特色的藏年花制作技艺。拉萨市北郊风景优美的娘热沟，是西藏文化的发祥地。游客可以在这里的娘热乡民俗风情园中吃藏餐、住帐篷，欣赏各种制作精美的藏族手工艺品……获得对西藏民俗风情全方面、一站式的深度体验。"望果节"是藏族人民一年一度欢庆丰收的传统节日，作为西藏农村最热闹的节日之一，集中展示了西藏农事方面的民俗风情，加上许多充满藏族特色的文娱活动，成为每年七八月西藏旅游清单上的必选项目。藏历新年是藏族人民的传统节日，作为西藏最重要的传统节日，是国内外游客深度体验西藏民俗文化不可错过的好机会。这些年来，"藏历新年游"逐渐成为西藏旅游新的文化标签和旅游风尚，带动冬季这个西藏旅游的传统淡季迅速火热起来，开辟了拉萨市乡村旅游的第二个黄金季节。

●桑木村：歌舞摇篮，最美特色民俗村●

"拉萨西边有个桑木村，有着灿烂的文化、特色的歌舞，还有美丽的藏年花……"

这首美丽动听的歌曲叫作《桑木美景》，所描绘的正是拉萨市堆龙德庆区的一座全西藏都十分有名的文化古村——桑木村。

2015年，农业部发布《关于公布2015年中国最美休闲乡村推介结果的通知》，共有 20 个村落被推介为 2015 年中国最美休闲乡村，西藏共有 3 座村落入选，桑木村名列其中，被评为特色民俗村。

桑木村是西藏有名的"歌舞之乡"，被视为西藏歌舞的摇篮，吹拉弹唱样样精通的民间艺人辈出，村民们自编自导自演的乡村文艺表演十分丰富，游客可以在这里尽情感受西藏歌舞艺术的魅力。

桑木村如今最有名的，是一个叫作"藏年花艺术团"的民间艺术团体。这个由桑木村村民组成的艺术团里有 20 多个人，最初都没有任何演出经验，但是这些民间艺人却成功登上了藏历新年晚会的舞台，从拉萨市走向了全国。在 2013 年藏历新年的曲艺专场晚会上，唯一一个由农民演绎的节目——《幸福罗萨美朵》惊艳全场，将桑木村藏年花的神话传说和历史由来展现得淋漓尽致。

《幸福罗萨美朵》也叫《幸福藏年花》，是由拉萨市文化局驻村工作队聘请专业老师为艺术团编排的，舞蹈和歌曲的内容反映了桑木村藏年花的神话传说和历史由来，并将制作藏年花的过程也融入歌舞之中。观众可以通过这个歌舞节目，了解藏年花的一切。

藏年花是"藏年花艺术团"成立命名的初衷，也是桑木村的一项传统的特产。

每到藏历新年，藏族家家户户摆放的切玛盒上总少不了五颜六色的象征美满丰收的罗萨美朵（藏年花）。在藏语里，"罗萨"是藏历新年的意思，"美朵"是花的意思，"罗萨美朵"就是藏年花的意思。藏年花是西藏冬季最美的花，是专门为藏族一年中最重要的节日——藏历新年准备的。

在整个西藏地区，桑木村的藏年花是最好的，拉萨市年货市场上的藏年花，大多出自桑木村的村民之手。每到藏历十一月间，桑木村几乎家家户户都要制作藏年花，这是祖祖辈辈留下来的传统，也是当地百姓的主要收入来源。

游客如果在此期间来到桑木村，就可以到当地村民的家中，近距离体验藏年花的制作流程，感受那其中所蕴含的浓浓的新年气息。

藏年花并不是我们常见的自然开放的花朵，而是一种经过染色的青稞麦穗。每年藏历四月十五之前开始播种，六月施肥浇水，八九月份开始收割。收割之后用一个月左右的时间晒干存放好，等到藏历十一月临近新年的时候

开始染色。

为藏年花染色的染料大多来自尼泊尔，染色的时候，先将染料加入烧热的水中，然后将备好的青稞麦穗放在其中染色10分钟左右，即可出锅。出锅后的藏年花晾干之后，就会五根一起地扎成一小把，其中红的两根、黄的一根、深绿和浅绿各一根，颜色鲜艳，煞是好看。

除了藏年花，桑木村还具有原生态的西藏田园风光，这里风景秀丽，村中的藏式村舍典雅古朴，与田园、林卡、溪流浑然一体，构成了美丽的乡村田园风光。

桑木村拥有传承千百年的历史人文积淀，保留有古老的庄园文化遗址，是体验西藏特色民宿的理想之地。村中有一座具有400多年历史的古老庄园，庄园的主人几经更换，现在已经无法查证。院子的中央有一个坍圮的桑炉，记录着数百年的沧桑岁月。栏杆上的色泽已经被岁月洗去，透过雕梁画栋上的斑驳印迹，依稀可见当年制作的精美。

立足于整个庄园，桑木村将在保留古建筑原貌的基础上，通过加固翻新，打造一处景点，作为展示贵族生活的场馆，让游客了解旧时西藏贵族的生活方式。此外，这里还将开发成为一个藏式婚庆体验的场所，供结婚的新人们感受藏式婚礼的独特魅力。

桑木村人杰地灵，出了许多有名的大人物，围绕这些知名的历史人物，开发出了许多重要的景点。其中的曲康玛布寺，是藏传佛教格鲁派三世达赖喇嘛索南嘉措的出生地，至今还保留着历史悠久的佛像、壁画等文化遗产。

据资料记载，1546年，4岁的索南嘉措被哲蚌寺的上层喇嘛认定为根敦嘉措的转世灵童，并用隆重的仪式将他迎进了哲蚌寺，取名索南嘉措，开始学经。7岁时索南嘉措正式出家，22岁时受比丘戒，然后周游各地，收徒传法。

索南嘉措是西藏历史上第一个获得"达赖喇嘛"称号的僧人，在他之前的两世达赖喇嘛为追认。索南嘉措推动了藏传佛教教义向蒙古地区传播，改革了蒙古社会部分野蛮落后的习俗，为促进民族文化交流、维护民族团结、弘扬藏传佛教事业做出了重要贡献。

桑木村在历史上曾为哲蚌寺、色拉寺的下属庄园，因为是索南嘉措的出生地，桑木村在西藏文化历史中也具有一定的地位。

另一个和桑木村有着渊源的伟大人物是莲花生大师，据说，桑木村的名字就是他在这里修行的时候起的。

为了让游客更好地体验西藏的民俗，桑木村建设了占地面积达40亩的桑木民俗度假村。民俗度假村中有专门为"藏年花艺术团"搭建的演出场地，游客可以在这里观看精彩的民俗表演。

民俗度假村里绿树成荫，有许多大大小小的帐篷，是夏日过林卡的理想场所。度假村中还有一个面积达到240平方米的民族手工艺展览厅，主要展示桑木村的特色手工挂毯制作工艺，游客在这里不仅可以观看到挂毯的制作工艺，还可以将自己喜欢的成品购买回家。

为了让游客切身体会到西藏农村的独特文化，桑木村还特别划出一块农田作为农事表演区，游客在这里不仅可以看到村民的劳动场面，还能听到农民耕作时的劳动号子。在村里的展览馆，游客可以看到村落基本情况、传统农具、传统服饰、主要农产品等展示，获得对西藏农村民俗文化的深度体验。

游客还可以品尝热情的村民提供的藏族农家饭和烤全羊等，欣赏村民的歌舞表演，加入篝火晚会尽情联欢。

如果想进一步体验西藏农村的民俗文化，游客还可以选择在村里的农户居住下来，桑木村有十几户"家访户"，所谓的"家访户"，就是可以接待游客进户体验的村民家庭。这些村民家庭住的都是传统藏式的老房子和老院落，主人会亲手为客人打制酥油茶，为游客提供最正宗的藏式美食，还会邀请他们一起唱歌跳舞，表达对他们的欢迎之情。

●娘热乡民俗风情园：体验纯正的藏式生活●

拉萨娘热乡民俗风情园，位于拉萨市北郊风景优美的娘热沟，距离拉萨市中心6.2千米，占地5万平方米。这里山清水秀、绿树婆娑、空气清新，是国家4A级旅游景区。

娘热乡民俗风情园以西藏民俗风情为主要特色，游客可以在这里吃藏餐、住帐篷，欣赏各种制作精美的藏族手工艺品，获得对西藏民俗风情全方面、

一站式的深度体验。

娘热沟是西藏文化的发祥地，是一个十分难得的西藏文化"宝地"，有着十分丰富的历史文化积淀。

来到娘热乡，第一站就是帕邦喀宫。帕邦喀宫是一座建立在巨石之上的宫殿，"帕邦"在藏语中的意思就是"巨石"。

关于帕邦喀宫的建造，有许多动人的传说。相传文成公主初到拉萨的时候，根据中原的数理和五行图推算，指出北为玄武（神龟）。松赞干布到拉萨市北郊一看，果然在娘热沟发现了一个巨大的石块儿，高出地面四五层楼的样子，形状真如伏龟一般，于是就在上面修筑了帕邦喀宫堡。

帕邦喀宫中筑造的有"怙主三尊殿"，为帕邦喀的重要组成部分。所谓"三尊"指的是藏传佛教密宗事部三怙主（护法），即莲花部之观音菩萨、佛部之文殊菩萨、金刚部之金刚手菩萨，这"三尊"也分别象征着"仁"（悲）、"智""勇"三德。

帕邦喀宫在历史上曾遭毁坏，但是有两个非常宝贵的文物幸存了下来。一处是历史悠久的怙主"三尊"浮雕像。据五世达赖喇嘛阿旺·洛桑嘉措所著的《西藏王臣记》记载，这三尊浮雕像是由尼泊尔工匠根据当时自然现出的怙主三尊的神采雕刻出来的。其造像风格别具一格，具有西藏早期雕刻的特征。

另一处是吞弥·桑布扎用藏文书写的"唵、嘛、呢、叭、咪、吽"——六字真言的刻石。据说六字真言中含有诸佛无尽的加持与慈悲，颂念一遍，其功德相当于颂念五百头大象所驮的全部经典。

传说当年吐蕃"七贤臣"之一吞弥·桑布扎奉松赞干布之命赴天竺学习并创制藏文，归来之后，在帕邦喀寺朝见松赞干布和两位王妃，为他们呈献用新制藏文撰写的颂词。兴致所至，大笔一挥，吞弥·桑布扎在石壁上用新创的藏文写下了这六个大字，然后令石匠雕刻，这块石壁至今保存得完好无损。

这块"六字真言"刻石现在镶嵌于"怙主三尊殿"门廊外的右壁内，长1.22米，宽0.66米，六个藏文大字为减地浮雕阳文。由于这些传说和故事，帕邦喀寺也被视为吞弥·桑布扎创制藏文、赞普松赞干布初学藏文并颁布第一个藏文政令的地方。

除了这些历史文化古迹，娘热沟还有著名的拉萨三大寺之一——色拉寺。该寺地处山麓，柳林处处，自古为高僧活佛讲经说法之地。寺内有著名的马头明王金刚像，以及永乐皇帝赐予的第一部用雕版印刷术印制的藏文大藏经《甘珠尔》等等。在色拉寺周围，著名的曲桑日追等僧尼小寺环绕其间，具有浓厚的宗教文化氛围。

娘热沟也是被誉为拉萨市"半坡"的曲贡文化遗址的所在地。1984年10月，西藏考古学家在拉萨市北郊娘热沟曲贡村发现了这处遗址，从中了解了几千年前生活在这里的西藏先民的生活情景。这说明至少在4000年之前，拉萨地区就已经有人类居住，他们过着以农耕为主、畜牧为辅的生活。那时生活在这里的人们便有了熟食的习惯，陶器按照不同的用途做成不同的形状，饮食生活已经比较丰富充实。网坠、鱼骨遗存的发现，说明当时拉萨河鱼类资源丰富，当地人早有食鱼的习惯，骨器和陶器技术达到了相当高的水平。这里还发现了一个"猴面贴饰"的陶器，和藏族"猕猴变人"的族源神话传说有着渊源关系，将这个族源神话的源头提前到了史前时代。

曲贡文化遗址所揭示的文化内蕴极为丰富，可以和中原新石器文化媲美，因此它也被称为"曲贡文化"。由于考古上的发现，以及当地极为丰富的文化资源，娘热沟也被视为西藏文化的发祥地。娘热乡民俗风情园的建设，也正是基于这些丰富的历史文化背景。走进娘热乡民俗风情园，游客可以充分体验到各种具有代表性的西藏文化。

在藏文书法展馆，游客不仅可以看到公元7世纪至今的80多种风格迥异的藏文，还可以看到藏文创制之前的象雄文字。藏文在创制过程中，也吸纳了象雄文字的精华，通过这两种文字的对比，更让我们体会到了西藏文化的源远流长、博大精深。

而这88种藏文字体的展示方式也很有特色，通过藏族文化中独具特色的绘画艺术形式——唐卡来展示，令人目不暇接。第一幅唐卡上印着的是公元前4000年的象形字，被称为达斯文字，是藏族先民最早使用的文字。后面的乌金文字，是由吞弥·桑布扎在公元7世纪创造的，是目前西藏地区普遍使用的文字。在我国的少数民族中，藏文是字体种类最多的文字，共有120种之多。据工作人员介绍，这些唐卡都是当地的老百姓制作的，富有西藏特色，非常漂亮。

由于这些文化展示具有很强的学术性和专业性，为了让游客充分体验西藏文字诞生地的文化魅力，园区聘请了西藏区内的书法家、文学家、民俗专家、藏医藏药等方面的专家，以及文物考古方面的专家学者，组成了专家组，对藏文字进行广泛的考证和搜集。专家组不仅到西藏区内的各寺院、档案馆搜集资料，还远赴青海省搜集关于文学方面的实际资料，通过各种方式，广泛收集藏文字的各种书法文体。

娘热乡的藏戏远近闻名。当地的民间艺术团成立于20世纪70年代初，以精深的唱腔、美妙的舞姿而广受赞誉。在2008年北京奥运会的开幕式上，精彩的西藏蓝面具表演《吉祥奥运》，就是由娘热民间艺术团表演的，以丰富的西藏民俗特色，向世界充分展示了西藏文化的魅力。

在娘热乡民俗风情园，大家既能够看到《卓娃桑姆》《苏吉尼玛》《白玛文巴》《诺桑王子》《智美更登》《顿月顿珠》《朗萨雯蚌》《文成公主》等传统八大经典藏戏，还能够看到一些具有现代气息的歌舞剧目，近距离感受藏戏的迷人魅力。

作为西藏农牧文明的旅游示范点，娘热乡民俗风情园充分体现了西藏农牧文明的整体特点。

娘热乡的糌粑水磨文化历史悠久，可以追溯到唐代文成公主进藏时期，沟内至今还保留和沿用着许多水磨和传统的糌粑磨制技艺，是西藏宝贵的非物质文化遗产。在娘热乡民俗风情园，人们可以看到糌粑水磨房和原始榨油房，体验西藏传统农耕文明的魅力，尽情享用以古老方式制作的糌粑、酥油茶、青稞酒、牦牛酸奶、奶渣等富有当地特色的乡村绿色餐饮；品尝配有野生调味品的土制烧烤，到各式西藏民俗餐厅大快朵颐，体验舌尖上的西藏文化。

在园区的农家园中，大家可以看到西藏十分有名的农具——"二牛抬杠"。每当春耕之时，西藏人民都要举行一个祈福仪式，把横杠套在两头牦牛的角上，祈求在新的一年里风调雨顺，有个好收成。《西藏王统记》中有记载：上丁二王时（约公元前2世纪），藏族先民"制犁与轭，合二牛轭，垦平原以为田"。

细心的人们可能会发现，展示的挂在牦牛身上的铃铛都是形状各异、声音不同的。为什么呢？原来这是智慧的藏族人民在耕地的时候用来区分牲口的，不同的牲口，给它们挂的铃铛也不一样，这样就可以通过声音来区分它们了。

为了给游客带来原汁原味的体验，这些农耕器具，包括日常生活的一些用具、器具，都是园区派专门人员到西藏农牧区去收集的。工作人员还耗费很大心力，去农牧区收集原始的炸油房。

通过炸油坊、农耕器具、农家灶房等物品的展示，将早先藏族人民的生活浓缩在一个园林之中，让游客充分感受西藏农牧民的生活特色。

在民宅区，游客可以充分体验拉萨林卡风情、西藏北部牧区帐篷、林芝木屋、藏式农家苑等不同特色的住宅风格，从完全不同的藏族家庭摆设和家具布置中，充分感受原汁原味而又丰富多彩的藏族特色文化。

娘热沟位于拉萨近郊的天然生态景观区，也是离拉萨主城区最近的乡村田园景观区，因此这里也是过林卡的绝佳之地。而娘热乡民俗风情园也是在一个林卡景点的基础上发展起来的，依托于当地丰富的自然人文资源，一步步发展成为国家4A级景区。

园区内的林卡娱乐园是最受游客欢迎的地方之一，游客在这里可以观看藏戏、民族歌舞表演，还可以参加登山、骑马、射响箭等丰富的具有藏族特色的活动。来自娘热民间艺术团的演员，还会为游客带来精彩的藏戏演出。

娘热乡民俗风情园还开设有民俗手工艺展销园，人们可以在这里欣赏并体验到各种品类丰富、博大精深的西藏传统手工艺制品，如唐卡、土陶器、藏宣纸、氆氇、卡垫。

唐卡是用彩缎装裱后悬挂供奉的宗教卷轴画，被誉为"随身佛"。其内容包罗万象，涉及藏族历史、政治、社会、文化、生活等多方面，被称为"藏族的百科全书"，前面藏文书法展馆中的藏文字就是用唐卡来展示的。唐卡的制作极为考究，通常使用金、银、珍珠、玛瑙、珊瑚等珍贵的矿物颜料，以及藏红花、大黄、蓝靛等植物颜料，因此可以历经千百年而色彩如新。唐卡还有"布谷鸟叫3遍的作品"之称，说明画唐卡极需耐心，历时很长。

在娘热乡民俗风情园，观赏唐卡是中外游客的必选项目之一。在唐卡展区，游客可以参观到多幅关于藏医医术的唐卡，通过唐卡这一载体，游客可以全面直观地了解到藏医藏药、人体解剖、保健、妇儿卫生、医药器械等方面的知识。特别是74幅唐卡绘画展，将那个时期西藏的经济、社会、文化发展的各个侧面，都完整地展现在了我们的眼前。

娘热乡民俗风情园是文化与旅游充分融合的成功典范，作为拉萨旅游的知名景区，它也得到了来自世界各地游客的高度评价。来自波兰的玛格瑞特女士说，她不仅在这里品尝到了原汁原味的雪域藏餐，还观赏到了富有藏族特色的歌舞。

这些年来，娘热乡民俗风情园不仅很好地传承和发扬了西藏的传统文化，也成为带动当地乡村旅游发展，实现旅游富民的有力抓手。

自2001年娘热乡民俗风情园开始建设以来，除了收获了良好的文化效益、旅游效益，它也一直坚持发展当地经济、让当地村民受益的初心和宗旨，让当地村民吃上了旅游饭，过上了红火的好日子。

● 望果节：载歌载舞，祈祝丰年 ●

望果节是藏族人民一年一度欢庆丰收的传统节日，流行于拉萨、日喀则和山南等地。2014年11月11日，经国务院批准，望果节被列入第四批国家级非物质文化遗产名录。

随着拉萨市乡村旅游的发展，节庆旅游以其鲜明的文化性和身临其境的体验性，深深吸引着来自四面八方的游客。而望果节作为西藏农村最为热闹的节日之一，也成了每年七八月西藏旅游清单上的必选项目。

望果节和田地有着密切的关系，"望"的藏语意思是"田地、土地"，"果"的藏语意思是转圈，"望果"就是"绕着田地转圈"的意思。和转山转湖相似，人们希望通过这样的方式来向神明表示虔诚的敬意，以此来祈求风调雨顺、五谷丰登。

望果节的时间一般是在青稞黄熟以后，开镰收割的前两三天举行，历时一至三天。因为每个地方农作物成熟的时间不一致，所以没有固定的日期，而是以乡为单位，根据当地的农作物成熟情况由乡民集体来议定。因此虽然都是望果节，各地的日期却有很大的不同。以2019年的望果节为例，拉萨市曲水县茶巴朗村的望果节是7月20日开始的，曲水县达嘎镇的"望果节"是7月27日开始的，林周县强嘎乡典冲村的"望果节"是8月24日开始的。

每年的藏历七八月，随着西藏各地陆续进入青稞的丰收季，各地的望果

节也如火如荼地开展起来了。望果节的活动一般分为两个部分：第一个部分是转田仪式，第二个部分是文娱活动。

转田当天，村民们都会起个大早，赶在早晨阳光洒满青稞地的时候开始，这是转田的最好时机。转田的时候，村民们会身着盛装，手持麦穗、扛着经幡、高举佛像、背着经书、吹着佛号，围着农田转圈游行，要将村庄附近的庄稼地都转一遍才能结束。

转田的时候还要进行煨桑祈福活动，因此转田队伍经过的地方，都是一片桑烟缭绕的景象。而在这个时候，田里正在劳作的人们也会停下手中的活计，对着转田的队伍大喊"恰古修……央古修……"（招财引福的意思）整个村庄都沉浸在祈福的气氛中。爱美的妇女们还会在路边采些美丽的花儿，与吉祥彩箭一起握在手中，以此来表达庆祝丰收的喜悦心情。

转田仪式结束之后，各地还会举办各种充满藏族特色的文娱活动，不同的地方，所举办的活动也各不相同。有的地方举行赛马活动，有的地方举行赛牦牛活动，有的地方会进行拔河、搬石头比力气比赛等等。

望果节的时候，家家户户都要准备丰盛的食物，穿上最漂亮的衣服，或者在田边围成一个圈，开始一天的野餐聚会，或者在村里邀请亲朋好友一起宴饮。晚上的时候，还会举办热情的篝火舞会，青年男女则会围着篝火尽情跳舞，对歌调情，直到深夜。

2019年7月23日，是曲水县茶巴朗村望果节的第三天。这一天，村民们身着节日的盛装，早早地准备好自家酿制的青稞酒、酥油茶、甜茶等各种饮品，在林卡里载歌载舞，开怀畅饮。当然，最吸引人的活动，还是当天举行的赛马活动。

上午11时，赛马活动正式开始。骑手们身着传统服装，戴着红缨帽，身背弯弓，骑着打扮华丽的骏马出现在赛场上，在现场观众震耳欲聋的鼓劲呐喊声中纵马驰骋，为观众带来了4000米速度赛马、拾哈达、射箭、马术等精彩激烈的比赛。

骑手拉巴次仁已经是第三次参加望果节的赛马比赛，他表示，望果节一年比一年热闹，但是最热闹的还是赛马。

比赛结束后，茶巴朗村还为名列前茅的骑手们颁奖，鼓励他们继续力争上游，为茶巴朗村增光添彩。而对于没有获得名次的骑手，则以喝酒、唱歌、跳舞等形式进行了"惩罚"。在欢快喜悦的气氛中，为期3天的望果节圆满地落下了帷幕。夜幕降临之后，茶巴朗村的村民还和游客们一起手拉手跳起了欢快的锅庄。

这次望果节不仅是当地人欢乐的节日，也使许多外地的游客感受到了这个藏族传统节日的魅力。来自湖南省的游客张伟，通过在曲水县工作的朋友早早地知道了这次活动，这次他特意带着儿子前来观看表演。"表演很好看，捡哈达看着很惊险，真的挺刺激的。"精彩的马术表演，在他和儿子的西藏之旅中留下了难忘的一笔。

望果节是一个非常古老的节日，在西藏有着1500多年的历史。望果节的来历和西藏传统文化之根——雍仲苯教有着密切的联系。相传在公元5世纪的时候，这时藏传佛教还未兴起，赞普布德贡坚为了祈求粮食丰收，向雍仲苯教的佛祖请教，佛祖指出，必须让农民们在即将收获的田地周围转圈并以舞蹈娱神，这样上天才会赐予丰收。于是便形成了传统的转田仪式：由苯教僧侣高举幡旗，手拿缠绕哈达的神杖"达达"与羊右腿，作为祭祀队伍的先导，率领全村手持青稞麦穗、身着盛装、打着彩旗的农民，虔诚地抬着由青稞穗扎成的丰收塔，敲锣打鼓，围绕农田进行"收敛地气、祈求丰收"的法事游行活动，这也形成了望果节的基本仪式。

望果节的内容仪式随着时代的发展而不断丰富，公元8世纪中期，藏传佛教宁玛教派兴盛，望果节也带上了宁玛教派的色彩，如要由咒师主持念咒来保佑丰收。14世纪，藏传佛教格鲁派成了西藏的主要教派，这个时期的望果节便融入了格鲁派的色彩，如在游行的队伍前面，要举佛像、背经文。

在这个过程中，望果节也渐渐由简单的宗教祭祀仪式，发展成为内容丰富的节日活动，增加了赛马、射箭、唱藏戏等内容，并由此慢慢形成了"绕田游行"和"庆典活动"两大板块。

西藏和平解放后，百万农奴翻身做了主人，望果节的内容也发生了根本性的变化。除了内容更加丰富，望果节也不再只是农村预祝丰收的节日，而成了一个全民共同庆祝的节日，起到了加强民族团结、增进城乡交流、密切工农关系等重要作用。

进入新时代之后，望果节在延续古老传统的同时，更是融入了时代的精神风貌。2017年拉萨市达孜区邦堆乡的望果节中，将节日和"四讲四爱"融合起来，在活动前夕发放环保袋与环保宣传手册，在欢度节日的同时，也提高了当地村民的环保意识。

●藏历新年：开启"冬游西藏"新风尚●

藏历新年是藏族人民的传统节日，受西藏文化影响较深的不丹和蒙古也过藏历新年。2011年5月23日，藏历新年经国务院批准列入第三批国家级非物质文化遗产名录。

藏历新年游的火爆，与藏汉文化"同根同源"的历史文化渊源，以及藏汉两族人民血浓于水的民族情谊有很大关系。从文化源流上来看，藏历新年和汉族新年有着源远流长的文化亲缘关系。在漫长的文化历史当中，藏族文化受到中原文化的深远影响，两者保持着密切的互动和交融关系。

这种互动和交融关系以唐代为分水岭。唐代以前，西藏地区是以麦熟为新年，这和上古时期汉族地区的过年一样，本来的含义都是庆祝丰收。汉字"年"的甲骨文写法，就是"一个人背负着成熟的禾"的形象，表示庄稼成熟，因此，也有了"年成"这个词语。现在汉藏语系的水族还保留着古式过年的风俗，以夏历的八月为年末，九月为年首。

藏历新年的腊月二十九要吃"古突"，就和汉族除夕吃饺子一样。"古"的藏语意思是九，这里指的是二十九，"突"即突巴，指的是用面团做的面疙瘩汤。藏族人会在面团中包入辣椒、羊毛、糌粑、盐巴、小麦、钱币、木炭、纸片等东西，分别代表不同的寓意，如羊毛代表心软，糌粑代表心地善良，钱币代表发大财，辣椒代表嘴巴不饶人。吃到面团的人要当众分享自己吃到了什么，大家嬉笑吵闹，共同等待节日的到来。

藏历新年的时候，家家户户还要在一个绘有彩色花纹的木盒中放入用酥油拌的糌粑、炒麦粒、人参果等食品，这是藏族人过年最重要的仪式。甚至有很多西藏人认为，没有"切玛"的藏历年，不算是一个完整的藏历新年。它是许多藏族人最难忘的童年记忆，小时候过年最盼望的东西就是"切玛"，过年"偷吃"切玛是他们童年最快乐的事情。

177

"切玛"的制作有着各种各样的讲究，首先是制作一个长方形的切玛盒，在上面雕刻上吉祥八宝或者龙凤呈祥的图案，涂上西藏最鲜明的黄色和红色。临近新年的时候，再炒麦子、青稞，做酥油花，将做好的食物一分为二地放入盒中，左边放入小麦（或生或熟），右边放入酥油、白糖拌匀的糌粑。然后插上五颜六色的"藏年花"——一种象征着美满和丰收的染色青稞。此外，还要准备一个彩色酥油塑的羊头，并提前用水浸泡一碗青稞种子，使它在新年的时候能够长出一二寸长的青苗。"切玛"和青稞麦苗会被当地百姓供奉在神案的正中，祈祷来年五谷丰登、人畜兴旺。

藏历新年也有拜年的习俗，但是他们拜年是从大年初二开始。亲戚好友相互登门拜年，互赠哈达，互道一声"罗萨扎西德勒"（新年吉祥如意）。如果过年到了藏族人家中，老阿妈就会向你献上"切玛"，客人要从"切玛"中取出一点食物，并说"扎西德勒"，然后放入口中，祝福新春如意、身体健康。

藏历新年期间，大家也会围成一圈跳起欢快的锅庄和弦子舞，在六弦琴等乐器的伴奏下，手拉手地踏地为节拍，一起欢歌。这时还会有精彩的藏戏表演，以及角力、投掷、拔河、赛马、射箭等活动，整个藏区洋溢在欢乐、喜庆、祥和的新年气氛中。

对于各地的游客来说，在藏历新年期间到西藏旅游，可以集中地感受丰富多彩的藏族民俗，深入了解当地群众的生活习惯及风土人情，也能和当地的藏族同胞一起过新年，更添一份新年的快乐和祝福。

为了让国内外游客能够借助藏历新年深入了解和体验藏族的文化风俗，拉萨市城关区旅游局从 2014 年就推出了藏历新年体验活动。活动自开展以来就受到各地游客的喜爱，为冬游拉萨奠定了良好的基础。

　　2016 年，拉萨市城关区旅游局邀请了 60 名游客到夺底乡"好客藏家"和群众一起欢度藏历新年，这次活动安排在了夺底乡洛欧村和维巴村的"好客藏家"内进行。夺底乡文化历史悠久、文物古迹众多、自然风景秀美、光热水能资源充足、气候独特，是"好客藏家"游客入住最多的一个乡。

　　这次活动的日期选在了藏历新年最重要的三天：藏历十二月二十九（除夕），藏历大年初一、初二。在这三天，游客可以走进藏族群众家中，看他们给窗户和门换上新的"夏布"——新布帘，把门前、房梁和厨房用白粉画上吉祥的图案，营造出喜庆的节日气氛。除夕还能和他们一起做"古突"、吃"古突"，共庆新年，共同期盼幸福吉祥。

　　在"好客藏家"中，还为游客准备了过年的藏装，游客可以穿上藏装，更加深入地感受西藏文化和民俗的魅力。

　　游客可以在"好客藏家"中品尝到地道正宗的乡间自酿青稞酒，体验传统的西藏味道。在藏式小屋中，用大个的酒器将酒倒进碗里，酒香四溢，加上自制的酥油茶、甜茶、糌粑、奶渣等充满藏族风情的美食，让整个藏历新年的年味儿也因此而变得更加浓郁。

　　在藏历新年，游客还可以参加当地气氛热烈的祝酒歌会和篝火晚会。当地人会为游客斟满香气四溢的青稞酒，摆上装的满满当当的糌粑碗，并向游客介绍青稞酒、糌粑等藏族美食的具体做法。寒暄过后，大家就开始唱歌，一边的人唱着歌，一边的人打着拍子，一首歌接着一首歌，看谁的声音唱得高。唱得口渴了，就开始喝酒，一碗接着一碗。所有的人都扯着嗓子吼，抛开所有的拘谨和隔阂，尽情地唱，一醉方休。

　　酒足饭饱之后，就在晚上点起一堆篝火，不管认识不认识，大家都一起牵起手来围着篝火准备着。随着藏族朋友嘹亮的一声"yahoo"，热烈的锅庄舞就跳起来了。随着火苗越烧越高，气氛也越来越热烈，大家都融进这亮堂堂的火光里，尽情地唱，尽情地跳。

　　藏历新年游让许多外地游客充分体验了西藏的各种年俗，度过了一个难忘的新年。2017 年，来自天津市的游客韩松在夺底乡维巴村的"拉萨人家"

度过了从除夕到大年初三的快乐时光。"作为第一次来西藏旅游的游客,能够有这种集中体验西藏民俗的机会,感觉自己非常幸运。"谈起自己在西藏的过年经历,韩松赞不绝口。

2019年春节期间,来自广州市的游客杨先生在体验了藏历新年游之后说道:"年前,我们就完成了传统的走亲访友,随后就带着家人来拉萨旅游,主要是想感受一下少数民族地区过年的气氛。这次来到拉萨,我们全家感受到了独特的西藏民俗文化,这个年过得非常有意义。"

藏历新年游让许多当地人走上了致富的道路,老百姓参与乡村旅游事业的积极性越来越高,他们以更大的热情投入了乡村旅游的建设中,为游客提供了更好的旅游体验。

2018年年初,伴随着拉萨乡村旅游的红火节奏,西藏旅游祭出大招,借势推出了"冬游西藏"的系列优惠政策,决定于2018年2月1日至4月30日,布达拉宫等全区A级旅游景区免费对所有旅游者开放,并配套推出航空、住宿等优惠政策。

这些优惠政策吸引了很多关注西藏旅游的游客,湖北省武汉市的陈凌燕得知这一消息后,决定和家人在春节假期期间一起到西藏过年。她和家人不仅参观了八廓街和布达拉宫等西藏知名景点,感受了赛马表演,还专门到了堆龙德庆区的达东村,感受了一下高原乡村旅游的迷人魅力。

藏历新年游的火爆,折射的是游客旅游理念的变化。居住在拉萨老城区的丹增诺宗表示,近年来她发现游客对吃、住、行等方面的要求和以往相比有了很大变化。四五年前,游客们喜欢问:"星级酒店怎么走、一些有名的餐厅在哪条路上?"而这几年游客们经常问的是:"在哪里可以吃到地道的当地食物、家庭旅馆怎么走?"越来越多的游客到拉萨市旅游不只是为了参观和游玩,而是想真正地了解藏族的文化和习俗。

藏历新年游火爆的同时,也获得了高质量的发展。据2019年最新数据统计,2月4日起至2月13日下午,拉萨市旅游接待量达到了36万多人次,同比增长27.49%,其中一日游19万多人次,同比增长21.03%,过夜游客16万多人次,同比增长36.34%;旅游收入3.3亿元,同比增长30.31%。

与此同时,由于拉萨市各个相关部门的密切配合,实行了24小时值班制度,确保旅游市场的安全有序,受理游客投诉与同期相比有较大幅度的下降，投诉结案率达 100%，游客满意度达 100%。

随着拉萨市乡村旅游文化内涵的不断挖掘，以及景区配套服务质量的进一步提升，藏历新年游未来还会得到进一步的发展，并通过与周边景区的合力效应，带动冬季成为西藏旅游的第二个黄金季节，燃起西藏旅游冬天的这"一把火"。

第三章
文化之源，精神家园——"非遗"文化之旅

非物质文化遗产是一个民族的文化记忆。堆龙德庆区乃琼镇甲热村被称为"觉木隆"，是有名的"藏戏之乡"，自古就因为藏戏而闻名遐迩。围绕着国家级非物质文化遗产——藏戏这一主题，当地打造了主题生态博物馆，在保护和传承非物质文化遗产的同时，也带动了当地乡村旅游的发展。堆龙德庆区马镇的措麦村因著名的拉萨市级非物质文化遗产——措麦藏戏而备受关注。措麦藏戏的产生和七世达赖喇嘛格桑嘉措有着密切的关系，至今仍然保持着古老的发声方式，浑然雄厚、高亢质朴的嗓音，总能产生超越时空、撼动人心的力量，将人们带回那遥远的过去。俊巴渔村是拉萨河下游与雅鲁藏布江交汇处的一个世外桃源般的渔村，被誉为中国唯一的"天上渔村"。俊巴渔村以独特的渔村文化而闻名，其中有一处国家级非物质文化遗产"郭孜"（"牛皮船舞"）——俊巴渔村独有的一种民间舞蹈；两处西藏自治区级非物质文化遗产——"全鱼宴"和手工皮具制作，均为特别受游客欢迎的文化旅游项目。在现代文明的大潮中，拉萨的"非遗"依然绽放光彩，具有鲜活的生命力，让拉萨市乡村旅游的文化底蕴更为厚重。

● 觉木隆村：走进藏戏民间艺术之乡 ●

在西藏，只要一谈到藏戏，人们就会联想到"觉木隆"。这个位于拉萨市堆龙德庆区乃琼镇甲热村的被称为"觉木隆"的地方，是有名的"藏戏之

乡"，自古就因藏戏而闻名遐迩。村落附近的觉木隆寺，被认为是著名的蓝面具藏戏拉萨流派的缘起之地。

藏戏是起源于公元8世纪藏族的宗教艺术。17世纪时，藏戏从寺院宗教仪式中分离出来，逐渐形成以唱为主，融合唱、诵、舞、表、白、技等基本程式的生活化的表演。藏戏在发展的过程中，不断吸纳西藏传统文化中的歌舞、表演、说唱、文学、绘画、雕刻、杂技等多种艺术元素，因此被誉为"藏族的百科全书""藏文化的活化石"，同时，它还是"雪顿节的灵魂"。2006年，觉木隆藏戏被列入国家级非物质文化遗产代表性名录。

藏戏是如何产生的呢？这要从藏戏的开山祖师——唐东杰布的故事说起。相传唐东杰布生活在帕竹时期，从小为人放羊，了解人民的疾苦。当时的雅鲁藏布江上还没有桥梁，他发现群众要过高原河川、峡谷急流，十分危险不便，便发誓架桥，为民造福。可是，当身无分文的他把自己的愿望说出来的时候，却招来了人们的哄堂大笑。

但是唐东杰布并没有气馁，他在简单的跳神仪式中穿插了生动的情节，加入流传在民间或记载于佛经中的完整故事，将其改编成剧本，并邀请了山南市琼结县白纳家的7名貌若天仙、能歌善舞的姊妹，共同组成了歌舞演唱队，以歌舞演出团的形式四处演出他创作的作品，这就是藏戏的雏形。就这样，靠着藏戏演出的收入，唐东杰布在雅鲁藏布江上留下了58座铁索桥，他也成了藏戏的开山祖师。因为这样的起源，藏戏在藏语中被称之为"阿吉拉姆"，意思是"仙女姐妹"——因为它最早是由七个姊妹演出的。

藏戏的历史悠久，在藏族人民的精神生活中具有无法替代的地位。由于受到严格的宗教神规制约，藏戏在发展过程中受汉族文化的影响较少，从表演内容到形式上更多地保留了原始风貌，是了解西藏文化风俗的重要窗口。藏戏也代表了藏族文学的一个高峰，它的剧本既重音律，又重意境，融入了大量的格言、谚语、成语和寓言故事，保留了藏族古代文学语言的精华。

藏戏的传统剧目有"十三大本"，包括《文成公主》《诺桑王子》《朗萨雯蚌》《卓娃桑姆》《苏吉尼玛》《白玛文巴》《顿月顿珠》《智美更登》等"八大藏戏"，此外还有《日琼娃》《云乘王子》《敬巴钦保》《德巴登巴》《绥白旺曲》等，各剧多含有佛教内容。藏戏的服装从头到尾只有一套，演员不化妆，主要是戴面具表演。藏戏有白面具戏、蓝面具戏之分，觉木隆藏戏属于蓝面具戏。每年的雪顿节是藏戏班子纷纷演出的日子，所以雪顿节也有"藏戏节"之称。

诞生于拉萨堆龙德庆区乃琼镇甲热村（觉木隆村）的觉木隆藏戏，在西藏所有的藏戏队和流派中，艺术发展最为完备丰富，在群众中的威望最高、影响最大、传播最广。2002年，甲热村被自治区政府命名为"藏戏民间艺术之乡"。由于是藏戏之源，加之政府保护得当，如今的觉木隆藏戏队名扬四海，同时也是西藏自治区藏剧团的前身。

觉木隆藏戏对西藏地区的其他藏戏流派具有深远影响，如江嘎尔剧团演出《朗萨雯蚌》和《文成公主》时，许多唱腔都是直接学用觉木隆藏戏的；拉萨市、山南市的藏戏团体，大多数也是属于觉木隆派的；边远的亚东县的四五个藏戏队，也属于觉木隆派。

觉木隆藏戏的产生，源自唐东杰布的弟子——唐桑姑娘。她嗓音甜润，演技出众，后来嫁给了觉木隆村的鲁固为妻。从此鲁固敲鼓，唐桑唱戏，藏戏就在觉木隆安下了家。他们独特的鼓声和高超的演技赢得了人们的喜爱，并逐渐形成了在藏戏历史上名声最大的民间藏戏队。

觉木隆藏戏队一直在西藏藏戏中占据了正统的地位。在旧西藏，觉木隆藏戏队是西藏地方政府唯一带有专业性质的剧团，归西藏地方政府"孜恰列空"和贡德林寺共同管理，但无薪俸。除了参加雪顿节会演可以获得赏银和食物，其他时间则到西藏各地卖艺乞讨度日。但是他们具有一项重要的权力，就是可以任意挑选最优秀的演员。他们持有西藏地方政府发的一纸文书，声明他们所到之处，在业余藏戏团体中如果发现优秀的苗子或尖子，可马上挑走，该团体不得阻拦。由于这个剧团在开办之初住在堆龙德庆区觉木隆村的"雄巴拉曲"泉水边，因此被称为觉木隆藏戏队。

觉木隆藏戏经过唐桑、米玛强村、扎西顿珠等几代艺术家的组织经营、精心创造和改革丰富，逐步兴盛了起来，还出了几个著名的演员，如阿妈拉巴、阿妈次仁、阿古登巴、次仁更巴。

到了近代，随着时代的发展，在现代表演方式的冲击下，传统的藏戏面临着巨大的挑战。在拉萨市委、市政府的关怀和帮助下，藏戏得到了很好的保护和传承。

洛桑扎西是拉萨市觉木隆藏戏表演队的戏师，带有36名徒弟。2010年，年轻的洛桑扎西被确定为拉萨市觉木隆藏戏传承人。令洛桑扎西感到振奋的是2013年《文成公主》大型实景剧的成功，让他觉得对觉木隆藏戏的发展启发很大。拉萨市很有实力的企业也向他抛出了合作的橄榄枝。"他们也想把觉木隆藏戏打造成像《文成公主》大型实景剧那样的精品。我们是英雄所见略同、不谋而合。"洛桑扎西高兴地说。

现在的觉木隆藏戏人才济济，后继有人，在国家的大力支持下，更有国家级非物质文化遗产的加持，再加上市场化运作的输血，一定会发展得更好，为拉萨市乡村旅游的发展提供更强大的文化力量。

在觉木隆村，有两个和藏戏有关的旅游景点是不容错过的：觉木隆寺和藏戏林卡。始建于1169年的觉木隆寺有着十分悠久的历史，它的建寺时间早于西藏"三大寺"，迄今已经有800多年历史。觉木隆寺的长寿殿里供奉着三尊高达六七米的长寿佛，据说这些长寿佛比小昭寺里供奉的还要早许多年，可以说是西藏最早铸造的长寿佛。主殿所绘制的大威德金刚像距今已经有400多年的历史，具有较高的文物价值和艺术价值。同时，其内壁用"乌金"做的矿物颜料所绘制的黑底壁画也很有特色。

当然，觉木隆寺中最有特色的，当属主殿侧室里展示的那些形态各异的面具。据寺管会副主任普次伦珠介绍，这些都是每年冬夏用来"跳神"的。而从这一宗教仪式中，似乎也能找到些许觉木隆藏戏的影子。

觉木隆村的民俗休闲度假区内有一个占地约8.68万平方米的藏戏林卡。整个林卡生态环境良好，内有藏戏表演、特色餐饮、藏戏知识展示等项目，游客可以在带有藏戏面具图案的帐篷内一边休息，一边听藏戏。

在民俗休闲度假区内还建有藏戏排演场和藏戏面具典藏馆。其中藏戏排演场为编排和表演一体化的开放式舞台，占地260平方米。游客不仅可以在表演区观赏藏戏，还可以进入藏戏队的排练场观看演员的日常排练，跟随专业演员学习一些唱腔和动作。

觉木隆村还有一个深度的藏戏文化体验项目——"藏戏人家"，这些家庭都是觉木隆村中出过藏戏演员的，其中包括至今还健在的八位老一辈藏戏师傅的家庭，对藏戏文化感兴趣的游客可以选择到这些家庭入住，一定能够有所收获。

这些年，在国家的大力支持下，觉木隆村的藏戏队也逐渐走上了商业化运作的道路，特别是在被命名为"藏戏民间艺术之乡"、入选"国家级非物质文化遗产保护项目"之后，觉木隆藏戏获得了更多的社会关注，演出的机会越来越多，并获得了商业资助，有了自己的排练场地。

随着藏戏商演的成功，这个原本连饮水也要排队的山洼深处的小村落，慢慢变成了一个现代化的村庄。祖祖辈辈要靠土里刨食的农民，如今告别了面朝黄土背朝天的命运，过上了和城里人差不多的生活，村里热爱藏戏的年轻人也越来越多，藏戏的传承后继有人。

随着乡村旅游的发展，一定能够将"觉木隆藏戏"打造成为拉萨市乃至整个西藏地区文化旅游的一张崭新的"文化名片"，为西藏全域旅游的发展贡献力量。

● 措麦藏戏：创新传承，留住悠悠乡愁 ●

措麦村，在藏语中的意思是"湖下面的村庄"，是一个宁静而祥和的村庄，位于拉萨市堆龙德庆区的马镇。

措麦村的名气，来自这里传承了350多年的措麦藏戏。2012年，措麦藏戏申报为拉萨市级非物质文化遗产，2018年，措麦村藏戏团被西藏自治区文化厅指定为藏戏传习点。

2019年是藏戏入选人类非物质文化遗产代表性项目名录10周年，8月23日，适逢望果节期间，措麦村上演了经典的藏戏剧目《朗萨雯蚌》。该剧是藏族传统的八大藏戏之一，讲述了后藏江孜地方有一个叫朗萨雯蚌的姑娘，被当地的农奴主强娶为儿媳，后遭虐待致死。她因善缘未尽又还魂人间，出家修行，并感化农奴主家人皈依佛教。

除了《朗萨雯蚌》，措麦藏戏团还能演出八大藏戏中的其他大部分剧目，主要演出时间集中在每年八九月的雪顿节和望果节，以及岁末的藏历新年两个时段。雪顿节的时候，措麦藏戏团在哲蚌寺和罗布林卡演出，望果节和藏历新年时则是在各个村以走村串户的方式演出，获得了"大篷车戏团"的美誉。

措麦藏戏有着悠久的历史，它的产生和自治区重点文物保护单位措麦寺有着非常密切的联系。相传在1750年，七世达赖喇嘛格桑嘉措来到措麦寺，并为措麦寺制定了寺规戒律。当时的措麦藏戏团为了迎接他的到来，进行了藏戏和卓舞的表演，格桑嘉措看到后十分喜爱。从那时起，措麦藏戏队就正式成立了。每年拉萨市雪顿节开幕式展佛仪式的首场表演《扎西雪巴》就一直由措麦藏戏团担任表演。表演结束后，藏戏团成员们还要到措麦哲蚌寺弥参（以前大寺庙中基层喇嘛的组织）去表演藏戏。由于创立和七世达赖喇嘛格桑嘉措有着渊源，因此措麦藏戏也有一种特殊的"光环"，而作为一种流传这么多年的藏戏流派，它也有自己鲜明的特色。

藏戏主要分为白面具藏戏和蓝面具藏戏，措麦藏戏最初属于白面具藏戏，在发展的过程中，它不断地吸收其他藏戏的精髓，特别是受到觉木隆藏戏的影响，就慢慢变成了现在的蓝面具藏戏。

白面具藏戏象征着纯洁，具有古朴的特点，其中包含了许多苯教文化的遗迹，由白面具藏戏演变而来的措麦藏戏中至今仍然保留着这一方面的特点。措麦藏戏队至今仍然保持着古老的发声方式，服装和配饰也是演员们按照传统一针一线做的。这是措麦藏戏流传至今的价值，也是文化传承的价值。

50多岁的拉巴次仁是措麦藏戏第14代传承人，是土生土长的措麦村人。他从小师从西藏著名藏戏团的一大批有名的藏戏艺术家学习，除了正统的觉木隆藏戏，他还四处拜师学艺，广泛吸收"协庆""嘎鲁""锅庄舞""哲嘎""朗玛""堆谐"等西藏民间艺术精华，在拉萨市、山南市、日喀则市等地都享有一定的声誉。他多次在拉萨市雪顿节藏戏表演和藏戏会演中荣获"一等奖""先进个人表演奖""藏戏突出贡献奖"等荣誉。

二十多年前，满怀对藏戏的热爱与坚守，26岁的拉巴次仁接过老一辈传承人的衣钵，成为措麦藏戏的领头人。"措麦村的村民很喜欢藏戏。我们藏戏团深受村里和其他地方群众喜爱的原因就是我们藏戏团保持了藏戏原有的韵味。传统文化就该有它本来的样子。我希望通过自己的努力，留下文化财富，为传统文化振兴贡献一份力量。"

谈到措麦藏戏的精髓，拉巴次仁有着清醒的艺术直觉，他对于措麦藏戏的价值和自己所肩负的使命胸有成竹，矢志不渝。

作为措麦藏戏的传承人，拉巴次仁对措麦村和措麦藏戏有着很深厚的感情。随着戏团的发展，虽然不断有更大的藏戏团向拉巴次仁抛出了"橄榄枝"，给予他更高的待遇和工资，但是每次他都是婉言拒绝。拉巴次仁说："我是措麦藏戏的传承人，如果我走了，影响到了措麦藏戏的传承，那我就成了罪人；作为一个土生土长的措麦人，我的根就在这里，我的梦想就是做一个有作为的民间艺人。"

措麦村第一书记旦增认为，措麦藏戏这一优秀的传统文化是措麦村的根与魂，只有不断推动乡村传统文化繁荣发展，才能使其成为乡村振兴的不绝源泉，为村民提供持续的精神动力，留住美丽乡愁。"我们措麦村还是原来的味道，在创新传承传统文化的过程中，村民的凝聚力越来越强，村子焕发出了文明新气象。"旦增说。

措麦藏戏不仅是措麦村的根与魂，也在西藏有一定的影响。措麦藏戏团经常到附近和较远的村落演出，深受当地群众的喜爱，拉巴次仁本人也被西藏自治区藏戏团请去为年轻演员授艺。一个村落的根与魂，也能够唤起其他村落的根与魂，可以感动到遥远地域和不同文化的人。

在坚守传统的同时，措麦藏戏也在融合创新中不断进步。拉巴次仁通过整合藏族传统的民间舞蹈，吸收现代舞、小品、独唱等多种现代艺术的精华，使藏戏的演出更加吸引观众。藏戏团也在挖掘当地文化资源的基础上，通过自编自演、与专业文艺队伍交流学习等方式，创作了大量贴近群众生活、切合国家政策、融入民俗风情的节目，受到各地群众的欢迎和专业人士的高度评价。

虽然措麦藏戏也面临着现代文明的冲击，但是在政府的支持下，措麦藏戏保留了自己传统的味道，也迎来了更大的发展前景。特别是 2014 年措麦藏戏被评为拉萨市非物质文化遗产之后，每年可获国家 10 万元的资助金，使戏团成员的生计有了保障，因此吸引了很多年轻人加入。22 岁的桑珠从小热爱藏戏，从学校毕业后没有选择外出打工，而是选择成为一名专职藏戏演员，他说："戏团的工资足够我生活。我希望专心学戏、演出，走向更大的舞台。"如今，在拉巴次仁的言传身教下，旦巴曲达、西热、达瓦扎西 3 位弟子的技艺日益精进。看到越来越多的年轻人投身藏戏，拉巴次仁感到非常高兴：传统藏戏后继有人了。

2016年，堆龙德庆区文化局还拨专款，为措麦藏戏团修建了400多平方米的排练室。戏团外出演出时，村里还会安排车辆接送，并协助购买服装，免除了戏团发展的后顾之忧。

未来，随着拉萨乡村旅游的发展，措麦藏戏也将迎来更大的发展空间。措麦藏戏有着文化"基因"上的优势，它因为七世达赖喇嘛格桑嘉措和措麦寺而起源，如今，通过与自治区重点文物保护单位措麦寺的合作，可以吸引来更多的信众和观众来到措麦村观看措麦藏戏演出，措麦村则可以为游客提供天然有机的藏家特色餐饮，从而带动整个村子旅游事业的发展。

拉巴次仁还希望成立一个手工艺品合作社，这样不仅可以传承西藏传统文化，还可以增加戏团成员的收入，让他们投入更多的精力到提升藏戏表演上来。

措麦藏戏团还有很多珍贵的文化遗产，如藏戏队"服装设计师"尼玛次仁所收藏的一千多套老藏戏服饰的实物或图片，用他的玩笑话说，"开个藏戏服饰博览会都够了"。尼玛次仁从1997年来到措麦藏戏队起，就开始到处收集老旧的戏服、头饰和面具。队里老人们使用过的服饰都被他收集过来了，如果收集不到，他就拍下照片，回来照着样子自己做。这些都是宝贵的文化资源，可以集中向外界展示措麦藏戏的风采。

"看得见山，望得见水，留得住乡愁"。如果说"山"和"水"是乡村旅游的自然环境资源，那么"乡愁"就是乡村旅游的文化内核。措麦藏戏作为措麦村的一种乡愁和味道，它传承了古老的西藏文化，也为促进当地乡村旅游的发展做出了贡献。

● 俊巴渔村：中国唯一的天上渔村 ●

船向江心划去，

请龙王不要降罪；

人生我行我素，

不要受命运的摆布。

——俊巴村渔歌

拉萨河下游与雅鲁藏布江交汇的地方，有一个世外桃源般的渔村，小小的渔村虽然"养在深闺"，却有着十分吸引人的自然和人文魅力。

　　这些年，随着拉萨乡村旅游的发展，俊巴渔村制定了"生态建设、旅游推介、农业发展、特色产业、繁荣经济"的发展方针，新农村建设日新月异，正变成西藏有名的旅游胜地。俊巴渔村的名字也进入了越来越多 KOL（关键意见领袖）资深游客的推荐名单。一位旅藏多年的画家曾如此评价："这是我见过最漂亮的地方，完全可以上榜为中国最美村庄之一！"

　　那么，俊巴渔村为什么有如此的魅力呢？这要从它独特的渔村文化和淳朴的民风说起。在藏语里，"俊巴"的意思是"捕手"或"捕鱼者"，俊巴渔村是一个以捕鱼为生的村落。藏族大多信奉藏传佛教，认为万物有灵，不可轻易杀生。唯有俊巴渔村例外。

　　这是由当地独特的地理环境造成的，俊巴渔村三面环山、一面临水，草场和耕地资源少，为了生存下去，俊巴人不得不选择了打鱼的生产方式，并形成了全西藏唯一的古老而独特的渔村文化。

　　首先是渔村文化起源的传说。很久以前，拉萨河里的鱼类猛增，鱼都长出了翅膀，飞到了天上，遮盖了日月的光辉，地上的万物生灵都因为没有阳光而慢慢死去。佛祖释迦牟尼见状很生气，就下旨命令守护在俊巴村白玛拉措的一位名叫巴莱增巴的渔夫（神的化身），带领村民们一起去消灭这些长出翅膀的鱼。巴莱增巴和俊巴人一起，与"飞鱼"大战了九天九夜，终于得胜而归。他们吃鱼、喝酒，庆祝胜利。从此，俊巴渔村捕鱼吃鱼的习俗就一直流传至今。

　　这个传说也有另外一个故事版本。很久以前，俊巴村既没有耕地，也没有牧场，人们只能偷偷打鱼谋生。有一次，一个年轻人在拉萨河里捕获了一位美丽的仙女，把她献给了赞普，这最终为俊巴村换来了打鱼的权利。

　　俊巴人虽然靠打鱼为生，但是在心底里他们仍然是虔诚的藏族。俊巴村的渔歌这样唱道："船向江心划去，请龙王不要降罪；人生我行我素，不要受命运的摆布。"这就是俊巴村人内心的写照。

　　俊巴渔村有三个很有特色的旅游项目是游客不能错过的："郭孜"（"牛皮船舞"）、"全鱼宴"和手工皮具制作，这三个旅游项目刚好也分别对应了俊巴渔村的一项国家级非物质文化遗产和两项西藏自治区级非物质文化

遗产。

俊巴渔村的"郭孜"是一种船夫的娱乐歌舞，"郭"的藏语意思是"牛皮"，"孜"的藏语意思是"舞蹈"，"郭孜"就是"牛皮船舞"的意思，是俊巴渔村独有的一种民间舞蹈。过去，俊巴村人因为长年累月地在江上漂流，唱牛皮船歌、跳牛皮船舞，逐渐成为船夫们一种独特的娱乐方式。

过去每到"捕鱼节"、雪顿节和望果节等来临之际，俊巴渔村的船夫们都要进行"郭孜"歌舞表演，娱神以祈求平安。甚至在夏天雨季河水暴涨的时候，人们也要跳起"郭孜"，祈求水神保佑他们打鱼顺利、平安无事。

如今，牛皮船舞以鲜明的民族特色被纳入国家非物质文化遗产，也成为来到这里的国内外游客必选的一道"文化大餐"。俊巴村的扎桑老人是国家级非物质文化遗产项目郭孜（牛皮船舞）的代表性传承人，虽然年事已高，但是老人依然精神矍铄、声音洪亮，担任着"牛皮船舞"的领舞者——"阿热"。

"牛皮船舞"由一名边唱边跳的"阿热"（领舞者）和几名身背着牛皮船并击船发出声响为节奏来跳舞的船夫合作表演。完整的牛皮船舞共分为四个部分。第一段叫"述道白"，由一位叫"阿热"的领舞者道白："神牛光顾俊巴村，东山上面吃青草，西山脚下喝清泉，在草场上面打滚嬉戏，在牛圈里面练习角斗。"

第二段叫"仲孜"（即牦牛舞）。船夫们首先在"杂昂！杂昂！杂昂！"的击船声中跳起牛皮船舞，同时，"阿热"边跳边唱《祝福歌》。

第三段叫"挑哈达"。"阿热"唱《祝福歌》并从藏袍里取出哈达，边跳边放在沙地上，牛皮船舞者们边跳边向前弯腰，用背着的牛皮船的左右上角从地上挑起哈达。

第四段，唱《祝福歌》，歌词大意是："我们在此相会，但愿经常相会，经常相见的人们，祝你们身体健康。"唱完后"阿热"领头向观众行礼下场。

整个"牛皮船舞"的舞蹈铿锵有力，粗犷朴实，轻盈又凝重，别有情趣。"牛皮船舞"取材于牦牛舞和藏族农村古老的民间歌舞"果谐"，船夫们的"颤膝摆"等姿态，就具有"高原之舟"——牦牛的特性，而牛皮船也像牦牛一样世世代代陪伴着船夫们穿行于雅鲁藏布江之上，舞蹈仿佛是在用这样的方式向"神牛"致敬。"阿热"的基本舞步均取自当地的"果谐"，具有灵活多变、顿地为节的特点。船夫背上的船桨与木质滑轮发出特别的响声，则代表着人与自然顽强抗争的个性特点。

　　风格独特的"牛皮船舞"受到了各地游客的热烈欢迎，时常有游客在指导下跃跃欲试地扛起牛皮船，体验"渔人的舞蹈"的感受，一只牛皮船的重量有三四十公斤，没有一定体力的游客是不能胜任的。

　　而舞蹈的重要道具——牛皮船，也具有深远的文化背景。牛皮船的源头最早可以追溯到吐蕃时期，在布达拉宫和桑耶寺的壁画中都可以找到牛皮船早期的身影。民歌中描述赞普松赞干布迎娶文成公主时的欢迎场面，那些欢迎的人们就唱道："请别怕甲曲绒的水，有百条牛皮船在迎候。"

　　牛皮船据说是用牦牛皮所制，一只船大约需要四张公牛的皮。先用韧性较好的柳木做成船架，然后把泡软的四张牛皮缝合在一起，并将缝制好的湿牛皮套绷紧套在船架上撑好，然后再涂上一层菜籽油，等其晒干之后就可以下水了。

　　俊巴渔村的第二个特色项目是俊巴"全鱼宴"。拉萨河里鱼种众多，有白鱼、花鱼、尖嘴鱼、胡子鱼、薄皮鱼、棒棒鱼、藏鲶鱼等等，俊巴人将它们统称为"拉萨鱼"。其中藏鲶鱼最有名，此鱼刺少肉鲜，是拉萨河的特产。

而根据鱼的不同种类和特点，吃法也各式各样：鲜香肥美的清蒸鱼、香脆可口的油炸鱼、鲜香生猛的生鱼酱、独具特色的鱼肉包子，以及红烧鱼、麻辣鱼、鱼头汤、干鱼片、葱花鱼、糖醋里脊鱼、豆瓣鱼、豆腐鱼等等，由此创造出丰盛的"全鱼宴"。

鱼宴虽然名目繁多，但是万变不离其宗。拉萨鱼的肉质有着拉萨河的清流和青藏高原的日光所赋予的鲜香和活力，俊巴人只是运用最简单、最传统、最原始的做法，就做出了拉萨鱼的特色，并使做鱼吃鱼形成一种特有的渔村文化。

生鱼酱是俊巴村"全鱼宴"中最具特色的一道菜。将从拉萨河中捕捞的新鲜鱼，去除内脏、鱼骨，然后将鱼肉剁碎，添加盐巴、辣椒、香菜及水，加以搅拌，生鱼酱便做好了。生鱼酱做好之后，可以和藏区的特色食品糌粑一起吃，也可以蘸着鱼肉包子和当地的小土豆一起吃。

清蒸鱼的做法特别简单，仅仅使用盐巴和藏葱来蒸。"全鱼宴"所使用的食材包括佐料在内都是绿色纯天然的。独具特色的"俊巴鱼烹饪制作技艺"，也被列入西藏自治区级非物质文化遗产名录。

俊巴渔村的第三个特色项目是被列入西藏自治区级非物质文化遗产名录的"俊巴皮具制作技艺"。俊巴皮具制作技艺源自当地牛皮船的制作，据说俊巴渔村在最初制作牛皮船的过程中会剩下很多小块的牛皮，技师就将它们加工成各种皮具，就这样慢慢形成了皮具制作技艺。

2009年，"俊巴皮具制作技艺"被列入了西藏自治区级第三批非物质文化遗产名录。当地的皮具生产在传统的民间手工艺的基础上，将传统的皮具制作与时尚元素相融合，制作出了赛盘、小型牛皮船、小糌粑袋、小茶叶袋、包包、小型面具等精美、时尚的手工艺品，带着浓浓的当地风情，体现了俊巴渔村传统、细腻、精湛的手工技艺。这些融合了传统藏族风情与时尚元素的皮具不仅在拉萨市很受欢迎，同时也深受国内外游客的喜爱。

2011年，在曲水县团委的扶持指导下，"俊巴渔村民族手工业皮具加工合作社"成立，通过与相关企业合作，以农户生产、公司负责销售的方式，将手工艺品销往拉萨市、日喀则市、山南市等地的市场，部分产品甚至远销国际市场。

"这个合作社是2011年5月成立的。现在我们不怎么打鱼了,所以利用'晒网'的空闲时间,会制作一些皮具,这些都可以增收致富。我们做的这些皮具销往拉萨、日喀则、山南,还有一些产品销往美国、加拿大、比利时等国际市场。"合作社的旦增大叔自豪地说道。

除了生产受大众欢迎的皮具品,合作社还生产了一些较为小众或"独门"的产品,如叫"夏松嘛"的皮长靴,以前都是寺庙里的高僧穿的。一种名叫"达玛如"的鱼皮鼓,则是以前宫廷里的必备乐器,它的做法在全西藏独一无二,只有俊巴渔村的村民才会做。

随着乡村旅游的发展,俊巴渔村早已吃上了旅游饭。这里的村民们早已不再单纯依靠捕鱼、农耕来增加经济收入了,加工各式皮具成了村民们另外一个创收的方式。现如今,俊巴渔村仅靠手工艺品一项,年收入就超过70万元。致富后的村民盖起了新房子,日子也蒸蒸日上。

俊巴渔村除了"郭孜"(牛皮船舞)、"全鱼宴"和手工皮具制作,还有一样当地的特色文化受到各地游客,尤其是受到现代年轻游客的青睐,那就是当地的婚姻习俗。

作为西藏唯一的渔村,俊巴渔村保存着藏族许多古老的传统习俗,婚姻习俗就是其中之一。在俊巴渔村,男女青年谈恋爱,决定终身大事,完全是自由的,父母和双方家庭不予干涉。青年男女订下婚约之后,双方家庭会派出代表商定结婚的日子,结婚当天双方家庭派出代表将新娘接回新郎家。迎接新娘的路上,男方家必须要设三个迎接点,分别要敬酒、献哈达,以表示男方家的重视程度、社会地位和家庭条件。婚礼正式开始后,亲朋好友和长者们会分别给新郎、新娘献上哈达,并向他们灌输和传授人生的道理和生活的经验,这个仪式会持续很长的时间。

据村民介绍,俊巴渔村的家庭十分稳固,夫妇的离婚率很低。这是因为该村有"六不"的传统:一不打人、二不骂人、三不说谎、四不偷盗、五不赌博、六不婚外恋。在离婚率如此高的现代社会,这无疑令人羡慕钦佩。

"这里的女人是全天下最幸福的女人!下次,我也要把我的女朋友带过来,让她感受一下这里的幸福婚姻!"一位游客在了解到这里的婚姻风俗之后,十分激动地说道。"我希望能来这里拍摄结婚照。"一位女记者坐在俊巴渔村旁的草地上,望着眼前的湖泊和倒影,满目清波。

俊巴渔村南面的山脚之下，有一个叫作白玛拉错的神湖，意思为"莲花圣洁之湖"，相传这是诺桑王子（即八大藏戏之一《诺桑王子》中的主人公）所居住的神湖。有一天，诺桑王子经过神湖旁边时，从静谧的湖水中看到一位美丽女子的容颜。王子惊讶之余，忍不住伸手去碰，突然那个美丽的容颜被湖水淹没了。王子努力朝刚才注视的方向去看，却再也看不到那美丽的容颜。但是传说的最后，王子还是用真挚的情感换回了仙女雍卓拉姆美丽的爱情。

从这个美丽动人的故事传说中，我们可以看到俊巴渔村的真挚与坚守，当今天俊巴村早已不再是俊巴渔村的时候，它依然能够用世代传承的渔村文化和淳朴的民风，在当地人和游客的心目中树立起"俊巴渔村"这个响亮的招牌。

第四章
文化注魂，润物无声——乡风文明之旅

乡风文明之旅，是拉萨市乡村旅游始终贯穿的一条红色主线。位于城关区夺底北路夺底一村的西藏首家"智慧型"山岳博物馆——西藏次仁切阿雪山博物馆，收藏了包括"中国梯"在内的多种珍贵历史文物和资料，是了解登山文化、进行爱国主义教育的首选场所。以堆龙德庆区马镇措麦村、曲水县南木乡江村等为代表的一大批文明村镇的创建活动，以社会主义核心价值观为引领，以创建文明村镇行动为契机，大力保护和传承乡土特色文化，健全农村公共文化服务，让文化的"庄稼"扎根大地，填满村民的"精神粮仓"，让百姓在"富

口袋"的同时也"富脑袋",为拉萨市乡村旅游的发展奠定了坚实的文化基石。拉萨市越来越多的乡村改变了过去贫穷落后的面貌,呈现出富裕、美丽、乡风文明的新形象,为拉萨乡村旅游增添了一道亮丽的风景。以林周农场为代表的"红色旅游",作为一种特色鲜明的旅游方式,在西藏渐渐兴起。在林周农场,至今尚存的礼堂、宿舍、供销社等建筑物,作为当年知青工作和生活的见证,保存着那个时代人们的青春梦想和宝贵记忆,成为藏汉民族团结一心克服困难的历史见证,对今天各个年龄层的游客仍然具有十分鲜活的教育意义。

●夺底乡:登山文化之乡,爱国教育之地●

2019年国庆档,根据20世纪六七十年代中国登山队成功从北坡登顶珠穆朗玛峰的真实事件改编的电影《攀登者》感动了亿万中国人,观众都被电影中展现的赤脚登顶、中国梯的画面深深震撼和感动。这部电影中展示的不畏艰险的登山精神和崇高的爱国主义精神深深地感染着每一位观众,也将我们的视线带到了祖国西南边陲那片银装素裹的世界。

位于"世界屋脊"的西藏自治区,自古以来就是藏族繁衍生息的地方,从20世纪初开始,这里逐渐成为世界各地登山爱好者探险的乐园。这里诞生了很多与登山相关的伟大历史事件,它是中国登山健儿用登顶珠峰的喜讯鼓舞处于困难时期中国人民士气的地方,也是奥运火炬传递至世界之巅的地方。这里是中国登山历史文化汇集的地方,也是中国各民族人民精诚团结、破除艰险的历史见证之地,爱国教育之地。

位于拉萨市城关区夺底北路夺底一村的西藏首家"智慧型"山岳博物馆——西藏次仁切阿雪山博物馆,是由西藏登山界的领军人物、西藏登山学校的创始人尼玛次仁发起的,旨在展示喜马拉雅登山文化和人文精神,普及人类登山运动史及相关知识。

"吉祥长寿五天母"所对应的藏语"次仁切阿",即是次仁切阿雪山博物馆名称的文化来源。根据藏族民间传说,吉祥长寿五天母是喜马拉雅山脉主峰在内的5座姊妹峰,其中"三姐"就是世界最高峰——珠穆朗玛峰。藏族同胞用"次仁切阿"命名该博物馆的名称,包含了对西藏神山的敬畏之情。

该博物馆由喜马拉雅自然展示厅、喜马拉雅登山文化展厅、喜马拉雅人文精神展厅、民族文化展厅和奥林匹克纪念馆五大主题展馆组成。

其中自然展示厅中展出了大量以雪山为题材的油画、水墨画以及生长在高海拔山区的常见动植物标本；人文精神展厅展示了包括"吉祥长寿五天母"在内的大量唐卡、佛像，诠释了西藏民众对于高山的热爱和敬畏；民族文化展厅以展出实物的形式，展现了喜马拉雅群山周边地区的民俗风情；奥林匹克纪念馆内陈列了奥运火炬实物等展品，纪念人类伟大的奥林匹克精神。

喜马拉雅登山文化展厅是博物馆展品最多、规模最大的展区，展出了大量不同时代的登山用具及相关书籍，并以资料图片和文字说明的形式勾勒出了整个世界登山史、珠峰登山史和中国登山史。此外，还设立了攀岩、索道式攀登及模拟攀登珠峰体验等项目的体验区，供游客体验登山运动的魅力。

登山运动是西藏自治区体育运动之王冠，次仁切阿雪山博物馆则是西藏登山精神和登山文化的集大成者。在博物馆的登山图书阅览室及交流中心，游客可以互相交流登山文化，结交同样热爱登山运动的朋友。

次仁切阿雪山博物馆中收藏着中国登山史上非常有名的"中国梯"，也是在电影《攀登者》中那个造福后来攀登者33年、令无数人泪目的那个有名的梯子。

在珠峰北坡海拔8680米的地方，有一段30米十分陡峭的岩石峭壁，其中有5米的峭壁近乎垂直，它就是曾令众多攀登者谈之色变的"第二台阶"。作为从北坡冲顶的必经之路，这里由于攀爬难度过高，20世纪60年代之前从未有人成功克服，从珠峰北侧登顶的路线也因此被称为"飞鸟也无法逾越"。

1975年，包括夏伯渝、索南罗布等在内的9名中国登山运动员在海拔

8600米的"第二台阶"处，奋战了将近一天的时间，使用岩石锥和绳子等工具，仅凭人力架设起了一架高近6米的金属梯，为登山行动的最终胜利奠定了基础。

回忆起当时艰难的架设过程，夏伯渝表示："人在那个高度每一个动作，都非常地需要体能，他们打了四个岩点，然后把梯子用尼龙绳绑在上面，就这几个动作，就因为缺氧，我们整整用了一天的时间。"

因为极度寒冷与体力消耗，夏老失去了双腿，但是谈起这架金属梯，他仍然忍不住感到自豪与满足。这架金属梯不仅帮助他们成功登顶，还担负了33年神圣的使命：截止到2008年，它总共帮助1300多名中外登山者实现了自己的珠峰梦，也因此获得了一个响亮的名字——"中国梯"。

2008年，屹立了33年的"中国梯"完成了伟大的历史任务被运往拉萨，收藏进珠峰登山博物馆，后来成为次仁切阿雪山博物馆的"镇馆之宝"。

然而，在"中国梯"的背后，还有更艰苦、更感人的故事。

第一架"中国梯"并不是金属梯，而是中国第一代登山运动员用血肉之躯所搭成的人梯。1960年，中国登山队第一次向北坡发起冲击。当包括突击队长王富洲、摄影师屈银华、队员刘连满、队员贡布在内的四名队员来到最难的"第二台阶"的时候，面对这个劝退众多攀登者的绝壁，他们没有退缩，刘连满提出：搭人梯！

由于大家所穿的高山靴底下绑的是冰爪，摄影师屈银华当下决定，脱下自己的高山靴，穿着袜子踩在刘连满的肩上。因为岩壁很高，他又在岩壁上打上冰锥，一个一个踩上去。为了更稳地站在光滑的冰锥上，屈银华甚至最后连毛袜都脱了。这就是电影《攀登者》中开始出现的令人动容的赤脚登顶的画面的"原型"。

后来，第一代中国珠峰队伍成功登顶，屈银华的十个脚趾和两个脚后跟却因为被严重冻伤而不得不截肢。因为体力消耗和冻伤，夏伯渝的双腿也失去了知觉，最终也被截肢，成了"无腿人"，他就是电影《攀登者》中胡歌所饰演的"杨光"的原型。

历史将永远记住这一时刻，1960年5月25日凌晨4点20分，王富洲、屈银华和贡布三人在没有食物、没有氧气、极其寒冷的条件下，成功从北坡登顶，攻克了"第二台阶"，让鲜艳的五星红旗飘扬在珠穆朗玛峰的最高处，

他们也成为全世界从北坡登顶珠峰的第一批人。现年已经 86 岁的贡布老人回忆起当时登顶所做的第一件事："我拿出背的国旗升起来，在那飘，那个时候天气是最好的。"

次仁切阿雪山博物馆自 2015 年 6 月正式开馆以来，与自治区共青团等青年组织、西藏大学、拉萨中学等大专院校合作，成为青少年爱国主义教育的场所，开展了多次"红旗插上世界之巅""奥运火炬珠峰飘扬"等专题登山宣传活动，为西藏自治区的青少年教育和登山活动提供了有力支援。

次仁切阿雪山博物馆作为全国体育类博物馆 11 家联盟成员之一，博物馆内的奥林匹克纪念馆是国内少有的专业性展厅。未来，博物馆将通过策划一系列符合年轻人定位的现代专题展览，把博物馆打造成为国内前沿的青少年奥运主题教育基地。

●措麦村："五有五好"，文明新气象●

乡村振兴，文化是灵魂。文化兴则国运兴、乡村兴，乡村旅游才能红红火火地发展下去。而乡村文化的兴盛，不仅包括对古老文化的传承，更包括新的文明风尚的树立。

近年来，在西藏自治区党委、政府的坚强领导下，拉萨市加快培育文明乡风、良好家风、淳朴民风，激发了拉萨市乡村文化的活力，拉萨市乡村展现出了崭新的面貌和新时代的朝气。

堆龙德庆区马镇的措麦村就是一个鲜活的例子。一排排漂亮整齐的房屋，一条条平整宽阔的柏油路，一场场精彩绝伦的文艺演出……走进拉萨市堆龙德庆区马镇措麦村，游客不仅可以感受到措麦藏戏原生态的迷人魅力，也能够感受到新时代文明风尚所迸发出的勃勃生机。这是措麦村"五有五好"文明村镇建设结出的累累硕果。

近年来，拉萨市加强了乡村文化基础设施建设，填满了村民的"精神粮仓"，让百姓在"富口袋"的同时也"富脑袋"。乘着拉萨市加强乡村文化基础设施建设的东风，措麦村不断加强文化基础设施建设，设立"农家书屋"图书借阅室等公共文化服务场所，打造文体活动场所，持续为农牧民群众开展思想道德教育、形势政策宣讲、生产技能培训等活动。

2012年，措麦村设立了"农家书屋"图书借阅室，为村民建设获取文化知识的平台，受到了热爱学习的村民的普遍欢迎。在一排排整齐的书籍中，最受欢迎的是藏文科普类的书籍，比如种养殖类的书籍。一本本书就像一个个免费而又称职的"老师"，成为村民从事生产劳动的良师益友。平时有空的时候，村民经常来到图书借阅室来找"老师"，厚厚的借阅登记本，记录着村民六年间的阅读痕迹。

格桑秋珠大叔是村图书借阅室的第一批受益者。"我小时候在牧区放牧，没有学习的条件。从最初我的女儿教会我30个藏文字母到现在，我也会看一些基本的书籍了。"深受不识字之苦的格桑大叔希望能为后辈们做些什么，就为村里的幼儿园捐了10000元。

近年来，村里在农家书屋的基础上，组织了藏文书法班，制作西藏传统的练字板，购置练习汉字的毛笔等，为村里的藏汉书法爱好者提供了练习书法的场所，深受村民欢迎。"村民把文化知识看得很重。最近这两年，村里组织了藏文书法班，我义务教大家。"拉巴次仁老师负责教授村民藏文书法，认真的态度加上严谨的教学，使他成为全村人都喜爱的老师。7岁的小索央已经学习藏文书法近一年了，马上就要上小学的她说起藏文书法来头头是道，而陪伴小索央来学习的母亲曲珍，也受到影响一起学习起来……

为了进一步方便村民读书，推进"书香措麦"的建设，让书香进家门，措麦村村委会制作了285个书架，发放到每一户家庭，还将党的政策汇编、汉藏文字典、《西藏日报》等书籍报刊发放到每一户人家，便于村民群众学习了解。

2019年，措麦村又推行了"流动书屋"进村组、进家庭活动，进一步方便群众阅读，建设群众"身边的图书馆"。通过"流动书屋"，各类书籍在各个村组、家庭互相流动，真正帮助村民增长见识学问、拓展思路、改变思维、促进进步；也是村民消除寂寞、净化心灵、修身养性、休闲娱乐的精神伴侣。

在让全村人享受书香带来的知识与快乐的同时，措麦村还在全村倡导健康文明的生活方式，开展了"五好用品进农家"活动；制作藏文"五好用品进农家"倡议书800份，并在全村发放餐巾纸、垃圾桶、牙膏、牙刷、拖把、洗洁精等生活物品，引导群众充分认识革除陋习、移风易俗的重要性，引导

群众做现代文明人。

在用知识丰富头脑的同时，措麦村还从关心群众的身体健康入手，倡导健康文明的生活方式。2015年5月，措麦村开展了"无烟酒"创建活动，发出了戒烟戒酒的倡议；每年"七一"和年终，对禁烟禁酒的家庭给予一定的奖励，悬挂无烟酒家庭荣誉牌，引导群众远离烟酒，养成良好的生活习惯。措麦村第一书记旦增说："措麦村制订了戒烟戒酒活动实施方案，成立了领导小组和监督小组，开展了一系列活动让农牧民群众充分认识到戒烟戒酒的重要意义，现在村里基本上没有抽烟喝酒的，大人都在培养健康的生活习惯，孩子们也受到了教育。"

现在的措麦村，基本看不到有人抽烟，从戒烟戒酒开始，大家都养成了健康良好的生活习惯，精神状态与过去相比也焕然一新。"以前，我常年喝酒抽烟，身体一直不太好，自从村里开展了'无烟酒'活动，我把烟、酒都戒了，现在身体越来越好了。"措麦村的村民阿旺笑着说。

自愿戒烟戒酒成了措麦村村民倡导科学文明健康生活方式和行为习惯的具体表现，自从倡议戒烟戒酒以来，成效显著。自愿戒烟戒酒的村民都成功地戒掉了烟酒，全村不吸烟不喝酒的人数占到了全村总人口的99.6%，"无烟酒家庭"占全村总户数的97%，只有极少数的家庭没有悬挂"无烟酒家庭"标牌。在措麦村，营造健康环境、追求健康生活的现象已经蔚然成风。

为了帮助村民树立绿色环保意识，提高村居环境水平，措麦村还积极组织开展了"垃圾分类"活动。措麦村下沉干部索郎央金说："我们给群众发放了两个不同的垃圾桶，垃圾可以进行分类。外面有个垃圾分类兑换中心，可回收垃圾，而且可以按斤换东西。老百姓可以用垃圾兑换生活用品，如卫生纸、洗洁精，还有一些小零食。"

每逢周四，村里的男女老少都会不约而同地行动起来，有的拿着环保垃圾袋捡垃圾，有的拿着扫帚清扫街道……爱环境、讲卫生在措麦村蔚然成风。2014年，措麦村被评为自治区级生态村。如今的措麦村，没有垃圾的腐臭味，只有欢声笑语和阵阵书香。

为了使"四讲四爱"的精神深入民心，措麦村积极打造乡村文化广场，开展群众健康娱乐活动，以群众喜闻乐见的方式，在传承非物质文化遗产的同时，推动"四讲四爱"入脑入心，引导群众养成文明健康向上的生活习惯。

2018年新年，措麦村文艺队藏戏的演员们精心编排了40多个节目，包括藏戏表演以及宣传"四讲四爱"的小品，传承当地的非遗文化，教育广大群众感党恩，听党话，坚定不移跟党走，遵规守纪讲文明。这种寓教于乐的方式，得到了村民的欢迎。

村民曲培说："相对于理论学习，利用文艺演出这种通俗易懂的方式宣传'四讲四爱'，我们更容易接受。现在，我们生活习惯更加文明健康，村里的卫生环境越来越好。我们越来越爱家乡、爱祖国，也越来越团结了。"

索郎央金说："我们通过不断丰富活动载体，用百姓喜闻乐见的形式进行宣传，这是我们村'四讲四爱'群众教育实践活动的一大亮点。每个月我们至少会开展3次娱乐活动，这样一年下来能开展将近40次。这种方式在群众中反响特别好，真正起到了丰富群众业余文化生活的作用。"

除了通过藏戏的方式宣传"四讲四爱"等文明风尚，措麦村还充分利用村民们热爱的书法艺术，在措麦村"农家书屋"的一角，展示村民的一幅幅藏文书法作品。村民们来到"农家书屋"不仅可以看书，在每个周末或者农闲时期，群众、僧尼和学生们都会来练习书法，村里还组织群众进行书法比赛。书法的内容主要有"四讲四爱"、党的十九大精神，还有一些有关家庭教育的内容。这些方法在帮助村里形成浓厚的文化氛围的同时，也起到了宣传的作用。

为了将宣传效果最大化，措麦村还培养了一支优秀的宣讲队伍，组织村干部、党员代表以及联户长等集中学习"四讲四爱"，在"自觉"的基础上"觉人"，深入群众中间，进一步宣讲；同时，还积极支持和发展志愿服务组织，村里的志愿者服务队会定期或者不定期地组织开展垃圾分类宣传、学雷锋活动等。

措麦村自创建"五有五好"文明村镇，宣传"四讲四爱"以来，在引导群众革除陋习、移风易俗等方面取得了显著的成效，群众的思想发生了很大变化，封建老旧的思想不见了，对党在民生方面的好政策也能感同身受，并能在生产和生活中积极地运用。措麦村也因此而展现出崭新的面貌。

"诗画山水间，新风扑面来"，现在的措麦村，不仅外在环境得到了美化，

相得益彰的是内在文化环境的美化,实现了"环境美"与"生活美"融合,"外在美"与"内涵美"兼修,从而让我们看到了更高意义上的"美"。

● 江村:山美水美,人美心美 ●

"乡村振兴,既要塑形,也要铸魂。"

拉萨市曲水县南木乡江村,是西藏自治区有名的"生态文明村"。它是拉萨市乡村文化振兴,深化文明村镇创建行动中涌现出来的佼佼者,也是一处独具特色的乡村旅游景点。

江村,给人的第一观感,也是一幅"草长莺飞绿意浓"的美好画面。春季的江村,无论是田地里的农作物,还是村落里面的花草树木,到处都是一片绿油油的景象。走在村道上,可以看到农田的周边种植了许多柳树和柏树,也不乏红叶李、圆柏等观赏树种的身影。村民还在院落周围撒上了草种、格桑花种,每到春暖花开的季节,就是一片莺歌燕舞、姹紫嫣红的景象。

如今,江村的绿色植被覆盖面积达到了90%,可以说是"推窗见绿树,处处换新颜"。江村的绿色变化,得益于曲水县近年来推行的消除"无树村""无树户"工程。2018年年初,曲水县在结合群众意愿的基础上,栽植经济林苗木,大力实施绿化提升改造工程,按照每户3株桃树、1株车厘子、1株葡萄树的任务给村民下达指标,推进消除"无树户"的工作,并完成3个生态文明村苗木种植任务。截至2018年9月,江村的道路两旁和农田周边栽植了红叶李、香花槐、柳树等苗木共计2000多株,并播撒草种40公斤、格桑花种30公斤。

除了栽植树木和花草,这几年江村还实行了安居"整体配套提升"工程。全村近300户村民都享受到了安居工程的好政策,村民的土房变成了现在的石木房和砖房,垃圾装进了垃圾箱,生活污水进了排水沟,卫生条件大大改善,生活质量显著提高,农牧民的获得感和幸福感也进一步增强。

江村的美,不仅美在村容村貌,更美在乡风文明。

这些年,在拉萨市深化文明村镇创建行动的大背景下,江村以"党建+美丽乡村创建"为主题,把"推动移风易俗,树立文明乡风"的理念融入建设中，紧紧围绕基础建设、环境整治、公共服务、乡风文明、产业发展等重点工作，大力开展宣传教育，树立新风正气，破除陈规陋习，培养群众积极健康、文明向上的生活情趣，村民的环保意识逐渐增强，村容村貌喜换新颜。

村里的水泥路干净整洁，这些都是村民自发打扫的。田间地头再也看不见垃圾，从自身做起的环境意识早已进入了每户村民的心中。这和村子之前"粪便多、苍蝇多、垃圾多"的情形，形成了鲜明的对比。

"以前我们这里每逢下雨天，道路泥泞，村里人出不去，村外人进不来，村里野狗、牛羊到处乱跑，村里禽畜粪便多、苍蝇多、垃圾多，大家住的都是平房。你看看现在，我家住的是两层小楼，大门口就是平坦的院坝，轿车可以开进自家院子，人畜分开居住，水、电、卫星电视、电话等样样都齐全，我家网购的快递每月都能收一两个！"村民索朗扎西自豪地说。

村子环境好了，生活条件好了，村民才会发自内心地热爱这个村子，才会努力维护它的形象。走进村民巴珠的家，摆着的盆景绿意盎然，阳台上的玫瑰花开得正艳，年过五旬的巴珠，很悠闲地打理着花草。"在农村，邻里之间茶余饭后都喜欢串门，如果自己家里和门前不收拾干净，邻居来时看到家里到处脏兮兮的，自己都会不好意思，何况现在大家都在争当文明户。"巴珠说出了村民的心声，现在江村的农牧民专业合作社带领着大家一起增收致富，邻里关系和谐，村民的环保意识显著提高，大家都自觉地维护着乡村的美丽。

漫步在江村，大家不仅能够看到赏心悦目的村容村貌，更能够感受到扑面而来的乡村文明之风。展示着社会主义核心价值观、"四讲四爱"的文化墙随处可见，正内化为村民的自觉行动，为乡村注入美的灵魂。

这些年，江村先后获得了"西藏自治区小康社会示范村""西藏自治区'文明村'""拉萨市'平安社区（村委会）'""西藏自治区'生态文明村'"等荣誉称号。景美、人美、乡风更美的江村，也乘着拉萨市乡村旅游的春风，迎来了美丽的发展机遇。

欧珠就是率先迈出第一步的村民，"前几年，我联合了十几个村民一起筹钱，成立了一家旅游服务合作社，去年我们每家都拿到了不少分红。今年我又有了进一步的想法，你看我们江村离拉萨近，又靠着拉萨河，有林地、水塘、荒滩，这里林木茂盛、山清水秀，风景特别好。我想着，以后争取大

家一起建一个度假园，这样可以吸引更多拉萨市民以及国内外游客来我们这里过林卡、垂钓、用餐。不过，这还只是我的初步想法。"说到未来的发展，欧珠乐呵呵地谈道。

村民央吉的家里时常都是一片欢声笑语，每年她家里都会接待很多从外地来的旅行团，村里把这种旅游参观方式称为"藏式家访"。"刚才给大家品尝的是我们这里家家户户每年过年前都会制作的风干牦牛肉，我手中的碗里装的是由青稞研磨加工后，添加了芝麻、花生、核桃等制作而成的糌粑，这是西藏的传统食物。以前我们的生活没有现在这么好，一天三顿饭就只能吃糌粑，它和我们的生活密不可分。"

在接待一个旅游团时，央吉用清脆洪亮的声音向客厅里的游客们介绍西藏的文化与美食。"现在我给大家分一些糌粑，你们放心，我的手是干净的。来，大家都尝尝糌粑的味道。"央吉一边说，一边把捏好的糌粑分发到每位游客的手上。来自成都市的游客张先生一边细细嚼着口中的糌粑，一边还端起刚倒上的酥油茶喝了一口。"味道不错，这可是纯五谷杂粮，对身体很好啊；糌粑加酥油茶，健康又美味的藏餐啊！"

游客吃完糌粑后，主人央吉和几个穿着藏式服装的小姑娘还热情地拉着大家一块唱歌跳舞。"北京的金山上光芒照四方，毛主席就是那金色的太阳……"

伴随着姑娘们和游客们的歌声，村委会主任崔成多吉说："现在，依靠党的好政策，村民自身发展能力也强了。村里现在有种植大棚蔬菜的，有做生猪养殖生意的，还有像央吉家这样，靠宣传西藏传统文化、邀请游客体验藏家风情吃上旅游饭的。"

乡村文化振兴，不仅扮靓了乡村的面貌，更厚植了道德文化、培育了文明乡风。拉萨市越来越多的乡村像江村一样，改变了过去贫穷落后的面貌，呈现出欣欣向荣的文明风貌，为拉萨市乡村旅游增添文化的能量。

●林周农场：唤醒红色记忆，打造红色景区●

壮观巍峨的布达拉宫、景色秀丽的罗布林卡……—提及西藏，首先浮现在游客脑海里的，就是这些知名的景点。然而近几年来，立足于西藏丰富的红色文化资源的"红色旅游"，作为一种特色鲜明的旅游方式，开始在西藏渐渐兴起。

2019年3月28日，在西藏自治区拉萨市"林周农场"举行了林周县党员党性教育基地、林周县干部教育培训现场教学基地、林周县爱国主义教育基地、林周县民族团结进步示范教育基地的揭牌仪式，这标志着拉萨市首个红色旅游景区投入使用。

林周农场旧址位于林周县强嘎乡强嘎村，始建于1966年，已经有40多年的历史，农场至今尚存有礼堂、宿舍、供销社等7座建筑物。林周农场保存了那个时代人们的青春梦想和宝贵记忆，是藏汉民族团结一心克服困难的历史见证，也是林周县农业发展的缩影，更是当地农民的"心头宝"。

林周县委书记次仁顿珠说："林周农场（现林周县党员党性教育基地）凝聚了很多老西藏精神，当时全国四面八方的优秀青年来到这里，建设林周农场，带领当地村民改造水利设施，改善农田灌溉，造福了当地许许多多的村民。"

从小生活在林周县的78岁老人赤斯，亲身经历过建设林周农场的那段红色岁月。"（西藏和平）解放前，我们这里的土地全部都是杂草丛生的荒地。进藏干部和知青踏入这片土地后，开始修建林周农场。他们在农场里教我们科学种地，从他们身上我们学到了很多知识和技术，让我们一生受益，自此，林周县发生了翻天覆地的变化。"

建设林周农场的过程非常艰苦，完全是靠着建设者们发扬"老西藏精神"才完成的。回顾那段红色记忆，赤斯老人充满了感恩和幸福。"我30多岁时，林周农场开始动工修建，记得当时的进藏干部和知青们不辞辛苦，因为没有建筑工具，他们只能靠抱、扛、背的方式用一块块石头盖起了林周农场。他们在农场里和当地百姓一起种地、一起干活，教会了我们分开种植青稞、小麦、豌豆等农作物的方法。我们跟着当时的进藏干部和知青学到了先进的农业知识，学会了先进的耕作方法，粮食产量一年比一年高。后来，这座农场被闲置了一段时间。如今，在党和政府的关心和帮助下，农场又以另外一种形式重新展现在大家面前，这让我倍感欣慰，每当走进农场时，我都会有许多美好的青春回忆。"

说到动情处，赤斯老人的眼里闪动着泪花。可以说，林周农场不仅能触发当地人对那个时代的情感，也能够引发所有那个时代的中国人的情感共鸣，对于生活在现代的年轻人也具有很强的教育意义。

林周县城投副总经理辛宝东表示，在今天对林周农场进行保护和抢救，并与文化旅游相结合，使其成为重要的爱国主义教育基地和红色景区，对于教育后人缅怀前辈、勿忘历史、珍惜来之不易的幸福生活、延续先辈们的精神具有重要意义。

走进林周农场旧址，首先来到的是农场礼堂。整个礼堂占地1000多平方米，是林周农场最高大雄伟、保存得最好的建筑，相当于三层楼高。

当年这个礼堂是用于播放电影、进行宣传表演的，是老百姓进行文娱活动和学习政策的场所。在林周农场的礼堂大门上，依然可以看到"林周农场礼堂"六个鲜红的大字，这是当年西藏军区建筑师李仙岭前辈留下的笔迹。

为了最有效保护和修复林周农场，工作人员抱着尊重历史的态度，联系了当年的北京知青和当地老人，获得了对农场历史充分翔实的了解。为了保护文物不受损伤，严格按照"修旧如旧"的原则进行了修复作业。走进礼堂，里面依旧保持着原来的样子，门窗、舞台、椅子、红旗、毛主席语录……让人似乎回到了那个燃情岁月。

林周农场礼堂为单层坡屋顶建筑，建筑平面呈"工"字形，中心轴对称，坐西向东，由大厅、舞台、化妆间、设备存放间等7个部分组成。工作人员对存留较好的1、2、3号窑洞进行了维修加固，对4、5号窑洞则在原址的基础上，利用原有的建筑材料和传统工艺进行修建，将6号窑洞和供销社纳入二期保护工程进行维修。

同时，将原乡卫生院用房改造为服务中心，新建了文化广场、道路、停车场、公厕、大门、围墙等配套设施，餐饮店、服装店、果蔬店等一应俱全。在还原历史的同时，也为游客提供了必要的现代化基础设施，提供了更加舒适的参观体验。

林周农场最有特色的地方，当属农场里的窑洞，因为窑洞在拉萨并不多见。如今在修复一新的林周农场内，有5排整齐的窑洞，掩映在挺拔的白杨树中，雪白的墙壁映衬着拱形门上的红色五角星，特别耀眼。看到这些窑洞，人们首先想到的就是革命圣地——延安。这些窑洞，传承和发扬了从延安时期延续下来的革命气息和战斗精神，是红色文化的象征。

走进修复加固过的窑洞，依旧可以看到里面有当年用石块垒起来的痕迹，窑洞里面摆放着一些当年农场职工使用的生产生活工具。这是在物质条件相对落后的年代，共和国的建设者们发扬老西藏精神，战天斗地，在荒原上建设粮仓的历史见证。

据林周农场的讲解员曲宗介绍，当时整个农场就只有一台"东方红"牌拖拉机和几门打冰雹用的高射炮。就是在这样的条件下，大家一起开荒地、修水库，建设林周农场，这也为现在林周县全区农业大县的地位打下了坚实的基础。

礼堂内展示着林周县发展的历史照片，这些历史照片通过新旧对比，从农场建设、畜牧养殖、法治建设、民生保障等多个方面，生动展现了新、旧林周的时代变化。在林周农场的揭牌仪式上，来自强嘎乡的次央一家，站在林周农场虎头山水库开工典礼的老照片前，看得格外入神，不时聊着当年的故事，感叹林周县的巨变。

半个多世纪后的今天，林周农场作为时代的见证已经渐渐淡出历史，但是传承下来的革命精神、老西藏精神、红色记忆、红色文化……依然是今天生活在这片土地上的人们无比宝贵的精神财富。走在林周农场，当年栽种的白杨树越长越高，桃花谢了又开，斑驳的土墙、屹立的脊梁，承载着历史，见证着今天，也昭示着未来。

作为红色遗迹，林周农场长期以来受到了有效的保护。2009年，林周农场旧址被评为县级文物保护单位；2010年，林周农场被评为拉萨市级文物保护单位；2013年，林周农场被评为自治区级文物保护单位。

作为红色景区，林周农场的开发始于2016年的江苏省援藏项目。经过苏州市工作组的多方奔走，反复做工作，最终敲定项目。该项目从2017年9月启动，投资1000多万元，主要用于种树，设立广播播放知青日记、毛主席语录、生产内容等，在农场道路两侧间隔设立知青景观雕塑，完善道路和景观标识系统等，于2019年3月正式竣工。

林周县委常务副书记潘志嘉至今还记得2016年第一次走访调研时的情景，"礼堂虽然堆着粮食和杂物，却是老鼠乱窜，布满蜘蛛网，而窑洞也是破败不堪，有些已彻底坍塌成为废墟……"当时，建红色小镇的想法已经在

他的脑海里产生。

经过两年多紧锣密鼓的努力，林周农场修复项目终于与观众见面。在建设过程中，林周县坚持把农场修复与红色文化、绿色有机农业相结合，挖掘农场的党员党性教育与农业产业资源，以红色党性文化为引领，带动农场整体的保护与开发，红色小镇的面貌已初具雏形。

林周农场保护修复工程也为当地的 20 多名农牧民提供了保洁、保安、讲解、导游等工作岗位，解决了当地农牧民的就业问题，增加了农牧民的经济收入。

22 岁的大学毕业生曲宗高兴地说："2018 年大学毕业后，我在拉萨一家餐厅从事收银工作，除了每个月的工资，我的生活没有别的保障。自来到林周农场工作后，林周县为我们购买了保险，每个月还有固定的工资和出差补助，不仅在家门口实现了就业，生活也有了保障。"

林周农场红色景区的开发，和以林周农场为基础的红色小镇的创建，也成为林周县融入拉萨市全域旅游，特别是拉萨市旅游北环线的主要切入点，有效带动了生态农业观光、农家乐等近郊旅游发展，促进餐饮、住宿、手工艺品、畜牧产品等多业融合发展，使近 200 名群众就近就便实现就业和创业，打造了县域经济发展新的增长极。

38 岁的林周县松盘乡牧民嘎松尼玛，几年前因妻子生病而导致全家返贫，他们家因此也成为"建档立卡"的贫困户。红色小镇的建设，唤醒了景区周边的"沉睡资源"，让他的生活发生了很大的变化。长期以来，由于资金和技术匮乏，产业难以形成集群，严重制约着林周县的经济发展。如今，在"红色小镇"的号召之下，林周县格桑塘现代农牧产业示范园东区牦牛繁育基地落成并投入运营，和蒙牛等品牌公司签订了协议，重点打造草、牛、肉、奶的一体化产业链，发展良好，往往园子里的牛还没有到，奶已经卖出去了，充分带动了林周县农牧民的增收和就业。

"我家的牦牛都是散养，一个月照看一次就够了。平时我和老婆就在养殖场里上班，两个人每月能领 5000 元工资，现在我们再也不用外出打工了。"嘎松尼玛激动地说。

红色小镇的建设对于当地人生活水平的提升，不仅仅包括物质层面，也包括精神文化的层面。林周县强嘎乡强嘎村村民索朗杰布说："以前我们买东西都要跑到县城，现在在强嘎乡，基本的生活用品都能买到。文化广场上可以散步，大礼堂里可以看电影……感觉过上了城里人的生活。"

红色旅游是把红色人文景观和绿色自然景观结合起来，把革命传统教育与促进旅游产业发展相结合的一种新型的旅游形式。

林周农场的保护修复工程，以及红色小镇的建设项目，不仅传承了老一辈的革命精神和老西藏精神，唤醒了人们的红色记忆，联结了老、中、青几代人的情感，为今天的人们注入了强有力的"红色能量"，弘扬了红色精神；同时也唤醒了周边地区的"沉睡资源"，吸引更多社会力量参与进来，一起建设物质富足、精神充实、百姓幸福的新乡村。

主要参考文献

[1] 白玛朗杰.西藏农村发展报告脱贫攻坚专题（2017）[M].拉萨：西藏藏文古籍出版社，2017.

[2] 何德旭，张广瑞，刘德谦，宋瑞.旅游绿皮书2016～2017年中国旅游发展分析与预测[M].北京：社会科学文献出版社，2017.

[3] 涂琼.达东村：观念一变天地宽[N].拉萨日报，2018-09-22.

[4] 裴聪，格桑伦珠，刘斯宇.走进西藏当雄县2019年虫草文化旅游节[N].西藏日报，2019-05-27.

[5] 残垣中寻历史：走进甲玛沟之纪念馆[N].拉萨晚报，2014-10-31.

[6] 羊八井：地热特色小镇的"绿色崛起"[N].西藏日报，2018-06-12.

[7] 体验脉诊、藏药浴、篝火晚会……今天的宇妥沟如此热闹！[N].西藏商报，2018-10-26.

[8]丁文文，李海霞.德仲温泉流出村民幸福生活[N].西藏商报，2016-07-28.

[9]去江热夏乡看传承千年的制陶技艺[N].西藏商报，2013-07-25.

[10]王珊.拉萨桑木村："歌舞之乡"展新颜[N].西藏日报，2015-11-18.

[11]刘倩茹.拉萨市城关区净土健康产业发展迅速[N].西藏日报，2015-01-05.

[12]新华社.中华人民共和国国民经济和社会发展第十三个五年规划纲要.2016-3-17.

[13]新华社.中共中央国务院关于实施乡村振兴战略的意见.2018-01-02.

[14]国务院."十三五"旅游业发展规划"十三五"旅游业发展规划.中国政府网，2016-12-26.

[15]国务院办公厅.《国民旅游休闲纲要（2013—2020年）》[EB/OL].2013-02-02.

[16]国务院办公厅.《国务院关于促进旅游业改革发展的若干意见》任务分解表[EB/OL].2014-12-31.

[17]西藏将重点打造三大乡村旅游带[EB/OL].西藏旅游政务网，2017-08-29.

[18]拉萨北环线将打造乡村旅游新模式[EB/OL].拉萨市人民政府，2018-05-02.

[19]鹿丽娟.拉萨柳梧新区达东村打造乡村旅游产业[EB/OL].人民网，2018-03-08.

[20]许万虎.西藏三村庄入选"中国美丽休闲乡村"[EB/OL].新华网，2016-09-05.

［21］党的十八大以来拉萨市旅游发展纪实［EB/OL］.西藏自治区人民政府，2017-10-05.

［22］达东村：在那东山顶上来场夏日约会［EB/OL］.中国天气网，2016-07-30.

［23］上千只黑颈鹤飞回西藏虎头山水库［EB/OL］.人民网西藏频道，2015-11-24.

［24］郭祚彬.金色池塘：远离喧嚣的静谧之地［EB/OL］.中国西藏新闻网，2013-12-05.

［25］吞达村将成为西藏首个国家级历史文化名村［EB/OL］.国务院新闻办公室网站，2013-02-22.

［26］彭志红.曲水县茶巴拉乡色麦村六组：桃花盛开的地方［EB/OL］.2018-03-14.

［27］丁文文.加木沟—楚布沟徒步旅游线路首次"亮相"［EB/OL］.人民网西藏频道，2015-08-08.

［28］德国游客到维巴村体验"拉萨人家"［EB/OL］.城关区网信办，2017-08-06.

［29］张雪芳.拉萨才纳乡的蓝莓成熟30多个大棚可供采摘［EB/OL］.人民网西藏频道，2017-12-05.

［30］鹿丽娟.夺底乡维巴村：诗与远方的田园时光［EB/OL］.中国西藏新闻网，2018-11-30.

［31］鹿丽娟.曲水县南木乡江村：草长莺飞绿意浓［EB/OL］.中国西藏新闻网，2018-11-29.

［32］［ARCHINA］建筑中国.在拉萨灵地扎叶巴感受内心的平静［EB/OL］.2018-04-22.

［33］在觉木隆藏戏发源地体味西藏非遗保护工作［EB/OL］.人民网西藏频道，2014-02-13.

[34] 姜艳.走进俊巴渔村,品一曲悠远深邃的歌[EB/OL].中国西藏新闻网,2013-09-25.

[35] 保护革命文物,传承红色文化[EB/OL].中国新闻视线网,2019-04-24.

[36] 唤醒沉睡资源,看林周农场如何蝶变[EB/OL].中青在线,2019-06-17.